国家出版基金项目
NATIONAL PUBLICATION FOUNDATION

中宣部2022年主题出版重点出版物

“十四五”国家重点图书出版规划项目

纪录小康工程

全面建成小康社会

河南奋斗者

HENAN FENDOUZHE

本书编写组

河南人民出版社

图书在版编目(CIP)数据

全面建成小康社会河南奋斗者 / 本书编写组编著. —
郑州 : 河南人民出版社, 2022. 10
(纪录小康工程)
ISBN 978-7-215-13146-0

Ⅰ. ①全… Ⅱ. ①本… Ⅲ. ①先进工作者-先进事迹
-河南 Ⅳ. ①K820.861

中国版本图书馆 CIP 数据核字(2022)第 099224 号

河南人民出版社 出版发行
(地址:郑州市郑东新区祥盛街 27 号 邮政编码:450016 电话:65788077)
新华书店经销　　河南新华印刷集团有限公司印刷
开本　710 毫米×1000 毫米　1/16　印张　24.25
字数　323 千字
2022 年 10 月第 1 版　　2022 年 10 月第 1 次印刷

定价: 86.00 元

总　序

为民族复兴修史　为伟大时代立传

小康，是中华民族孜孜以求的梦想和夙愿。千百年来，中国人民一直对小康怀有割舍不断的情愫，祖祖辈辈为过上幸福美好生活劳苦奋斗。“民亦劳止，汔可小康”“久困于穷，冀以小康”“安得广厦千万间，大庇天下寒士俱欢颜”……都寄托着中国人民对小康社会的恒久期盼。然而，这些朴素而美好的愿望在历史上却从来没有变成现实。中国共产党自成立那天起，就把为中国人民谋幸福、为中华民族谋复兴作为初心使命，团结带领亿万中国人民拼搏奋斗，为过上幸福生活胼手胝足、砥砺前行。夺取新民主主义革命伟大胜利，完成社会主义革命和推进社会主义建设，进行改革开放和社会主义现代化建设，开创中国特色社会主义新时代，经过百年不懈奋斗，无数中国人摆脱贫困，过上衣食无忧的好日子。

特别是党的十八大以来，以习近平同志为核心的党中央统揽中华民族伟大复兴战略全局和世界百年未有之大变局，团结带领全党全国各族人民统筹推进“五位一体”总体布局、协调推进“四个全面”战略布局，万众一心战贫困、促改革、抗疫情、谋发展，党和国家事业取得历史性成就、发生历史性变革。在庆祝中国共产党成立100周年大会上，习近平总书记庄严宣告：“经过全党全国各族人民持续奋斗，我们实现了第一个百年奋斗目标，在中华大地上全面建成了小康社会，历史性地解决了绝对贫困问题，正在意气风发向着全面建成社会主义现代化强国的第二个百年奋斗目标迈进。”

这是中华民族、中国人民、中国共产党的伟大光荣！这是百姓的福祉、国家的进步、民族的骄傲！

全面小康，让梦想的阳光照进现实、照亮生活。从推翻“三座大山”到“人民当家作主”，从“小康之家”到“小康社会”，从“总体小康”到“全面小康”，从“全面建设”到“全面建成”，中国人民牢牢把命运掌握在自己手上，人民群众的生活越来越红火。“人民对美好生活的向往，就是我们的奋斗目标。”在习近平总书记坚强领导、亲自指挥下，我国脱贫攻坚取得重大历史性成就，现行标准下9899万农村贫困人口全部脱贫，建成世界上规模最大的社会保障体系，居民人均预期寿命提高到78.2岁，人民精神文化生活极大丰富，生态环境得到明显改善，公平正义的阳光普照大地。今天的中国人民，生活殷实、安居乐业，获得感、幸福感、安全感显著增强，道路自信、理论自信、制度自信、文化自信更加坚定，对创造更加美好的生活充满信心。

全面小康，让社会主义中国焕发出蓬勃生机活力。经过长期努力特别是党的十八大以来伟大实践，我国经济实力、科技实力、国防实力、综合国力跃上新的大台阶，成为世界第二大经济体、第一大工业国、第一大货物贸易国、第一大外汇储备国，国内生产总值从 1952 年的 679 亿元跃升至 2021 年的 114 万亿元，人均国内生产总值从 1952 年的几十美元跃升至 2021 年的超过 1.2 万美元。把握新发展阶段、贯彻新发展理念、构建新发展格局、推动高质量发展，全面建设社会主义现代化国家，我们的物质基础、制度基础更加坚实、更加牢靠。全面建成小康社会的伟大成就充分说明，在中华大地上生气勃勃的创造性的社会主义实践造福了人民、改变了中国、影响了时代，世界范围内社会主义和资本主义两种社会制度的历史演进及其较量发生了有利于社会主义的重大转变，社会主义制度优势得到极大彰显，中国特色社会主义道路越走越宽广。

全面小康，让中华民族自信自强屹立于世界民族之林。中华民族有五千多年的文明历史，创造了灿烂的中华文明，为人类文明进步作出了卓越贡献。近代以来，中华民族遭受的苦难之重、付出的牺牲之大，世所罕见。中国共产党带领中国人民从沉沦中觉醒、从灾难中奋起，前赴后继、百折不挠，战胜各种艰难险阻，取得一个个伟大胜利，创造一个个发展奇迹，用鲜血和汗水书写了中华民族几千年历史上最恢宏的史诗。全面建成小康社会，见证了中华民族强大的创造力、坚韧力、爆发力，见证了中华民族自信自强、守正创新精神气质的锻造与激扬，实现中华民族伟大复兴有了更为主动的精神力量，进入不可逆转的历史进程。今天，我们比历史上任何时期都更接近、更有信心和能力实现中华民族伟大复兴的目标，中国人民的志气、骨气、底气极大增强，奋进新征程、建功新时代有着前所未有的历史主动精神、历史创造精神。

全面小康，在人类社会发展史上写就了不可磨灭的光辉篇章。中华民族素有和合共生、兼济天下的价值追求，中国共产党立志于为人类谋进步、为世界谋大同。中国的发展，使世界五分之一的人口整体摆脱贫困，提前十年实现联合国 2030 年可持续发展议程确定的目标，谱写了彪炳世界发展史的减贫奇迹，创造了中国式现代化道路与人类文明新形态。这份光荣的胜利，属于中国，也属于世界。事实雄辩地证明，人类通往美好生活的道路不止一条，各国实现现代化的道路不止一条。全面建成小康社会的中国，始终站在历史正确的一边，站在人类进步的一边，国际影响力、感召力、塑造力显著提升，负责任大国形象充分彰显，以更加开放包容的姿态拥抱世界，必将为推动构建人类命运共同体、弘扬全人类共同价值、建设更加美好的世界作出新的更大贡献。

回望全面建成小康社会的历史，伟大历程何其艰苦卓绝，伟大胜利何其光辉炳耀，伟大精神何其气壮山河！

这是中华民族发展史上矗立起的又一座历史丰碑、精神丰碑！这座丰碑，凝结着中国共产党人矢志不渝的坚持坚守、博大深沉的情怀胸襟，辉映着科学理论的思想穿透力、时代引领力、实践推动力，镌刻着中国人民的奋发奋斗、牺牲奉献，彰显着中国特色社会主义制度的强大生命力、显著优越性。

因为感动，所以纪录；因为壮丽，所以丰厚。恢宏的历史伟业，必将留下深沉的历史印记，竖起闪耀的历史地标。

中央宣传部牵头，中央有关部门和宣传文化单位，省、市、县各级宣传部门共同参与组织实施“纪录小康工程”，以为民族复兴修史、为伟大时代立传为宗旨，以“存史资政、教化育人”为目的，形成了数据库、大事记、系列丛书和主题纪录片 4 方面主要成果。目前已建成内容全面、分类有序的 4 级数据库，编纂完成各级各类全面小康、脱贫攻坚大事记，出版“纪录小康工程”丛书，摄制完成纪录片《纪录小康》。

“纪录小康工程”丛书包括中央系列和地方系列。中央系列分为“擘画领航”“经天纬地”“航海梯山”“踔厉奋发”“彪炳史册”5 个主题，由中央有关部门精选内容组织编撰；地方系列分为“全景录”“大事记”“变迁志”“奋斗者”“影像记”5 个板块，由各省（区、市）和新疆生产建设兵团结合各地实际情况推出主题图书。丛书忠实纪录习近平总书记的小康情怀、扶贫足迹，反映党中央关于全面建成小康社会重大决策、重大部署的历史过程，展现通过不懈奋斗取得全面建成小康社会伟大胜利的光辉历程，讲述在决战脱贫攻坚、决胜全面小康进程中涌现的先进个人、先进集体和典型事迹，揭示辉煌成就和历史巨变背后的制度优势和经验启示。这是对全面建成小康社会伟大成就的历史巡礼，是对中国共产党和中国人民奋斗精神的深情礼赞。

历史昭示未来，明天更加美好。全面建成小康社会，带给中国人民的是温暖、是力量、是坚定、是信心。让我们时时回望小康历程，深入学习贯彻习近平新时代中国特色社会主义思想，深刻理解中国共产党为什么能、马克思主义为什么行、中国特色社会主义为什么好，深刻把握“两个确立”的决定性意义，增强“四个意识”、坚定“四个自信”、做到“两个维护”，以坚如磐石的定力、敢打必胜的信念，集中精力办好自己的事情，向着实现第二个百年奋斗目标、创造中国人民更加幸福美好生活勇毅前行。

目　录

感动中国……1

张荣锁……1
高耀洁……2
任长霞……3
魏青刚……5
洪战辉……6
王百姓……7
谢延信……8
李剑英……10
李　隆……11
武文斌……12
李　灵……13
胡佩兰……15
刘　洋……16
陇海大院……17
王　宽……19
王　锋……20

张玉滚……21

时代楷模……23

邓州“编外雷锋团”……23
李文祥……24
燕振昌……25
许 帅……25
陈俊武……26

全国优秀共产党员……27

史来贺……27
吴金印……31
李连成……35
王在富……38
耿瑞先……50
黄久生……54
茹振钢……57
吴树兰……61
樊树锋……64
何家荣……73
裴春亮……76
王国辉……95
赵 江……99
赵 松……101
郭天财……103

宋兆普 …… 107
郭光俊 …… 110
王　涛 …… 113
李淑团 …… 117
祁兴磊 …… 120
陈晓磐 …… 123
韩宇南 …… 127
罗传周 …… 130
李俊贤 …… 134
靳月英 …… 137
庞国明 …… 140
郭　伟 …… 143
尚广强 …… 147
李彦增 …… 151
郁林英 …… 154
周文政 …… 157
王建勋 …… 161
赵玉甫 …… 165

全国劳模 …… 169
赵　亮 …… 169
徐亚平 …… 171
王复明 …… 173
张素丽 …… 174
马玉璞 …… 176

张　慧 …… 179
史世领 …… 185
孟祥忠 …… 188
郭爱萍 …… 191
卢建强 …… 195
郭爱玲 …… 198
郭春鹏 …… 201
田双印 …… 202
薛　荣 …… 207
孙振川 …… 211
曹瑞娟 …… 214
李会东 …… 217
何　昕 …… 219
郭勤学 …… 222
刘成晓 …… 225
任宏光 …… 228
薛志飞 …… 231
邓志军 …… 235
秦英林 …… 240
朱　婷 …… 243
李向前 …… 245
林喜才 …… 248

全国脱贫攻坚先进个人 …… 252

王　东 …… 252

乔松伟 …… 253
申学风 …… 254
安显伟 …… 255
杨志峰 …… 256
王淑霞 …… 257
李　彬 …… 258
杨来法 …… 259
武淞生 …… 260
曾红林 …… 261
童红涛 …… 262
王长征 …… 263
孙丕基 …… 264
陈京玉 …… 265
王世杰 …… 266
朱宗娟 …… 267
段振兴 …… 268
杜文波 …… 269
郭　欢 …… 270
孙炳良 …… 271
杨书锋 …… 272
李园丰 …… 273
王　磊 …… 274
贺翠霞 …… 275
杨延军 …… 276
王俊海 …… 277

王存勇 …… 278
赵战秒 …… 279
郑　鑫 …… 280
冀亚伟 …… 281
胡义志 …… 282
黄海霞 …… 283
张士兴 …… 284
王清华 …… 285
王跃文 …… 286
张　磊 …… 287
杨书春 …… 288
张文深 …… 289
周大鹏 …… 290
张　伟 …… 291
张义胜 …… 292
黄　玉 …… 293
李　征 …… 294
周保全 …… 295
刘彦华 …… 296
梁　辉 …… 298
孙桂元 …… 299
刘玉敏 …… 300
杨新文 …… 301
孙晓峰 …… 303
张洪礼 …… 304

梁英才 …… 305
吕　旅 …… 306
熊维政 …… 307
杨　晔 …… 308
程继东 …… 309
王文喜 …… 311
皇甫立新 …… 313
赵社会 …… 315
张继伟 …… 316
徐　勇 …… 317
陈新胜 …… 318
陈国厂 …… 320
邵奉公 …… 323
原玉荣 …… 324
代红艳 …… 325
刘世杰 …… 326
王铁珍 …… 328
成富营 …… 329
李汝江 …… 331
李佩阳 …… 332
赵晓红 …… 333
王继锋 …… 334
胡万欣 …… 335
王萌利 …… 337
佘婧菁 …… 338

史秉锐 …… 339
施保清 …… 342
宋　瑞 …… 344
王新奇 …… 349
徐林刚 …… 350

最美奋斗者 …… 352
王　智 …… 352
秦　倩 …… 354

全国道德模范 …… 356
范海涛 …… 356
李江福 …… 357
许　光 …… 359
赵小参 …… 360
张全收 …… 361
郭建华 …… 363
余善伟 …… 364
肖思远 …… 365
王焯冉 …… 368

中国好人榜 …… 371

后　　记 …… 372

感动中国

张荣锁

简介：张荣锁，男，党员，出生于1956年2月，河南辉县上八里镇回龙村党支书，第十、十一届全国人大代表，被誉为“新时代愚公”。他捐出百万家财，在悬崖上修了一条“救命路”。电视剧《好爹好娘》中的主人公即以他为原型。

回龙村位于河南太行山脉之中，当地山势险峻，悬崖上有一条小道是连接山上山下居民唯一的路，当地人称它“老爷天梯”。1975年，19岁的回龙村人张荣锁离开了这里，穿上了军装，在北京当了5年兵，复员后张荣锁靠开采石料办起了石材厂，富裕了，可是他没有一天忘记过那条离家时走过的“老爷天梯”。1993年，张荣锁当上回龙村支部书记后，制订了“先架电、后治坡，修通公路通汽车”的计划。因为没有启动资金，他捐出了自己当支书前在外面做企业挣来的100多万元，他卖掉了汽车、门面房，甚至赚钱的石材厂。为了修路他无怨无悔。

从1997年冬天开始，张荣锁带领150名党员和民兵拦腰斩开了9座山头，在绝壁上修了9公里盘山水泥公路，在百丈悬崖中凿出了1000多米的“ S”形隧道，终于在2002年年初打通了回龙村通往山外的公路。

张荣锁当支书以来，回龙村山绿了，路通了，人富了，昔日穷乡僻壤的回龙，如今充满了勃勃生机。960口回龙人，在村党支部书记张荣锁的带领下，以顽强的拼搏精神，甩掉了贫困的帽子，走上了富裕之路。

颁奖词：他已经拥有了财富，但他心里装着还在贫苦生活中的乡亲，他已经走出了大山，但他还想让所有乡亲都能够走出与世隔绝的山崖，他成就了一个多少代人未能实现的梦想，他拿出愚公移山的执着和勇气劈开了大山，在悬崖峭壁上为乡亲们开凿出通往外面世界的大道，更在人们的心中打开了一扇希望之门。它结束了一段贫困的历史，开创出一种崭新的生活。

高耀洁

简介：高耀洁，女，出生于1927年12月，山东曹县人，河南省第七届人大代表、九三学社成员、河南省文史研究馆研究员、河南中医学院退休教授、妇科肿瘤病专家，被媒体誉为“民间防艾第一人”，多年来共花费近百万元自费印刷防艾宣传资料、救助艾滋病患者和艾滋病孤儿，出版有《一万封信——我所见闻的艾滋病、性病患者生存现状》《中国艾滋病调查》《我的防艾路》等。

1996年，高耀洁在一次偶然会诊中发现因输血感染艾滋病的病例，开始意识到血液传播艾滋病的严重性，从这一年开始，她自费进行艾滋病防治和救助工作，用自己的积蓄和各种奖金给艾滋病人提供药物，并从2000年开始将主要精力放在对艾滋病遗孤的救助方面，一直为艾滋病孤儿筹钱提供学费。在8年多时间里，她走访了几十个乡镇，几百个村庄，见过1000多个艾滋病患者；她自费出版《艾滋病、性病的防治》一书，免费发放30万册，仅此一项支出就达40多万元。由她主办编写的《预防艾滋病的知识报》印数达53万份。

2001年，全球卫生理事会授予高耀洁“乔纳森·曼恩世界健康与人权奖”，她将2万美元奖金和1万美元赠款，全用来加印《艾滋病、性病的防治》一书。联合国秘书长安南称高耀洁是“一位在中国农村从事艾滋病预防、宣传、教育的女性活动家”。2002年她被美国《时代》杂志评为“亚洲英雄”，被《商业周刊》授予“亚洲之星”称号，并获得亚洲拉蒙·麦格赛“公共服务奖”；2004年当选中央电视台“感动中国”2003年年度人物；2005年被提名诺贝尔和平奖等。

颁奖词：这是一位步履蹒跚的老人，但她在实现“但愿人皆健，何妨我独贫”的人生理想的道路上却迈着坚定的脚步。她以渊博的知识、理性的思考驱散着人们的偏见和恐惧，她以母亲的慈爱、无私的热情温暖着弱者的无助冰冷。她尽自己最大的力量推动着人类防治艾滋病这一繁重的工程，她把生命中所有的力量化为一缕缕阳光，希望能照进艾滋病患者的心间，照亮他们的未来。

任长霞

简介：任长霞，女，党员，出生于1964年2月，河南商丘人，河南省登封市公安局原局长，连破积年大案，是以一身正气镇住邪恶的河南“女神警”。2004年在侦破“1·30”案件过程中发生车祸，抢救无效，因公殉职，年仅40岁。

任长霞自1983年加入公安队伍，做预审工作13年，协助破获了大案要案1072起，追捕犯罪嫌疑人950人。1998年，被任命为郑州市公安局技侦支队长后，她多次深入虎穴，先后打掉了7个涉黑团伙，抓获犯罪嫌疑人370多名。2001年，任长霞被任命为登封市公安局局长，成为河南省公安系统有史以来第一位女公安局长。地处嵩山腹地的登封市大案积案很多，治安形势严峻，上任伊始，她在整顿警察队伍的同时把改善治安状况，保护人民生命财产安全的突破口选在了打击民怨极大的黑势力身上，上任第17天，就打响了围剿王松犯罪团伙的攻坚战。3年时间里，她解决了10多年来的控申积案，破获案件3000余起，抓获各类罪犯4000多人，她把每周六定为局长接待日，接待群众来访来信3500余人次，使476户群众罢访息诉，被誉为“女包公”。面对黑恶势力，她拍案而起，面对平民百姓，她柔情似水，她在自己的岗位上护佑着人民的安康，她用生命和热血浇铸着金色盾牌。

任长霞先后荣获“全国优秀人民警察”“中国十大女杰”“五一劳动奖章”等各种荣誉称号40余次。2004年6月，被公安部追授为“全国公安系统一级英雄模范”称号，《感动中国》评委会授予其“感动中国”人物奖。2009年获评“100位新中国成立以来感动中国人物”之一，并入选“最美奋斗者”名单。

颁奖词：她是中原大地上的又一个女英雄。扫恶打黑，除暴安良，她铁面无私；嘘寒问暖，扶危济困，她柔肠百转。十里长街，白花胜雪，挽幛如云，那是流动在百姓心中的丰碑！一个弱女子能赢得百姓的爱戴，是因为，在她的心里有对百姓最虔诚的尊重！

魏青刚

简介：魏青刚，男，党员，出生于1976年1月，河南省信阳市固始县武庙集乡钱老楼村人，党的十七大代表。2003年到青岛做装修工。在“麦莎”台风中，为救落水者三次跳入巨浪。2005年被评为“感动中原”年度十大人物、2005“感动中国”年度十大人物。

2005年8月8日，成百上千的人聚集在青岛崂山海岸边观看“麦莎”台风带来的海潮。不料一个巨浪袭来，把岸边的一个女青年卷入海中。此时，正在岸边、从河南农村来青岛做装修工的魏青刚没有丝毫犹豫，纵身跳下两米多高的防浪墙，向落水女青年游过去。一次、两次、三次，魏青刚跟巨浪搏斗了40分钟，而在这次下海救人前，他从未见过海，也从未在海浪中游过泳，只在家乡有过两次勇救落水者的经历。

穿着被海水浸透的衣服，拖着极度疲惫的身躯，魏青刚缓步走回了工棚。3天后，人们才知道了英雄魏青刚的名字。魏青刚的义举很英勇，但他的言辞却极朴素：“小的时候，父亲就对我说，能帮助人家就尽量帮。你有困难，别人可以帮你，人家有困难你不帮助别人，你的善心在哪里？我总是想人家的命是命，自己的命也是命，比方自己牺牲了，换取了人家的生命也是一样的。”

他先后被授予“河南省五一劳动奖章”“见义勇为好青年”和“见义勇为民工英雄”等荣誉称号，2006年荣获“全国五一劳动奖章”。

颁奖词：沧海横流，方显英雄本色！为了一个陌生人，他在滔天巨浪中三进三出，危险面前，他根本不需要选择，因为这瞬间动作源自他内心品质。从人群中一跃而出，又悄然回到人群中去，他，是侠之大者。

洪战辉

简介：洪战辉，男，党员，出生于 1982 年 6 月，河南省西华县人，曾任中南大学教师，现任长沙市湘华中等职业学校校长。曾先后就读于湖南怀化学院，中南大学。他带着捡来的妹妹，艰难求学 12 年。2005 年当选“感动中原”十大人物，同年被评为“感动中国”十大人物，成为时代偶像。

1994 年，洪战辉的父亲突发间歇性精神病，造成妻子受伤骨折，女儿意外死亡，家里欠下巨债。随后，父亲又捡来了一个和女儿年龄相仿的女婴。面对沉重的家庭负担，母亲离家出走了。年仅 13 岁的洪战辉，默默地挑起了伺候患病父亲、照顾年幼弟弟、抚养捡来妹妹的家庭重担。为了挣钱养家，他像大人一样，做小生意，打零工，拾荒，种地。他利用课余时间卖笔、书、磁带、鞋袜，在学校附近的餐馆做杂工，周末赶回家浇灌 8 亩麦地。在兼顾学业和谋生之时，他牺牲了几乎所有的休息时间。为了带好捡来的妹妹，洪战辉费尽心血。每天晚上，他都让妹妹睡在内侧，以防父亲突然发病伤及妹妹。妹妹经常尿湿床单、被子，他就睡在尿湿的地方，用体温把湿处暖干。从高中到大学，他将妹妹一直带在身边，每天都保证妹妹有一瓶牛奶和一个鸡蛋，自己却常常啃方便面。在怀化念大学的日子里，他安排妹妹上了小学，每天不管学习多忙，都坚持接送妹妹，辅导妹妹功课。为了治好父亲的病，洪战辉吃尽苦头。

洪战辉先后被评为“全国道德模范”“中国十大杰出青年”，被团中央等部门授予“全国大学生三好学生标兵”“全国自立自强大学生”等多项荣誉称号。

颁奖词：当他还是一个孩子的时候，就对另一个更弱小的孩子担起了责任，就要撑起困境中的家庭，就要学会友善、勇敢和坚强，生活让他过早地开始收获，他由此从男孩开始变成了苦难打不倒的男子汉，在贫困中求学，在艰辛中自强，今天他看起来依然文弱，但是在精神上，他从来都是强者。

王百姓

简介：王百姓，男，党员，出生于 1951 年 11 月，河南郑州人，全国知名排爆专家，曾任河南省公安厅治安管理总队调研员，三级警监，高级工程师。在爆破、防爆和排爆岗位上工作了 37 年，曾排除各类炸弹 15000 多枚、排除爆破装置和哑炮 1100 多个。2006 年“感动中原”年度十大人物，同年当选 2006 年“感动中国”年度十大人物。

王百姓常说：“我虽然是一名普通的公安战士，但也要承担起国家昌盛和社会治安稳定的义务和责任。”

2003 年 12 月 13 日，铁路施工人员在对京广线安阳纱厂铁路大桥进行维护施工时，发现了三枚长 1.3 米、直径 0.45 米、重 450 公斤的重磅航空炸弹。由于航弹紧靠桥墩，排除难度较大。王百姓奉命赶赴现场，经过对现场认真勘查，认定这是日本侵华时投下的航弹，头部尾部引信完好，特别是尾部引信暴露在外面 20 多厘米，摇摆不定，时刻都有爆炸的危险。王百姓制订了排爆方案，并下到3米深的基坑里亲自排除。

由于是定点排除，铁路桥上火车停运，时间要求较紧，使排除工作难上加难。王百姓回忆说："当时每操作一步，我都要俯下身去听一下炸弹内有无异常响动，简直是在死神眼皮底下完成的。"经过30分钟的紧张工作，航弹较大，无法原地引爆，必须运到40公里以外的安全地带引爆。为防止车辆颠簸，他就在车上装上沙土，把航弹放在沙土上，并坐在运弹车上，用听诊器探测炸弹内部的变化，一旦有了情况就通知司机跳车。在场的所有人都被他的举动惊呆了，沿途负责警卫的上百名军人和公安民警含着眼泪纷纷向他敬礼。

百姓安危，系于"百姓"，王百姓和死神多一次较量，老百姓离危险就少几分可能，正是心怀百姓才塑造了他一身是胆，也正是心怀百姓才成就了他屡建奇功。

颁奖词：十年时间，15000颗炸弹，专门与危险打交道。谁能不害怕，平常人只有一次遭遇炸弹，已经够惊心动魄的了，而他和我们一样，有家、有妻、有娃，只不过头顶上有警徽，警徽上有国徽，所以他才把家人的担忧，战友的期盼，一肩担起。王百姓时时命悬一线，老百姓才能天天平安。

谢延信

简介：谢延信，原名刘延信，男，出生于1952年，河南省滑县人，1983年7月参加工作，曾为河南焦作煤业（集团）鑫珠春工业有限责任公司机电科工人。自 1974 年以来，谢延信坚持照顾亡妻的三位亲人——瘫痪的父亲、丧失劳动能力的母亲、呆傻的弟弟。

1973 年 4 月 16 日，21 岁的滑县青年谢延信与同乡姑娘谢兰娥喜结良缘。1974 年 7 月，谢兰娥生下一个可爱的女儿，40 天后，因产后风离开人世。

妻子不在了，谢延信面临着这样一个现实：岳母有肺气肿、胃溃疡，丧失了基本劳动能力，唯一的内弟先天呆傻，连生活都难以自理。

看着老人痛不欲生的样子，想着爱妻临终时的嘱托，善良的谢延信"扑通"一声跪在两位老人面前："爹、娘，兰娥不在了，我就是您的亲儿子，你们有病我伺候，百年以后我送终！"

为了这一句承诺，谢延信付出了整整 32 年。岳父瘫痪在床 18 年，他精心护理，端屎端尿，洗澡按摩，18 年老人没有得过褥疮。为省钱给两位老人看病，他四处打零工，经常挖野菜、捡菜叶，连水果也没舍得给自己买过。他以不放弃照顾前妻一家人为前提，多次拒绝组建新的家庭，直到丧妻 10 年后才与志同道合的谢粉香组成新的家庭。2003 年，谢延信因脑出血落下了反应迟钝、行动不便的后遗症，他便让妻子来焦作共同照顾前妻一家。

如今 83 岁的老岳母身体比以往好多了，而谢延信的身体却每况愈下。谢延信在接受记者采访时笑着说："我现在也不行了，好在有我妻子在。即使是我不行了，我相信我妻子也会像我那样继续照顾好老人。"

颁奖词：当命运的暴风雨袭来时，他横竖不说一句话，生活的重担压在肩膀上，他的头却从没有低下！用 33 年辛劳，延展爱心，信守承诺。他就像是一匹老马，没有驰骋千里，却一步一步地到达了善良的峰顶。

李剑英

简介：李剑英，男，党员，出生于1964年5月，河南郑州人，为保护群众生命财产牺牲的空军飞行员。空军上校军衔，历任飞行员、飞行中队长、领航主任等职。曾荣立二等功1次，三等功2次，牺牲后被追记一等功，并追授“空军功勋飞行人员”金质荣誉奖章。

平时每次飞行准备，不管是飞了多少次的课目，李剑英都反复计算，反复演练，对各坐标点经纬度的测量甚至精确到秒。组织模拟训练，按规定雷达不提供精确引导，他根据机型特点和预知航线精心准备，反复推算，每次都是第一个发现“敌机”。他始终以严肃认真的态度和科学求实的精神对待每一次飞行、每一个架次，从事飞行25年来，年年出满勤，飞行时间年年排在全团前列，安全飞行2389小时、5003架次，从未发生过飞行差错。当他把自己获得的第一枚军功章送给弟妹时说：“你们不要只看到军功章，应该看到军功章的背后你做的事得到了别人的肯定，不管做什么事情，都要专心致志地做好。”

2006年11月14日，李剑英在完成训练任务驾机返航途中，遭遇鸽群撞击，发动机空中停车。此时，飞机高度194米，跳伞就能保住自己的生命。从鸽群撞击点到飞机坠毁点2300米跑道延长线的两侧680米范围内，分布着7个自然村，居住着3500口人。当时飞机上还有800多千克航空油，120余发航空炮弹，1发火箭弹，还有易燃的氧气瓶等物品，如果他跳伞后飞机失去控制，坠入村庄，后果不堪设想。16秒的时间内,为了保护人民群众生命和国家财产,他先后三次放弃了跳伞逃生的机会，毫不犹豫地选择了迫降。迫降过程中，飞机受到高出地面水渠护坡阻挡，爆炸解体，李剑英同志壮烈牺牲。在16秒时间里，他用生命写出了人民军队爱人民的优美赞歌。

颁奖词：烟笼大地，声震蓝天。星陨大地，魂归长天，他有22年飞行生涯，可命运只给他16秒！他是一名军人，自然把生命的天平向人民倾斜。飞机无法转弯,他只能让自己的生命改变航向。

李 隆

简介：李隆，男，党员，出生于1977年7月，河南开封人，二级指挥长消防救援衔，现任河南省消防救援总队郑州支队副支队长兼灭火救援指挥部主任。先后荣立个人一等功1次、二等功1次、三等功3次；获得“抢险救援尖兵”“新长征突击手”“抗震救灾尖兵”“全国抗震救灾模范”等荣誉称号，并荣获“五四青年奖章”。当选2008年“感动中原”年度十大人物，同年当选“感动中国”年度十大人物。

在郑州，有一个消防特勤大队，其主要职责就是在处置突发灾害事故中，承担最为重要的急、难、险、重任务，“哪里有危险，哪里就有我们！”这是他们的口号。李隆，就是这支特种部队的副大队长。

当战士，领导说他是个好兵。他勤快，不畏艰险；执着，坚忍不拔。

当班长，战士们说他是榜样。遇到险情总当先锋打头阵，他熟记每种抢险救援装备的技术性能和技术参数，闭着眼睛都能玩转“十八般兵器”。

当队长，他要求高带兵严，战士们“怕”他更敬他。

李隆入伍13年，先后参加抢险救援战斗3100多次，抢救遇险群众近800人。一次次成功抢险救援后，李隆有了一个绰号——敢死队长！

尤其是在2008年5月赴四川抗震救灾战斗中，他和战友们不放弃、不抛弃，成功营救被困104个小时的李青松和被困124个小时的卞刚芬，创造了生命的奇迹。

在抗震救灾前线的10多个日日夜夜里，李隆和战友们不怕疲劳，连续作战，与危机争分夺秒，与死神无畏交手，把危险抛在脑后，把不可能变成了可能，废墟下先后挖出57名遇难遇险群众，其中5人生还。

颁奖词：火场、废墟，有多少次出生入死，就有多少次不离不弃。他用希望扩展希望，用生命激活生命。

武文斌

简介：武文斌，男，党员，出生于1982年10月，河南省邓州市张村镇人，原济南军区铁军某红军师炮兵指挥连士官学员。在“5·12”抗震救灾一线因过度劳累不幸牺牲，年仅26岁，被授予“抗震救灾英雄战士”荣誉称号，并当选2008年“感动中原”十大年度人物，同年被评为2008年“感动中国”年度十大人物。

“5 · 12”汶川特大地震发生后，武文斌所在部队接到紧急赶赴灾区抗震救灾的命令。转移群众，他和战友们翻越 3 座大山，走遍了都江堰市玉堂镇的 12 个村 7816 户人家，把食品和饮用水及时送到受灾群众手中；搜救失事直升机，他不畏山高路险，一直在最前面探路，3 次滚下山，幸被树木拦住；灾后安置重建，他一个人干几个人的活，身上多处被划伤。转移群众 3638 人，帮助群众搭建 1000 余顶 (间) 帐篷和简易房，组装了 1818 张木床，卸载了 54 车救灾物资。

6 月 17 日晚，他和战友们冒着大雨将 8 车 50 吨重的活动板房建材全部卸载完后，累得瘫倒在泥水地上。就在这个夜晚，他因长时间过度劳累引起肺血管畸形破裂出血，经全力抢救无效，于 4 时 45 分牺牲，为抗震救灾献出了年仅 26 岁的生命。

一个战士倒在了抗震救灾的第一线，上万民众为他哭别。所有参加吊唁的人都与武文斌素昧平生，他们只听说：一位解放军战士在抗震救灾中活活累死了！仅这一句话，已经让人们泪流满面。13 万子弟兵在抗震救灾中舍生忘死的表现，留给人们太多太多的感动……让我们永远记着这个战士，原济南军区铁军某师炮兵指挥连士官学员武文斌。

颁奖词：山崩地裂之时，绿色的迷彩撑起了生命的希望，他树起了旗帜，自己却悄然倒下，在那灾难的黑色背景下，他 26 岁的青春，是最亮的那束光。

李　灵

简介：李灵，女，党员，出生于 1982 年，河南省淮阳县人，周口东新区许湾乡希望小学校长。为关注留守儿童，李灵2002年师范毕业后，在家乡周口淮阳许湾乡创办希望小学，任校长兼思想品德老师。由于所有学生全部免费，学校无力为学生购置教辅读物和课外书籍，截至2009年，李灵为建学校已挪用家中20万元，并欠下8万元外债。李灵也因此获得省、市“三八红旗手”“全国三农人物”“全国五一劳动模范”等称号。当选2009年“感动中原”年度十大人物，同年当选“感动中国”年度十大人物。

2002年，刚从淮阳师范毕业的李灵，看到农村有大量留守儿童辍学在家,便萌生了在家乡办学的念头。在父母和亲朋的支持下，她办起了周口淮阳许湾乡希望小学。在学校，她是校长兼思想品德老师，被大家称为“80后最美乡村女校长”。

李灵说，这是她一直以来的梦想。为让自己的学生有书读，2009年夏天,李灵趁着放暑假,向爸爸要了200元钱只身来到郑州，买了一辆破旧三轮车后，开始收购旧教辅和儿童读物。

“就像收废品一样，骑着车到处去转着叫。”李灵说，她的每顿饭都是两个烧饼。烈日下，李灵骑着破三轮车穿街过巷，拿着秤一斤斤地回收旧书本，满头大汗地装载着“精神食粮”，面对卖旧书的小孩露出天真的笑容……一幕幕的情景被网友拍成照片放到论坛上，感动了无数网友。

李灵的付出让周边的乡亲们看在眼里、记在心里。“李灵是个心地善良的好女孩，把孩子交给她，我们放心。”曾庄村村民曾宪振亲眼看着李灵每天忙碌操劳，从一个胖乎乎的女孩，渐渐变得消瘦憔悴。李灵说，乡亲们越喜欢她，她越感到责任重大，不能让孩子们在学校有任何闪失，期望他们个个成绩优异，顺利升入中学，考上大学。

颁奖词：一切从零开始，从乡村开始，从识字和算术开始。别人离开的时候，她留下来；别人收获的时候，她还在耕作。她挑着孩子沉甸甸的梦想，她在春天播下希望的种子。

胡佩兰

简介：胡佩兰，女，出生于1916年，河南省汝南县人，享年98岁，生前系郑州市建中街社区卫生服务中心坐诊医生。2014年2月10日荣获“感动中国”2013年度十大人物。

每周一到周六的上午8点，98岁的胡佩兰都会准时坐诊。作为1944年毕业于河南大学医学部的新中国第一代医生，胡佩兰接生过的新生儿超过6万人。70岁时，她从原郑州铁路中心医院退休后，家人都劝她歇歇，但她坚持出诊。从1993年起，胡佩兰连续坐诊20年，坚持每周出诊6天，风雨无阻。

98岁的她，满头白发，患有腰椎间盘突出症，腰部带着钢板，听力也下降了。跟她说话，要趴在耳朵上大声“喊”。尽管已近百岁高龄，她照旧从座椅上站起来，走到检查室，再到诊室重新落座，每次站起和落座时，胡佩兰都要用双手撑着桌子的边沿，大家都很担心她。可是胡佩兰说：“我今年没有问题，干一天算一天，活一天就赚一天，要活到老学到老，多给大家做些事。”坐诊时，不管多晚，她都坚持看完最后一位病人后才回家吃饭。大家都亲切地称她为“医生奶奶”。而“医生奶奶”开的药很少有超过百元的。

胡佩兰生活节俭，舍不得在自己身上多花一分钱，却经常为病人垫付医药费。近年，她先后捐出了7万多元退休金和坐诊收入，建起 50 个“希望书屋”。老人最大的愿望是，等两年，到百岁生日的时候，为孩子们多建几个“希望书屋”。

2014 年 1 月 22 日，98 岁高龄的胡佩兰老人为她的患者耗尽了最后一丝心力，永远地离开了人们。弥留之际，这位百岁仁医仍念念不忘自己的患者，留给世人的最后一句话是：“病人看完了，回家吧。”

颁奖词：技不在高而在德；术不在巧，而在仁。医者，看的是病，救的是心，开的是药，给的是情。扈江离与辟芷兮，纫秋兰以为佩。你是仁医，是济世良药。

刘 洋

中国第一位飞上太空的女航天员（河南籍），她所在的中国载人航天英雄集体，荣获“感动中国”2013 年度人物特别奖。

简介：刘洋，女，党员，出生于 1978 年 10 月，河南郑州人，中国人民解放军航天员大队特级航天员，中国第一位飞天的女航天员。

1997 年 8 月刘洋考入空军长春飞行学院，成为一名女飞行员，也是新中国成立以来，空军在河南招收的首批女飞行员之一。曾任空军某飞行大队副大队长，能驾驶 7 种机型，安全飞行 1680 小时。2010 年 5 月正式成为中国第二批航天员。经过两年多的航天员训练，完成了基础理论、航天环境适应性、航天专业技术、飞行程序与任务模拟训练等 8 大类几十个科目的训练任务，以优异成绩通过航天员专业技术综合考核。2012 年 3 月，入选神舟九号任务飞行乘组，

2012 年 6 月 16 日，刘洋被选为中国第一位飞上太空的女宇航员，执行神舟九号与天宫一号载人交会对接任务。刘洋主要是在执行手控交会对接的时候进行监视、支持，除此之外，刘洋在长达 13 天的飞行任务中还承担科学实验任务。

2012 年，刘洋个人获得“感动中原”十大年度人物，2013 年她所在的中国载人航天英雄集体，荣获“感动中国”2013 年度人物特别奖。

时隔 10 年，刘洋再上太空，2022 年 6 月 4 日，刘洋等 3 名航天员将执行神舟十四号载人飞行任务。2022 年 6 月 5 日 10 时 44 分，搭载神舟十四号载人飞船的长征二号 F 遥十四运载火箭，在酒泉卫星发射中心点火发射，约 577 秒后，神舟十四号载人飞船与火箭成功分离，进入预定轨道，飞行乘组状态良好，发射取得圆满成功。

颁奖词：2013 年是中国载人航天走过 10 周年的光辉节点，从 2003 到 2013，中国载人航天走过了十年路程，伴随着一次又一次的起飞，中国人在太空中行走的越来越远，而我们的梦想却越来越近，让我们向载人航天英雄群体致敬。

陇海大院

简介：陇海大院，位于河南省郑州市二七区，以邻里接力照顾瘫痪邻居 39 年的事迹，获“感动中国”2014 年度人物群体。

河南省郑州市二七区陇海大院居民高新海，1951 年出生，1976 年在农场插队时，突患急性横贯性脊髓炎致高位截瘫，胸部以下完全失去知觉。随后，命运的打击接踵而来：1983年，家里的顶梁柱二哥因病去世；1987年，母亲患结肠癌；1997年，大哥患肺病；2005年父亲患上老年痴呆；2008年高新海的父母相继去世，留下高新海孤零零一人。

当不幸开始笼罩这个家庭的时候，陇海大院里的邻居们就纷纷伸出援助之手，自发形成爱心群体自觉承担起照顾他的任务——为他洗澡，理发，帮他上车下床……生病时，大家不分昼夜地轮流在他的床前守候，至今从没间断。

年夜饭到高新海家吃，这个传统有好多年了。高新海说："不光是年夜饭，遇到世界杯、欧洲杯等大赛时，我家也是邻居们聚在一起看球的地方，其实，我知道，邻居们就是为了陪陪我，怕我寂寞，跟我说说话。"如今，高新海学会了骑电动三轮车，他用这辆三轮车免费接送社区赶着去办急事的人，谁着急上班，谁赶着去火车站，谁要去医院看病，高新海闻讯后就会立马赶到。

陇海大院的故事在当地群众中反响强烈，2010年荣登中国网"中国好人榜"，荣获2008年河南"十大爱心集体"，2011年郑州市"首届慈孝集体"，2012年"感动郑州"爱心集体，2013年该事迹被翻拍成电影《好好的活着》，2014年获得《感动中原》年度获奖人物集体。

颁奖词：一场爱的马拉松，长跑三十九年，没有终点。一座爱的大院，满是善良的人，温暖的手，真诚的心。春去春回的接力，不离不弃的深情。鸽子飞走了还会回来，人们聚在一起，就不再离开。陇海大院里的邻居，给了父母不在人世、高位截瘫的高新海一个家。

王　宽

简介：王宽，男，党员，出生于1942年8月，河南淮阳县人，国家一级演员，河南豫剧名家。曾任河南省郑州市豫剧团团长，1998年退休。1999年1月，他和老伴回淮阳老家时遇到8岁的袁钱粮。袁钱粮父亲早逝、母亲远嫁，和爷爷奶奶靠救济度日。从此，他们就开始资助这个苦孩子。后来他们又相继资助了5个孩子。2002年，由于孩子们相依为命的亲人相继去世，夫妇俩决定把孩子们接到郑州一起生活。虽然，那时他们身边还有患病的外孙需要照顾，但还是义无反顾地把孩子们先后接到家里，组成一个特殊的大家庭。

三居室的房子住8口人，空间狭窄。孩子都在长身体，开销猛增。夫妇俩每月不到3000元的退休金显得捉襟见肘。为让孩子们更好地生活和学习，王宽决定放下艺术家的身段，到茶楼去“献唱”挣钱。一开始，老伴坚决反对：“你是河南豫剧界的名人，怎能出去卖唱！”可为了孩子们，老艺术家王宽愿意“舍名”，也愿意“舍命”，甘愿到茶楼献唱，随叫随到，有时甚至熬通宵，六七个茶楼来回跑。十几年来，几个孩子先后参加工作。除了抚养几个孩子，王宽夫妇累计为慈善事业投入150余万元。

2015年王宽获得“感动中原”2015年度人物

2016年2月14日当选“感动中国”2015年度人物。

2017年11月，荣获第六届全国道德模范提名奖。

颁奖词：重返舞台，放不下人间悲欢；再当爷娘，学的是前代圣贤；为救孤，你古稀高龄去卖唱；为救孤，你含辛茹苦十六年。十六年，哪一年不是三百六十五天。台上，你苍凉开腔；台下，你给人间作了榜样。

王 锋

简介：王锋，男，出生于1978年12月，南阳市方城县广阳镇古城村村民，毕业于郑州大学计算机专业。2016年5月18日凌晨，河南省南阳市卧龙区西华村一栋三层居民楼突发大火，租住在一楼的王锋最早发现险情，一边打开楼房大门大声呼救，一边保护着妻儿从室内转移到楼外安全地带。随后，王锋又迅速冲进火海，救出住在一楼东间的两名托教学生和一名托教老师。此时已是火光冲天，当时王锋还没被大火烧伤，完全可以自保等待外援，但他没有丝毫犹豫，转身第三次冲进浓烟火海中救人。

再出来时，王锋被烧成了“炭人”，浑身都是黑的，神智已不清醒。即使这样，他还在外面跑着喊着：“快救人啊，快救人啊，失火了！”向四周邻居呼救示警。从住处到张衡路口，有五六十米的距离，一路都留下了他带血的脚印。火光冲天，再加上王锋大声呼救示警，四周邻居纷纷从睡梦中惊醒，加入救火的队伍中。凌晨1点35分，来了两辆消防车，迅速扑灭了大火。附近群众把王锋搀上救护车时，他还不肯上车，一个劲地说：“楼上还有很多人，先救他们！”此时的王锋已经处于半昏迷状态，脑子里只有救人。20多名邻居无一伤亡，王锋却被烧成重伤，全身烧伤面积达98%，仅保留有两块手掌大小的皮肤。

王锋被送往医院救治，但由于病情过于危重，免疫力低下，脏器功能损伤明显，经多科会诊实施抢救无效，不幸于2016年10月1日在北京离世，年仅38岁。

2017年2月8日，王锋获得“感动中国”2016年度人物。

2017年11月，当选“德耀中华第六届全国道德模范”（“见义勇为模范”）。

颁奖词：面对千度的烈焰，没有犹豫，没有退缩，用生命助人火海逃生。小巷中带血的脚印，刻下你的无私和无畏，高贵的灵魂浴火涅槃，在人们的心中永生。

张玉滚

简介：张玉滚，男，党员，出生于1980年12月，河南省南阳市镇平县高丘镇黑虎庙小学校长。他用自己的全心付出，照亮了山区农村孩子们的求学之路，也照亮了孩子们的心灵之路。他用高尚的品格诠释了师德的内涵，展现了新时代人民教师的光辉形象。

2001年，大学毕业的张玉滚放弃在城市工作的机会，回到家乡镇平县高丘镇，从一名每月拿30元钱补助、年底再分100斤粮食的黑虎庙小学代课老师干起，一干就是十几年，这里的老师换了一茬又一茬，而这位乡村教育守望者一直都在，十几年如一日地坚守在大山深处，只为改变山里娃的命运，托起大山的希望。他虽然收入微薄，但任教期间资助学生多达300名，培养出16名大学生，有他在，没让黑虎庙村的一个孩子失学。从教的黑虎庙小学因交通困难，学生每学期的课本都是他靠着肩上的一根窄窄的扁担挑进大山的，而这一挑，就是 5 年。2006 年，通往黑虎庙的公路修好了，张玉滚也省吃俭用置办了摩托车，几年来“运书”骑坏了 4 辆摩托车。面对山里学校缺师少教的现实，他不得不把自己练就成语文、数学、英语、品德、科学样样精通的“全能型”教师。2014 年，张玉滚接任校长，当好“掌舵人”的同时，他又肩负起学校教研课改的总体工作。

张玉滚先后荣获“全国师德标兵”“全国优秀教师”“全国中小学优秀德育课教师”“河南省五一劳动奖章”等荣誉称号。2018 年，张玉滚被中宣部命名为“全国岗位学雷锋标兵”，被教育部评选为“全国教书育人楷模”，被中央宣传部授予“时代楷模”称号。

颁奖词：扁担窄窄，挑起山乡的未来。板凳宽宽，稳住孩子们的心。前一秒劈柴生火，下一秒执鞭上课。艰难斑驳了岁月，风霜刻深了皱纹。有人看到你的沧桑，更多人看到，你年轻的心。

时代楷模

“时代楷模”是党的十八大以来由中宣部集中组织宣传的全国重大先进典型，具有很强的先进性、代表性、时代性和典型性，是目前普遍公认的全国先进典型的最高荣誉。中宣部和有关部门，在中央电视台“时代楷模”发布厅不定期发布，所发布对象一般是总书记批示过的重大典型，或各省（区、市）上报中宣部经黄坤明部长批示的重大典型。常规平均每一个月发布 1 个先进个人（或集体）；目前受疫情影响，每两个月到三个月发布 1 个先进个人（或集体）。

河南省已上报推荐 6 个个人和集体被中宣部授予“时代楷模”称号，位居全国各省（区、市）前列。分别是：邓州“编外雷锋团”（2014 年 6 月 25 日发布）、李文祥（2015 年 9 月 21 日发布）、燕振昌（2016 年 1 月 25 日发布）、许帅（2016 年 10 月 25 日发布）、张玉滚（2018 年 9 月 7 日发布）、陈俊武（2019 年 10 月 7 日发布）。

邓州“编外雷锋团”

邓州“编外雷锋团”是以 560 名邓州籍雷锋生前战友为基础和

骨干力量，不断吸纳优秀复转军人、优秀共产党员等，于 1997 年 4 月成立的一支有组织、有领导、有章程的学习、弘扬、传承雷锋精神的社会团体。“编外雷锋团”成立之初，就参照部队编制序列，设置了团、营、连、排（队），同时建立例会制度、值班制度、奖惩制度、总结表彰制度等。截至目前，先后成立了 28 个营、15 个直属连排，成员 15000 余人。20 多年来，邓州“编外雷锋团”始终坚守执着坚守、忠诚于党、奉献为民、创新发展的理念，积极开展形式多样的学雷锋活动，是中原大地学习雷锋精神的一面鲜艳旗帜。2014 年 6 月被中宣部授予“时代楷模”称号。

李文祥

李文祥，男，汉族，中共党员，1925 年 5 月出生，1947 年 12 月入伍，河南濮阳人。他参军后，在第三野战军第十兵团第二十八军八十三师二四七团，先后参加了济南、淮海、渡江和平潭岛等战役，荣立特等功、二等功、一等功等，荣获“战斗英雄”称号。1956 年 8 月转业到福建省建设厅第三建筑公司。1962 年 7 月，他响应国家号召，主动要求返乡务农，在老家范县白衣阁乡北街村先后任民兵连长、生产队长、村委会主任和党支部书记，带领群众挖渠引水、改良水稻、发展小麦加工等，让大家吃饱穿暖奔小康。他甘守清贫，默默奉献，从不向他人炫耀自己的功绩。先后荣获“全国优秀共产党员”“全国道德模范”等称号。2017 年因病去世。2015 年 9 月被授予“时代楷模”称号。

燕振昌

燕振昌，男，汉族，中共党员，1942 年 5 月出生，河南许昌人。生前系河南省许昌市长葛市坡胡镇水磨河村党委书记。自 1970 年 12 月担任党支部书记以来，他 40 年如一日，团结带领群众开拓创新，艰苦创业，把“依靠班子，抓住票子，当好孺子，改变脑子，提升自己”当成座右铭，创新党员教育管理模式，发挥党员干部先锋模范作用，办企业、修道路、建学校、造良田、搞三产，千方百计增加农民收入，使全村成为小康村。为解决群众吃水、灌溉难题，70 多岁的他不顾年迈，四处奔走，建成安全饮用水及灌溉工程，惠及 3 个乡镇 23 个村近 4 万多人。2014 年 12 月，因工作操劳，心肌梗死发作去世。荣获“全省优秀共产党员”“河南最美村官”等称号，2016 年 1 月被授予“时代楷模”称号。

许　帅

许帅，男，汉族，中共党员，1979 年 11 月出生，河北磁县人。2013 年 5 月，担任河南省安阳市救助管理站站长。他爱岗敬业，不甘平庸，积极推动救助站等级评定，同公安部门加强对接等，不断增强社会救助能力。他用关心关爱受助人员，在全站建立 19 个功能室，让受助者感受到温暖和关爱。他爱岗如家，忘我工作，2014 年 9 月检查出胃癌四期，查明病情期间仍不忘工作，在病床上忍痛批阅文件，通过手机指导沟通，仅电话费就花去近千元。2015 年 4 月，他病情好转后随即回到岗位上。2015 年 9 月许帅不幸去世。他被追授为民政部“孺子牛”、中宣部“时代楷模”。2018 年 6 月，中共中央追授其“全国优秀共产党员”称号。

陈俊武

陈俊武，男，中共党员，汉族，1927 年 3 月出生，1949 年 12 月参加工作，1956 年 4 月加入中国共产党，中国科学院院士，现任中国石化集团有限公司科技委顾问、中石化洛阳工程有限公司技术委员会名誉主任，我国著名的炼油工程技术专家、煤化工技术专家、催化裂化工程技术奠基人，荣获“全国优秀共产党员”“全国劳动模范”“全国五一劳动奖章”“全国优秀科技工作者”“全国工程勘察设计大师”等称号。2019 年 10 月，被授予“时代楷模”。陈俊武同志不忘初心，科技报国 70 年，把个人理想融入党和国家事业，矢志创新、勤奋耕耘，以实际行动诠释了科技工作者心有大我、至诚报国的爱国情怀，彰显了共产党人淡泊名利、甘于奉献的崇高品格。

全国优秀共产党员

史来贺

史来贺，河南省新乡县七里营镇刘庄村党委书记、村委会主任、农工商总公司经理。他在1.5平方公里的土地上奋斗终生，立党为公、执政为民，以50年村支书的高尚品格和光辉业绩，充分践行了“三个代表”重要思想，成为共产党员和基层干部的榜样，成为当代农民的典范，成为河南人民的骄傲。

一、立党为公的人，党会牢记他

史来贺自1952年12月起担任刘庄村党支部书记、党总支书记、党委书记。刘庄自1960年起成为全国农村先进典型。作为刘庄的带头人，也作为“全国民兵英雄”“全国植棉能手”“全国劳动模范”“全国优秀共产党员”“全国优秀党务工作者”“全国优秀领导干部”，史来贺受到了毛泽东、邓小平、江泽民、胡锦涛等历任党和国家领导人的多次接见，1952年起16次进京参加国庆观礼，当选中共十三大、十四大、十五大、十六大代表，当选三、五、六、七、八、九、十届全国人大代表，其中担任五、六、七、八届全国人大常委会委员，并与雷锋、焦裕禄、王进喜、钱学森一起被中组部誉为“新中国成立以来在群众中享有崇高威望的共产党员的优秀代表”……

一个人，一个村庄，1.5平方公里，50年——史来贺这个典型的最大特点是坚持,在一个点上的无限坚持。不论是仰慕者知心者，还是质疑者反对者，在他的事迹面前，往往会由衷地感叹自己做不到。千万人做不到的，这个人做到了，他过人超人感动人震撼人的力量来自哪里？毫无疑问，来自对共产主义理想的不懈追求，对社会主义道路的坚定信念，对共产党的深厚感情。

史来贺明白，在发展空间广阔的中国农村现代化大棋盘上，刘庄要闯出一条依靠集体、全面发展、共同富裕之路。改革开放20多年来，党和国家领导人几乎每年都亲临视察，刘庄屡屡接受着殷切的重托；世界150多个国家和国内各地的参观者络绎不绝，刘庄也时时承受着探究的瞩望。史来贺一眼看到底：“如果农民一直过不上幸福生活，那就是咱共产党员没本事！”

为此他铁了心。1930年7月出生于赤贫之家的他，从小饱受地主的欺凌、土匪的劫掠，还有无尽无休的涝旱盐碱灾害，曾眼睁睁看着亲人病饿而死，自己也两次无钱治病差点夭亡。因此，他一辈子情有独钟，就是怜惜穷苦百姓。他之所以对共产党忠诚不渝，是因为共产党为穷苦大众谋利益；他之所以为穷苦大众彻底献身，是为了让老百姓说共产党好。就是这样的一种逻辑组合、一种血肉组合，使他的政治志向至纯至大至坚至刚。

史来贺特别强调正确处理三个关系：一是中央路线方针政策与本村实际的关系，二是对上级负责与对群众负责的关系，三是有主心骨与不断创新的关系。50年来，刘庄注重实事求是，既不刮风，也不跟风，在正确把握大方向上功力日深。无论顺风逆水，无论急流险滩，没有迷失过奋斗的宗旨，没有偏离过发展的方向。大凡了解一些当代历史的人都会知道，这有多么不易！尤其可圈可点的，是它在关键时刻的变与不变。

二、与时俱进的人，时代会拥抱他

刘庄经济的发展方针是“小步快跑”。头 20 年单一种田，后 10 余年发展小型工副业，再后 20 年从事高新技术产业，层层递进、步步加速。史来贺与时俱进，得出一个结论：“创大业，作大难；创小业，作小难；不创业，穷作难。”

选择生物工程，是他一大手笔。然而，刘庄经济一下子驶入了风高浪急的“公海”，以往成果都成了小敲小打，对于他这个舵手的经验和年龄来说，又是一次惊险的革命性超越。

华星 1992 年一期上青霉素工业盐产品，1993 年上溶剂车间，1994 年上粉针车间，1995 年上无菌粉车间，1996 年上 4.8 万千瓦电气联产配套热电厂，1997 年上红霉素产品。接着，2000 年二期、2002 年三期、2003 年四期工程相继兴建扩产。2002 年，华星年产肌苷 500 吨，是国内最大的肌苷厂家之一；年产青霉素原料药 5000 吨，产量居全国第三，出口创汇居全国第一。如今，华星已进入全国医药销售排行前百名，年产值占到了刘庄年总产值的 80% 以上。

在刘庄 900 亩工业园区里，作为企业家的史来贺，已经步入了成熟。

在史来贺书记对刘庄调查研讨的谈话中，他讲集体经济的优越性；讲假如刘庄集体经济的优越性不存在了，变成非集体经济，比较起来会出现的问题；讲刘庄要沿着集体经济继续前进。从发展生产力、缩小贫富差别、选择好的领导人、内部机制改革、竞争上岗、家庭再分配等方面，提出了一套按劳按效取酬、合理差别、共同富裕的方案。他把刘庄的未来端到村民面前，那样慎重，那样热切，深入浅出，循循善诱，掰开揉碎地讲，恨不得把一颗滚烫的心都呕出来！

三、执政为民的人，人民会感念他

一个人做点好事并不难，难的是一辈子做好事，不做坏事。跟随史来贺已近 20 年的村党委副书记刘名宣，含泪总结说："老书记的一生，对工作忘我，对群众痴情。"的确，痴情一片可对天。史来贺对刘庄人好，并非出自后天的理性，而是由于连心连肝连肉连骨的亲情。对于所有村民，他既是仰事奉献的儿子，也是俯身抚慰的慈亲。他一生不唯官、不唯上，唯独怕群众。怕什么？怕群众与他疏远、生分。可以说，他是为刘庄人民而活的，这就是他的一种生存意义，一种生存意志。

史来贺去世后，村民们要求，哪怕让老书记的遗体在这幢别墅里停留停留呢？但是村党委没有同意这么做，因为老书记不会同意这么做。他的一辈子，只为大家谋利益，从不给群众添麻烦，只会付出，从不索取，遗爱在人民、遗爱在人间，最后也让他如愿吧。

四、无私奉献的人，历史会回报他

了解史来贺的人都知道，他是一个向往纯粹的人，一个追求极致的人。干任何事都横下一条心，想问题一定要想透，干工作一定要干好，定目标一定要定高。所以，根一下就扎到最基层，"村官"一当就当了 50 年，这对于他是一件顺理成章的事。何况，匍匐于大地的人，更容易找到自我；置身于百姓的人，更容易获得满足。

遵照史来贺的生前交代，他的遗体实行火化，并将部分骨灰撒向他恋恋不舍的刘庄大地。为他送行那天，从刘庄到七里营路口的一条长路上，素白纸花如雪一般遮覆了两旁的冬青，刘庄整个村子都空了，男女老幼互相扶携，哭着涌向村口，沿路伫立，泪眼模糊望着灵柩渐渐远去，长声呼唤着老书记，凄泣悲号，痛不欲生——50 年呐！

大地无言，丰碑不朽。立党为公的人，党会牢记他；执政为民的人，人民会感念他。作为“三个代表”重要思想的忠实践行者，史来贺将永垂青史！

吴金印

吴金印，男，汉族，1942 年 9 月出生，1959 年 4 月参加工作，1960 年 2 月加入中国共产党，现任河南省卫辉市唐庄镇党委书记。60 多年来，他多次主动放弃组织上调他到上级机关工作的机会，深深扎根农村，忠诚党的事业，一心一意带领群众脱贫致富，被群众誉为“太行公仆”。1996 年中组部、中宣部联合发出《关于开展向吴金印同志学习活动的通知》，提出吴金印同志是乡镇党委书记的榜样，也是全党同志和各级领导干部学习的楷模，号召全体党员、干部向吴金印同志学习。他先后获得“全国优秀党务工作者”“全国优秀共产党员”“全国五一劳动奖章”“100 位新中国成立以来感动中国人物”“改革先锋”“最美奋斗者”等荣誉。他曾当选党的十五大、十六大代表，第十五届中央候补委员，第十届、十一届全国政协委员。

一、走进大山，扑下身子向群众学习

吴金印出生于1942年，亲身经历了共产党帮助穷苦人翻身做主人的过程，在心里种下了一生跟党走的种子。他18岁加入中国共产党，19岁担任村党支部书记，受到党的培养教育，先后被送到省团校、中央团校学习。20世纪60年代，他主动要求到最艰苦的地方，在狮豹头公社一干就是10多年。他带着群众治山治水、开山架桥、改河造田，在山岭沟进行闸沟造地工程时，两次都失败了，洪水冲垮了堤坝，把造出的200多亩梯田一扫而光。是放弃还是继续干？他没有急于决策下结论，而是召集群众开“诸葛亮会”，现场解剖麻雀，分析失败原因。他说，要把群众当老师，因为群众最有智慧，最有力量，最了解实际。他甘心当小学生，虚心向山里人求教，向老石匠学习怎样开山，怎样辨别不同的石材和纹理。他从群众的智慧中，提出“封山育林，兴修水利，拦河造田”的工作思路，带领群众打通山洞6个，筑起大坝85道，建造水库、蓄水池25座，修水渠总长3.80万米，架桥梁8座，修筑山区公路20多公里，植树20万株，造出良田2400亩，彻底改变了“吃粮靠统销、花钱靠救济”的贫穷落后面貌。

二、战天斗地，治山治水挖穷根

1987年11月，吴金印到唐庄镇任党委书记。唐庄镇地形复杂，有山区、有丘陵、有平原，还有低洼易涝区，看到群众“吃水难”“吃粮难”“行路难”“上学难”“就医难”的艰难生活，怎么样才能因地制宜，带领群众挖掉穷根子，成了他一直思考的问题。吴金印带领班子成员分头下去，一个村一个村地走访，一方地一方地察看，深入老百姓中间与大家商量，决定在唐庄镇采用闸沟、筑坝等方式造田。在吴金印的带领下，唐庄镇干部群众治理荒山 20000 多亩，修建鱼鳞坑 600 多万个，种植各类林木 600 多万株，先后对十里河、金门沟治理造田，进行“空心村”土地治理，共整理土地 15000 多亩，使“三跑田”变成了“三保田”，荒山变成了绿山。吴金印在唐庄镇工作 30 多年，带领群众造地 18000 多亩，为唐庄发展打下了坚实的基础，被群众亲切地称为“造地书记”“草庵书记”。

三、脚踏实地，绘制蓝图谋发展

到一个乡镇工作，首先得从实际出发，在弄清乡情基础上制定奋斗目标，然后脚踏实地去实现目标。吴金印经过几上几下、反复论证，充分吸收群众智慧，提出了“西抓石头东抓菜，北抓林果南抓粮，乡镇企业挑大梁，沿着国道做文章”的发展思路。“西抓石头”是依托唐庄西部丰富的石材资源，发展石头经济。“东抓菜”是依托平原地带发展蔬菜经济，还依托“桃花源”这个旅游资源，自 1995 年开始连续举办 25 届“唐庄桃花节”。“南抓粮”是建成“田成方、树成行、沟相通、路相连、旱能浇、涝能排”的高效农业种植格局。“乡镇企业挑大梁”是从 20 世纪 80 年代末开始，建成水泥厂、钳子厂、无纺布厂、变性淀粉厂等。到 20 世纪 90 代末，唐庄镇大部分群众脱贫，部分人实现了富裕。

四、与时俱进，“三化”协调开新篇

近年来，吴金印带领唐庄镇走出一条新型工业化、城镇一体化、农业现代化，“三化”协调发展的高速路。在唐庄镇方圆 85 平方公里的范围内，形成了“六个万”的产业基地，即万亩桃园基地、万亩蔬菜基地、万亩超高产小麦基地、万头肉牛奶牛养殖基地、万亩西山绿色园林基地、万亩工业集聚区基地。目前唐庄产业园区已有世界500强、国内500强、上市企业等大小企业40多家。2020年唐庄镇总产值123.26亿元，公共财政预算收入2.23亿元，农民人均纯收入为21340元。唐庄镇也先后获得“全国文明村镇”“全国综合实力千强镇”“全国重点镇”“河南省五好乡镇党委”等多项荣誉。

五、心系群众，一方金印在民心

无论在哪个岗位，吴金印始终视群众为父母。在狮豹头工作的15年间，7年住在军烈属、五保户、特困户家里，与群众一起劳动，为群众挑水劈柴干家务。他在唐庄召开的第一次领导班子会议上问大家：我们吃的粮食是谁给的？我们穿的衣服是谁给的？我们拿的工资是谁给的？大家踊跃发言、充分讨论，得出一个结论：是共产党给的，但归根到底还是人民群众给的。他常说，只有和群众心贴心，群众才会把你当自己人。吴金印的做法，就是坚持村干部与群众“四同”，即同吃、同住、同劳动，有事同群众商量。同吃，就是驻村干部不准单独起伙，一律到群众家吃派饭，不准喝酒，吃了饭要交钱；同住，就是驻村干部不准住村委会，必须住到军烈属、五保户、困难户家里；同劳动，就是每个干部自备一套劳动工具，每年参加义务劳动不少于60天；有事同群众商量，就是凡重大决策出台前，都要充分征求群众意见。多年来，他始终同群众打成一片，同呼吸、共命运、心连心。在老百姓心里他如太行山一样厚重，当地群众自发地把“太行公仆吴金印”几个大字镌刻在峭壁上。

李连成

1991年8月，在致富路上摸爬滚打7年、成为全村首富的李连成，担起了带领群众脱贫致富的重任，当选西辛庄村党支部书记。他面对全村群众立下军令状：“当干部就要能吃亏、就要带领乡亲实现小康、过上城里人的生活、就要清正廉洁。我要是喝村里一盅酒，就割我的舌头，吸村民一根烟、乱花村里一分钱，就剁我的手指头。”30多年来，李连成以吃亏奉献精神，团结带领西辛庄村群众努力奋斗搞建设，大力发展农村经济，把一个人均纯收入不足600元的穷村发展成远近闻名、人均纯收入超过3万元的富裕村。他先后当选为党的十六大、十七大、十八大、十九大代表，第十届、十一届、十二届、十三届全国人大代表，获得“全国优秀共产党员”“全国劳动模范”称号，西辛庄被命名为“全国文明村”“全国先进基层党组织”。

一、当干部肯于吃亏

李连成经常告诫村干部：“当干部就应该能吃亏，党员干部的先进作用要体现在带头干事、带头致富、带头吃亏上；当干部有吃苦的义务，没有搞特殊的权利。”在20世纪90年代初，他带领全村群众发展大棚蔬菜，免费传授技术，还将自己占地近1亩的两座大棚无偿转让给两户贫困户。在再生纸厂效益最好的时候，他又动员与自己合作的12个股东把价值168万元的再生纸厂作价68万元转卖给全村群众，实现了家家有股、户户分红。在新村规划宅基地划分时，他舍弃优越位置，选择了给谁谁不要的村南大坑。自己光推土垫坑就花去了 1.60 万元。2005 年 5 月，李连成被国务院评选为“全国劳动模范”，获得 1 万元劳模奖金。李连成却说：“这个劳模不是我自己的劳模，是全村人的劳模，这 1 万元奖金应该属于村里。”领到奖金的当天，就全部交给村里用于村小学建设。1991 年，他任村党支部书记时，家中有存款 38 万元，短短 5 年时间，光救助贫困户发展经济就花去了 10 多万元。

1999 年以来，县委、市委、省委相继作出了向李连成同志学习的决定，组织全省党员学习李连成，“唱吃亏歌、干吃亏事、做吃亏人”，许多省、市纷纷邀请他做报告或到西辛庄参观学习。他相继外出做报告 1500 余场，接待参观访问团 5800 批次，在此期间，他从来没有收取过对方的任何费用和礼品，每次接待参观团，都抽出时间认真地为对方讲解，满足对方的要求。近两年来，随着西辛庄村招商引资上项目力度的加大，为带动更多的邻村人致富，李连成把发展的空间转到周边村，把厂房建设在庆中、东辛庄、榆林头村等地，李连成不但不讲任何劳务费，坚持奋斗不息，还义务为外商为邻村提供最优质的服务。

二、干工作公正廉洁

李连成常说，“凡是农村告状的，多数是因为村干部搞特殊化，处事不公”，只有做到“办事公，财务清，路平河通”，处理村内事务时才能有威信、有威力。十几年来，李连成心里始终装着群众，凡事坚持团结群众、依靠群众。西辛庄村的村代表会议，是村里的决策机构。凡村里的重大事情，都要提交村民代表会议讨论，让群众决策，让群众管理，让群众监督。村里种植的林木需要间伐，在如何砍伐和树木价格问题上，李连成专门召开村民代表会进行了讨论，并决定委派专人负责办理。整个砍伐和买卖过程，全村没有一名群众提出不同意见。在村务管理上，推行了村务公开。每月都要上墙公布村务，并组织成立了村务公开监督小组，全程监督公开内容的真实性。在账务管理上，成立了民主理财小组，让坚持原则、敢说敢讲敢提意见和反对过他的人进入理财小组，每月对村里的财务开支进行一次集中审核，每月公布一次账目，让村里的群众心里明白。李连成还在西辛庄立了一条铁规矩：村里不设吃喝招待这项费用。他任支部书记以来，村里没买过一盒烟、一瓶酒，没报过一分钱的招待费。现在李连成仍旧是坚持每天 4 点钟起床，衣着仍然是过去那样的朴素。为了节约费用，每次外出考察项目，李连成都坚持在地摊上喝面条、啃烧饼，在车里和衣睡觉过夜。

三、率群众共奔小康

李连成刚任党支部书记时，一年就发展蔬菜大棚 40 多座，当年就实现人均增收 500 多元。1994 年，当塑料大棚在全市遍地开花的时候，他又通过办再生纸厂、奶牛厂、纺织厂、酒厂等股份合作制企业，使群众走上了富裕的道路。2002 年，李连成通过筑巢引凤的办法，建设厂房 6 万平方米，以租赁或入股形式引进了上海、台湾、浙江、江苏等地的企业。

随着西辛庄的发展，李连成认识到“一个村富了不算富，带动周边村富了才算富”。2003 年，他在征求群众意见的基础上，将西辛庄村企业入股权和务工权向周边村开放，来村务工的外村、外地人就有 5000 多人，吸纳村外股金 2000 多万元，每年分给外村的红利就达 400 多万元。2013 年，村里投资 3200 万元，建起了全市一流水平的西辛庄市教育园区，除安排本村 40 余名学生免费就读外，还安排周边村学生 2000 余名。2014 年，经省发改委批准，建设了食品加工产业园区，进一步壮大了村域产业经济规模，为群众创收拓展了新渠道。

李连成深刻地认识到脱贫致富奔小康关键是干部思想上的脱贫致富奔小康，只有思想上脱贫致富，才能实现小康梦。首先对村级干部和企业干部进行培训教育，在思想上筑建致富奔小康理念。为培养一批新型农民，在市委、县委的支持下，西辛庄村于 2016 年建成全国首家农村党支部书记学院，培育带动了一大批基层党员干部，目前学院已累计培训来自全国 30 个省和 33 个“一带一路”沿线国家的学员 8.80 万人。

在李连成的带领下现在的西辛庄村有工业企业、有民生医院、有教育园区、有市民文化广场、有工人新村、有文体广场、有汽车城，村内道路畅通，渠道硬化，环境优美，全村群众实现了共同富裕。

王在富

一个人，一座村，一部耸立在中原大地上的“乡村都市”的不朽传奇。

50 多年来，他凭着敢为人先的闯劲、甘当重任的干劲、忘我牺牲的拼劲，带领全村干部群众坚定不移地走社会主义道路，自力更生，艰苦创业，把一个穷得叮当响的“糠包村”变成了闻名全省、全国的小康村、文明村，村民们住上了 16 层高的公寓楼，享受中央空调四季如春的舒适环境，过上了“乡村都市”的新生活。

50 多年来，他全心全意为群众谋利益，忠实履行共产党人的职责，用无声的行动诠释了党的先进性的丰富内涵；他以崇高的思想境界和突出的工作业绩，为我国广大农村基层干部树立了榜样，是社会主义新农村建设中党的基层干部的一面旗帜。

一、“不让老少爷们儿都富起来，我死不瞑目。”

王在富想致富、盼致富，连做梦都在想，他用毕生的心血践行着自己的诺言。

“一头毛驴三条腿，一眼机井没有水，一亩不打半石粮，一年糠菜难顾嘴。”当地老年人中至今还能背诵出来的歌谣，诉说了位于黄河岸边的西滑封村当年群众悲惨的生活。王在富童年时，西滑封村穷，他家比一般人家更穷，饥饿相继夺走了父亲、哥哥、姐姐的性命，只留下他和母亲相依为命。母子两人，地无一垄，房无一间，白天讨饭，晚上住祠堂，苦度日月。可以说，王在富是靠吃百家饭长大的。他暗自下定决心，等自己有能耐了，一定要改变西滑封村贫穷落后的面貌，让老少爷们儿都富起来。

1959 年，31 岁的王在富挑起了村党支部书记的重任。那时候正赶上三年困难时期，“清早糠，晌午汤，傍晚稀饭照月光，长年缺盐吃淡饭，家家户户闹饥荒”，是当时西滑封村贫困状况的真实写照。这一年冬天格外寒冷，许多人为求生纷纷外出逃荒。王在富听说一位村干部也要到新疆逃荒，便找到他家。这位干部的母亲抚摸着儿子骨瘦如柴的身子说：“在富呀，让他走吧，俺家总得留条根吧？”王在富这个身高一米八的汉子瞬时眼眶湿润了。他动情地说：“干部要都逃走了，留下这老少爷们儿该咋过？还要咱这共产党员干啥？”这位干部终于留下来了。王在富暗暗发誓:“从今天起，我王在富哪怕上刀山下火海，也要让全村人吃饱饭。不改变西滑封的面貌，不让老少爷们儿都富起来，我死不瞑目。”为了能让全村人吃饱饭，王在富带领党员群众利用废弃的边角地开垦种植了70亩耐旱涝的怀山药，节骨眼上正是这些山药救了全村人的命。

创业是艰难的，艰难的关口总离不开共产党员的先锋模范作用。那是1963年夏天，快到种牛膝的时候了，村里急需饼肥，但村油坊的一名工人说:“在富哥，真弄不成，油坊里头太热，等凉快时再干吧。”王在富没答话，第二天就到油坊上工，穿个小布衫、裤头，抡起了20公斤重的大油锤，一干就是半个月。油坊的人谁也没有再叫苦叫累，种牛膝的饼肥源源不断地送到了地头。

1960年春天，为了让乡亲们彻底摆脱饥饿，王在富琢磨着必须在改良土壤上做文章。他针对村里几百亩“湿了是泥蛋、干了是铁蛋、不干不湿是肉蛋”的胶泥地在种植粮食上的弊端，想出了改良土壤、增加产量的法子。他和大伙儿一起肩挑车拉，从沁河滩运了3000多立方米沙土，把几百亩土地翻了二尺多深，终于改良成了两合土。后来，为确保村里的耕地旱涝保收，王在富又带领大家打了12眼水井。为了科学种田，王在富带领7名村干部，骑着自行车，往返上千里，到河北邯郸学习作物套种经验。回来后，他们进行麦垄套种棉花试验，大大提高了单位面积效益。改良了土壤，兴修了水利，推广了先进耕作技术，困扰西滑封人多年的吃饭问题终于得到了有效解决。

无农不稳，无工不富。解决了群众吃饭问题，王在富又开始琢磨工副业生产来。面对一无资源优势、二无区位优势的实际情况，他顶着巨大压力，响亮地提出了“苦熬不如苦干，苦干不如巧干，巧干不如科学干”的口号，根据当时的形势和本村的实际，确立了“以工养农、兴工富农”的发展思路。

在探索乡镇企业发展的道路上，每走一步都十分艰难，既有物质条件的限制，又有来自各方面的压力，但王在富始终不畏难、不退缩，带领村“两委”班子成员艰苦创业，为西滑封村事业的发展打下了坚实的基础。1960 年年初，他把村里的几棵树变卖了 300 元，几个干部又凑些钱，共筹了 700 元，因陋就简搭起了 8 间草房，办了个小型鸡作坊。他三顾博爱县清化镇，苦口婆心，把本村的能人一一请回，又开了能做辣椒酱、咸萝卜条和酱油醋的酱菜厂。小鸡孵出来了，王在富带领村干部和销售员，跑新乡、闯运城卖小鸡，一春天赚了 3 万多元。他们拿出 2.1 万元买回 30 头耕牛，这是西滑封村最初最大的一笔集体财富，也是最重要的生产资料。西滑封人初步尝到了兴工富农的甜头，他们兴工富村的信心更足、热情更高、干劲更大了。王在富看在眼里，喜在心上。随后，他因势利导，乘势而上，带领干部群众相继办起了弹棉花、轧花、磨面、榨油、砖瓦窑等工副业。此后，西滑封村在王在富的带领下，又先后建起了面粉厂等企业，全村企业达到 13 家。

创业难，守业更难，再创业是难上加难。1994 年，王在富经过深思熟虑作出了一个惊人的决定：为了谋求西滑封村更大的发展，主动让贤，辞去村党支部书记职务。在党支部会上，他语重心长地说：“西滑封村发展到现在确实不容易，可是如果想谋求更大的发展，不重用高层次的人才不行。我年纪大了，确实感到力不从心了，市场经济需要有文化、懂科技的人才，不让年轻人往前站，就会耽误西滑封村的事业！”他向组织极力推荐了从村里走出来的部队正团职转业干部、焦作市制革厂党委副书记王孝江和武陟县土地局局长王学峰。王在富多次上门动员，请王孝江回村接替自己的党支部书记职务，请王学峰回村担任黄河集团公司总经理。“落红不是无情物，化作春泥更护花。”王在富主动从村党支部书记岗位上退下来，以博大的胸怀和令人敬仰的高风亮节，成功地完成了西滑封村党支部的第一次新老交替。在以后的整整10年里，王在富时时处处支持王孝江和王学峰放手工作，为经济发展出谋划策，呕心沥血，甘当党委和集团公司董事会成员的坚强后盾。这一届班子不负众望，上项目，搞改革，带领西滑封村集体经济实现了一个又一个新跨越，被西滑封人称为“黄金十年”。

二、“不跟风，不盲从，实事求是，与时俱进，西滑封的发展才能永不停步、永不落后。”

在黄河集团办公楼前，有一座黄河船夫的雕像：在浪花飞溅的黄河激流中，一位健壮艄公手握长橹，力挽狂澜，眉宇间凝聚着无畏和豪迈。有人说，这是西滑封人敢于创新、与时俱进的象征；有人说，这是老书记勇立潮头、把稳航向的生动写照；也有人说，这寓意着王书记带领乡亲们搏击风浪四十载、一路高歌到今朝的宝贵实践。

王在富在担任村党支部书记的不平凡岁月里，不论顺风逆水，不论急流险滩，始终坚持实事求是，与时俱进。在每一个重要关口，在每一件事关发展和群众利益的大事面前，他都爱用“实事求是”这把尺子量量：一切从有利于解放和发展生产力出发，一切从维护和发展百姓利益出发。他说：“不跟风，不盲从，实事求是，与时俱进，西滑封的发展才能永不停步、永不落后。”

1978年12月，党的十一届三中全会召开，这是一个划时代的会议。随之而来的是中国农村的一场大变革，家庭联产承包责任制遍地燎原，广大农民分田到户“大包干”。包干到户，实行家庭联产责任制，对于当时的中国农村来说，就像大旱遇甘露，对解放农村生产力、促进农村经济发展、解决农民温饱问题意义重大。在全国一片“大包干”的欢呼声中，无数目光在盯着西滑封村的土地分不分。艰难的抉择考验着王在富的智慧和胆量，他又一次被推到了风口浪尖上。

然而，这次“大包干”非同以往，压力面前，王在富陷入了沉思。

这时的西滑封村与其他村不一样，集体拥有的工农业生产已初具规模，农业耕耙种收实现了机械化，农田水利化，工业企业也有一定规模，1978 年全村工农业总产值已达 72 万元。村民的公用设施也在兴建，集体为村民们建造的两层新型排楼正在施工中，部分村民已从祖祖辈辈居住的茅屋瓦房中迁进了“楼上楼下、电灯电话”的新居，村办中小学校舍正在兴建，村委办公楼正在施工，村民们不但解决了温饱问题，而且正在向小康生活迈进。如果在这种情况下，西滑封村也跟风实行包干到户，把集体拥有的拖拉机和大型农业机械分给农户，把工厂厂房、机器拆开分了，西滑封人自力更生、艰苦奋斗几十年积累的集体经济就会一夜之间化为乌有。

王在富反复琢磨中央文件精神，他认为，十一届三中全会的精神实质是解放生产力、发展生产力。西滑封已由传统的自然经济转入了商品经济生产，一半劳动力已转移到第二、第三产业，集体经济力量雄厚，如果一分了之，必然会阻碍生产力发展。王在富在全村群众大会上说：“西滑封不能分，走发展生产力和共同富裕路没有错，符合中央的精神和西滑封村的实际。”

通过广泛征求群众意见，西滑封从本村实际情况出发，兼容家庭联产责任制的优点，克服“大锅饭”弊端，建立起农业公司，实行了土地管理、土地使用、大型农机具、水利设施、劳动成果分配“五统一”和农业经营专业组责任制。工厂也没有分，而是实行了厂长负责制，巩固、放大优势，扩大了生产规模，提高了产品质量。新农村建设也没有停建，新校舍、新办公大楼、农民新居相继拔地而起。

在这一历史关键时刻，王在富冒着牺牲自己政治生命的风险，带领西滑封人作出了抉择。这是大智、大勇的表现，更是一种责任担当。

王在富的决策和西滑封人的选择是正确的。这种“综合经营、专业生产、分级管理、奖惩联产”的新型经营模式，既充分发挥了集体经济的优越性，又极大地调动了个人的积极性，为商品经济发展注入了比单一家庭经营更为充足和旺盛的活力。

西滑封今天的发展事实，也有力地证明了西滑封人当时决策的正确。西滑封人说得好：“要不是老书记有风骨、有主见、不跟风，实事求是，与时俱进，就没有西滑封的今天。”

1984 年，我国农村乡镇企业异军突起，上大项目的口号响彻全国，出现了盲目上项目、上了项目就垮台的现象。但西滑封，仍坚持一个理，看不准的项目、无效益的项目坚决不上。西滑封人没有追风，没有随大流，他们及时转舵，淘汰了作坊式的工副业，坚持因地制宜，坚持诚信为本、靠诚信生存、靠诚信发展的理念，迎来了客户，扩大了市场，获得了金融部门的大力支持，相继建起了电缆厂、方便面厂、汽车弹簧厂等十余个现代化的大型工业企业，使西滑封村的集体经济以年均 30% 的增长速度大跨步发展。1991 年，西滑封又组建了黄河集团公司。在王在富的带领下，西滑封村得到了健康、协调、快速发展。

20世纪80年代末，我国加大了对乡镇企业治理整顿力度，在一片唱衰乡镇企业思潮的影响下，与西滑封村同时崛起的一些先进村街止住了前进的脚步。王在富深深懂得“错失一次机遇，就等于落后一个时代”的道理。他紧紧抓住国家治理整顿和别人“打瞌睡”的历史机遇，上规模、上水平、抢市场，狠抓产业结构调整，集体经济上了一个大台阶。进入90年代中期，王在富又瞄准市场需求，采取走出去的战略，相继在全国布局建立了5个方便面生产基地。到2001年，西滑封村13家企业固定资产达2亿元，年实现销售收入4.70亿元，上缴税金1452万元，农民人均纯收入超过了5000元。

一次次的急流险滩，一次次的力挽狂澜，西滑封村这艘大船正是因为有了王在富这个好舵手，才一次次化危为机，沿着正确的航向破浪前进。

三、“我们共产党人干事创业，发展经济说到底就是为了让群众过上好日子。”

西滑封村经过几十年的发展，实现了家大业大的目标。发展为了什么？王在富认定一个理，发展靠人民，发展为人民，一定要让群众分享发展成就的荣光和发展成果的甘甜。他说：“我们共产党人干事创业，发展经济说到底就是为了让群众过上好日子。”

最令西滑封人引以为豪的是村北那一片村民新居，尤其两栋16层高的农民公寓更是十分抢眼。村里的老人们说，西滑封人住房经历了三次大变革，一次更比一次好。

第一次变革是排楼。1976年以前，西滑封人住的是低矮潮湿的土坯房和茅草房。村集体有了积累后，王在富和村“两委”就开始着手改善村民住房问题。他把村里的能工巧匠组织起来，成立了建筑队。为了节省钱，他白天领着群众在村里烧砖、烧瓦、烧石灰，夜里组织青壮年到太行山上拉石料。这场战役一干就是整整 10 年，先后为全村盖起了 820 间两层排楼，全村 250 户 800 口人全部搬进了两层楼房。当全村人都搬进新楼时，王在富家才最后一个搬进新房。

第二次变革是单元楼。为满足群众住房需求和工业发展用地需求，从 20 世纪 90 年代初开始，王在富带领群众拆排楼盖居民楼，一干又是 8 年。到 1998 年，6 栋式样新颖的六层住宅楼全部建成，144 户农民乔迁新居，楼内水、电、气、电话、有线电视等一应俱全，群众住房更宽敞、更舒适、更现代化了。1998 年 11 月 22 日，时任中共中央政治局委员、国务院副总理的温家宝同志在西滑封村考察时夸赞道："这村居民住宅已经超过了国家部长级住房水平，是个了不起的成就。"由两层排楼改建成六层居民楼，不仅使西滑封由农村变成了乡村中的"都市"，而且还为兴办工业腾出了 20 亩宝贵的场地。

第三次变革是农民高楼。从 2001 年起，村里投资 3000 多万元，相继兴建了两栋被称为"中国农民第一高楼"的 16 层住宅楼，全村又有 192 户村民迁进新居，西滑封成为名副其实的"乡村都市"，新华社播发消息称此楼为"中国农民第一楼"。

三次住房改革，既圆了西滑封人住高楼的梦想，又节省了 60 亩土地，为工业发展提供了空间。

安居之后，王在富又想到村民的乐业。如何用科学的思想占领农村的文化阵地，是王在富一直在思考的问题。改革开放以后，西滑封人靠着勤劳和智慧，过上了殷实富足的好日子。过惯了穷日子的乡亲们，看着日渐饱满的钱袋子，竟不知所措了。有的主张把祖坟好好修一修，“让祖先也风光风光”；有的主张把钱分了，也“潇洒走一回”；有的甚至悄悄摆起了麻将桌，硬币在桌上碰得叮当响。王在富发现这些现象后，非常重视，他及时召开了村“两委”会，经过分析，一致认为这不仅是一个生活方式问题，更是一个关系到西滑封村兴衰成败的发展方向问题。他组织在全村开展了“村里有了钱，生活怎么过”的专题讨论，组织大家学理论，忆村史，谈感想。在群众大会上，王在富说：“我们村之所以富了，关键是党的政策好，大伙儿拧成一股劲干出来的，虽取得了成绩，但仅仅是小富，离党的富民政策的要求差距还很大，决不能小富即安、小富即满。现在就骄傲自满了，来之不易的成果就会付之东流。”他语重心长的话语，使得刚刚萌生的享乐主义、即将抬头的封建迷信思想很快烟消云散了。为提高村民的文明程度，村里投入 40 万元进行美化、绿化，改善了村容村貌；投入 50 万元修建了大型绿色文化综合广场和多种现代文明的娱乐设施；投入 280 万元，建成了村卫生院，并聘请市、县技术一流的名医来卫生院坐诊，群众小病不出村、大病不愁治，周边三里五村的群众也能就近就医。西滑封村年满 60 岁的老人每月可领到 300 元生活补助金，每个劳力每年可获得 1200 元子女教育补贴和用水补助，西滑封人真正过上了老有养、幼有教、住有房、乐有场的幸福生活。

四、“当干部心里要时时刻刻装着群众，公道正派，不怕吃亏，以公为德，以奉献为荣。”

王在富淡泊名利，严于律己，始终保持着共产党人清正廉洁的政治本色。他处处严格自律，以自己的模范行为树起了共产党员的良好形象。他说：“当干部心里要时时刻刻装着群众，公道正派，不怕吃亏，以公为德，以奉献为荣。”

2001年西滑封村准备盖一栋16层住宅，投标前，有个建筑公司经理找到王在富，临走时留下了一个装有10万元的红包，王在富连夜打电话让财务人员取走了这10万元，交到了村财务。结果盖同样规模、同样设施的楼，别的单位花2000万元，而西滑封村只花1500万元。事后，王在富说：“人家给我塞红包，目的就是想提高楼的造价,那种个人沾小光、集体吃大亏的事,我不能干。”2001年，王在富被武陟县委、县政府评为“武陟县十大经济功臣”，政府奖励他50万元。他把这50万元全部捐给了村办卫生院。

王在富给家里人立了三条规矩：一不准搞特殊；二不准收礼物；三不准占集体便宜。他常说：“在西滑封当干部就要行得正、站得端，不能让群众在背后捣脊梁骨。”王在富临终前，再三叮嘱孩子们要按村规民约办事，一不大操大办，二不收礼金，三按规定火化。王在富对自己的家人要求极严。村里有大汽车30多辆，王在富从没有公车私用过。1989年冬天，王在富用车去北京给小孙女看病，回来按里程一分不少交了600元车费。十几年前，他大儿媳在村办纸厂工作。有一次，他儿媳同6名女工拿了一些次品纸。王在富知道后立即召开家庭会议，他说：“一点次品纸算不了什么，如果都这样，集体财产就会被拿光。”最后，他责成纸厂召开职工大会，公开处理这一问题，要求她们每人缴30元罚款。这件事在干部群众中产生了很大的震动。

在过去的农村，保送上大学、进厂当工人，是年轻人“跳农门”的最佳选择，能改变一个人、一个家庭的命运。1975年，王在富长子王胜高中毕业时，正赶上推荐上大学。村里按条件推荐的3

个高中生中有王胜，王在富不同意，他说：“先让平民百姓的儿子上大学。”结果群众的儿子去上大学了，党支部书记的儿子留下了。有一年冬天，国营武陟纸厂招收“农转非”工人，王在富有 4 个儿子、3 个女儿。村干部建议推荐他大儿子去，王在富坚决不同意，力推复员军人王大旺去当工人。他说：“大旺家困难，父母有病，孩子八九个，还是让他去吧。”

王在富常说：“当干部要冲锋在前，享受在后，勇于奉献，甘于吃亏。”西滑封村三次分房，王在富都是最后一批搬进新居的。村里盖排楼时都争抢住朝阳房，他就把朝阳房优先分给群众，不朝阳的留给自己家。2002 年，16 层高楼建成后，为避免分房引发争议，村里规定，家有 60 岁以上老年人的住 10 层以下，其他人一律抓阄分房。村里为照顾老支书，在七层给王胜分了一套房。王在富得知后火了：必须按规矩办！他硬逼着儿子退了房，与群众一样抓阄。

王在富处处严格要求自己，严格要求家属、亲属，于小事处见真情，于小节处显风格，把一个共产党员的先进性贯穿在平素的工作中，体现在日常的生活里。正因为这样，才使得他在西滑封村村民中享有那么高的威信，才使得西滑封村这面红旗几十年不倒，才使得人们对西滑封的明天充满了希望！

穷，思变；富，思进；进，不止。在王在富这只领头雁的带领下，西滑封村告别了贫穷的昨天，迎来了殷实的今天。走进西滑封，我们不禁会发现，这是一个普通而神奇的村庄：在这里，村民住的是设施先进完备的公寓楼，户均住房面积 150 平方米，享受着中央空调四季如春的舒适家居环境；在这里，企业全部是集体所有，个个生机盎然、红红火火。西滑封的王牌企业——黄河集团公司先后被评为“中国最大经济规模乡镇企业 1000 家”第 149 名、“中国最高利税总额乡镇企业1000家”第83名、“河南省工业综合实力百强企业”。西滑封村党支部多次被省、市、县委评为“先进党支部”；西滑封村党支部被中共中央组织部命名为“全国先进党组织”。国内许多省、市来西滑封村参观学习的人络绎不绝，昔日“糠包村”的西滑封，今日成了中国大地上的一颗闪亮的星。纵观西滑封村的发展史、变迁史，无时无处不凝聚着王在富的心血，他忠诚地践行着共产党员的为民宗旨，写下了人生最壮美、最绚丽的篇章。

耿瑞先

1995年，退伍回乡的耿瑞先当选为新乡市凤泉区耿庄村党支部书记。20年来，他带领群众团结一心、艰苦奋斗，把耿庄村从一个全省出名的穷村、乱村，建设成为国家级文明村、远近闻名的富裕村。他本人先后荣获“河南省优秀共产党员”“全国五四青年奖章”“全国劳动模范”“全国十大杰出村官”等荣誉，耿庄村党支部荣获“全省先进五好党支部”称号。国家领导人李克强、曾庆红、回良玉等到耿庄村视察工作时，对建设社会主义新农村的“耿庄模式”给予了高度评价。

一、抓队伍，治穷乱，为了群众重实干

20年前，耿庄村穷到集体外债高达168万元，农民人均收入只有600元；乱到因为村干部私分几十棵树，群众一夜之间砍光抢走5000多棵成材树；干群关系更是紧张到了原支部书记房屋深夜被炸塌。

为凝聚民心，耿瑞先先抓干部形象，他按照连队建设党支部的标准建设村党支部，把部队严谨的工作作风和军事化管理制度运用到村班子建设中，先后研究制定了村委会签到制度、24 小时值班制度、周日例会制度、民主评议制度和干部廉政建设制度，规定每天由一名村干部带领 3 名党员 24 小时值班，随时帮助群众解决实际问题。

为了让群众不作难，党员、干部就得先作难、作大难。耿庄村北半部地势较高，水管老化，群众经常吃不上水，意见很大。耿瑞先许诺“一周内解决”，动员班子成员从家里凑了 2 万多元钱，买水管、挖水沟、走管道，没黑没夜地干，5 天后耿庄村家家都通了水。打完“水仗”，他们看到村内街道“晴天一层灰，雨天一路泥”，又开始打“路仗”，请技术员、运石料、平整街道、铺设水泥、安装路灯，2 个月的辛勤汗水换来了笔直平坦的水泥路，也换来了群众的认可和拥护。

为让干部做“透明人”，耿庄村经常组织全体党员学习党章、重温入党誓词，1996 年就成立了党风廉政建设领导小组，耿瑞先更是身体力行、率先垂范，20 年来共拒收各种礼金 200 余次，为集体减少损失在 1000 万元以上。

为让群众做“亮堂人”，耿庄村在全省率先建成了一个村级有线电视台，及时报道村情村务，让“两委”做透明事，让村民做明白人。老百姓心里亮堂了，对村里的工作更理解、更支持了。

二、转思想，定目标，带领群众共致富

“群众富不富，关键在干部。”这是耿瑞先始终秉承的理念。面对着耿庄村百业待兴、急需走出困境的艰难局面，耿瑞先经过认真

考察，带领班子成员实施耿庄村“三步走”的发展战略。

第一步，建一个年产3000吨的二硫化碳厂，依托白鹭化纤集团公司，搭车发展。创业前期，为节约开支，他带领班子成员上工地，发动全村民兵到工地义务劳动，亲自带头干；为节省卸车费，他连续20多天每天带村干部和基干民兵到工地卸车，共卸耐火砖16万块；为使工厂尽快投产，面对大雪封山，亲自开车到陵川拉设备；为保住厂房，面对1996年特大洪灾，又一次撕下脸皮，求亲戚、找朋友筹资金，在齐腰深的水里清理设备。耿瑞先用他的真心感动了群众，乡亲们主动凑钱，使得工厂重建投产。耿瑞先还带领大家办起了五金配件厂、铸造厂和兴茂实业有限公司，完成了耿庄村的第一次创业和村集体经济的原始积累。

第二步，巧做土地文章，提升老百姓的“身价”。2000年，改造180亩的空心村，建设耿庄花园和星湖花园。在面临260户旧房子拆迁和猪场拆迁工作中，耿瑞先动员父亲和两个哥哥的房子第一个拆迁。他带领支部一班人深入各家各户讲政策、谈发展，7天时间顺利做通全部拆迁户思想工作，2个多月260户拆迁完毕，没有一个上访告状的。这一创举转移了耿庄村的一部分劳动力，得到了老百姓的一致认可，也开启了新乡市城乡一体化改革的先河。紧接着，平整村里养鱼塘的近200亩坑洼地，建设化纤纺织园区。村集体先后引进江苏、浙江、广东的纺织企业6家，并对群星彩印、明志冷轧、腾达机械等企业注入资金、保障收益，开创了公司加农户的耿庄式经营模式，成功促进了耿庄村集体经济和村民的共同增收。到2006年，全村实现产值4.20亿元，农民人均收入8380元，顺利完成了第二次创业，带头奔跑在了新乡市城乡统筹发展的前列。

第三步，探索科学发展模式，通过召开村民代表大会，征求村民意见，确立了以“全面加强，全面提高”为目标，首先抓好工业不放松，跟紧第三产业服务业，以第二、第三产业反哺农业，“三驾马车”并驾齐驱的立体发展模式。通过实施城中村改造、教育园区和高效农业园区建设等重点项目，逐渐形成了“生态旅游度假区”“村城商贸聚集区”和“经济教育发展区”三区一体的发展框架，打造出了具有耿庄特色的产业化链条，初步实现了“规划更美、百姓更富、社会更和谐”的蓝图目标。2015 年，耿庄村实现工业产值 8 亿元，上缴国家税金 2060 万元，村集体收入 1760 万元，人均纯收入达 14600 元。

三、心连心，心换心，群众才是定盘星

耿瑞先凭着一股拼劲、闯劲，带领耿庄实现了一个又一个跨越；凭着与村民同呼吸、共命运的朴素感情，成了群众的贴心依靠人。村民冯世保中年丧妻，一度对生活丧失信心，耿瑞先来到他家对其耐心开导，并在村办企业给他安排了一份工作，帮助他走出了生活阴影。为了帮助个体经营户冯国政解决超市商品单一、场地规模小等问题，他积极协调争取资金 10 万元，帮助联系大的日杂百货进货渠道，使其降低了超市经营成本，服务了更多的周边居民。为了帮助村民扩大经营视野、提升生产水平，他个人出资聘请专家对村民开展市场经济、农业产业化、实用技术、经营管理等方面的知识培训，使全村 50 多户困难家庭走上了增收致富路，95% 以上的农户收入连年大幅提高。

有道是“真心连真心，真心换真心。”1998 年，当有个别人向上级写信诬告耿瑞先和村里几个干部有经济问题时，数百名群众请

求纪检部门查清事实。调查组到村里后调查了三天，没调查出任何问题，却查出了耿瑞先和支委们主动上交的14万余元礼金和礼品。

耿庄村人过上了好日子，耿瑞先也先后荣获多项国家、省、市级荣誉称号。但他并没有感到满足。他说，现在的耿庄村虽然甩掉了“穷帽子”，但只能说是小康，作为一名党员，我还要继续为群众造福，努力为党旗添彩。

黄久生

黄久生30多年来始终把报答父老乡亲和回报社会作为自己坚定的人生奋斗目标，从一名提灰搬砖推车打杂的小工，逐渐成长为建筑界技术过硬的行家里手，成为一名共产党员，并于2004年被任命为双柳树镇驻郑州农民工党支部书记。他甘心做700位鳏寡孤独老人共同的“儿子”、做家乡永不缺位的“家人”、做农民工兄弟的“亲人”，先后为家乡和社会累计捐款1000多万元，以实际行动彰显了一名共产党员的博大胸怀，他的事迹“感动中国”，他先后6次受到习近平总书记的亲切接见，被李克强总理赞誉为“中国农民工的杰出代表”，先后获得“全国道德模范”“全国劳动模范”“全国五一劳动奖章”等荣誉称号。

一、富而思源，架好“爱心金桥”

黄久生6岁丧母，由于生活难以为继，父亲只好把两岁的弟弟送给了别人。家，对于当时只有6岁的黄久生来说，就是两间破草房和一个4岁的妹妹。苦难中东家一碗饭、西家一件衣，来自乡亲们的温暖，一点一滴都在黄久生幼年的心里播下了仁义、善良的种子。为了报答乡亲们的养育之恩，13 岁的小久生曾在一个深夜，用他稚嫩的肩膀、往返 13 趟把邻居李奶奶家的水缸挑满水。1983 年，18 岁的他只身来到郑州，从建筑工地小工干起，靠踏实肯干逐渐致富的黄久生，内心时刻激荡着报恩的情怀。1986 年春节，黄久生在郑州花了 2000 多元钱给乡亲们买了衣服、鞋，还买了核桃、大枣等土特产，拉了整整一车，全都送给了孤寡老人和需要帮助的乡亲们。黄久生说："乡亲们都以为我在外面赚了大钱了，其实我一共攒下 3000 块钱，东西一买，身上也不剩啥了。"从那以后，每逢过年过节，黄久生都要回晏岗村看望乡亲街邻。谁家有困难，谁家遇事了，黄久生心里都有一本账。随着反哺能力的增强，他又将自己的爱心扩展到了双柳树镇，1996 年起，全镇 700 位孤寡老人和五保、特困、伤残老人都会收到黄久生送来的衣被、米面、肉油，还有现金，20 年从未间断过。2008 年，黄久生捐资在双柳树镇建了一家敬老院，入院的孤寡老人的生活费用除国家政策补贴负担一部分外，其余费用都由黄久生负责，包括养老送终。李鸿金老人临终前拉着他的手泣不成声："活着你养我，病了你花那么多钱为我治病，我死前能见你一面，也就安心了……"

二、乐于助人，架好"热心金桥"

黄久生"感恩的涌泉"不仅喷向恩人，而且洒向了社会。稍微富裕的黄久生将这些年挣来的绝大部分钱都用到了反哺家乡和社会上，自己却过着"青菜豆腐白米饭、衣服破了补了穿"的普通农民工的生活。2003 年抗击非典时，他捐资 10 万多元，为乡亲们购买防护设施；2007 年，为夏楼组村民们安装自来水管道，又将水泥路修到了每户的家门口；2010 年，捐资 260 万元为潢川县隆古乡新修一条道路；2011 年，他还为新成立的潢川县慈善总会捐款 30 万元；2014 年春，他为晏岗村又捐资 10 万余元修建文体广场，捐款 100 万元支持潢川县文化旅游建设；2015 年春，他捐资 10 万元援助家乡晏岗建造了久生希望小学。对社会的特困人群，他也总是慷慨解囊予以援助，如信阳白血病患儿小黄冠、息县血癌少年陈辉、白血病患者茶叶妹妹程静雯，潢川县白店乡一家三人都得癌症的周慧、商城县达权店镇两岁半的白血病患儿曹灵、患骨癌的郑州“爱心面馆”李刚等，以实际行动带动农民工党员多为社会作贡献。同时，他将带富一方群众作为自己的一份责任，充分发挥自己和工友的技能优势，通过传、帮、带，使大别山老区的相当一部分人成了建筑行业的能工巧匠，实现了“培训一个、脱贫一家、带动一片”，带出了一支技术强、本领高、善打硬仗的队伍。目前，这支主要由家乡农民工兄弟组成的施工团队人数已达 1 万多名，参与建设的工程两次获得全国建筑最高奖“鲁班奖”，1 项获得“国家优质工程”，60 次被评为省、市优良工程，被业内誉为“河南建筑业的铁军”。大家每年可为家乡带回 2 亿元的劳务收入。

三、勇当头雁，架好“聚心金桥”

在郑州打工多年的黄久生，看到老家来郑打工的人员虽多，但比较分散。作为弱势群体的农民工，工资时有被拖欠等权益受侵害的事情发生。“能不能依靠党组织的力量，来维护农民工的权益？”黄久生为此而行动：把“家”建起来，把“心”聚起来，把“事”做起来。2004 年春天，在潢川县委及双柳树镇党委的支持下，

“中共双柳树镇驻郑州农民工党支部”成立，黄久生被任命为支部书记。支部成立后，散居在郑州市的56名双柳树镇的农民工党员回到了“娘家”，平均每年吸收新党员2—3名。几年来，在黄久生的带领下，农民工党支部的作用被充分发挥，为大伙解决了一个又一个困难。仅讨薪一项,就为上千农民工讨回3000多万元。这个追随农民工身影建立的基层党组织，不仅成为流动党员的“家园”，更成为农民工心中的灯塔。2010年，该支部被河南省委授予“先进基层党组织”荣誉称号，黄久生也多次得到中央、省、市领导的肯定，并作为唯一的农民工代表参加了新中国60周年国庆观礼和招待会。

“父老乡亲的恩情我永远报不完，没有他们就没有我的今天。我只是做了一点应该做的事，没有想到党和国家给了我这么高的荣誉，我深感有愧！”黄久生表示，今后，他将永远以农民工的姿态，充分发挥一名基层党员的传帮带作用，继续关注家乡事业的发展，以实际行动带领、团结更多的农民工兄弟跟党走，听党话，为家乡和社会作出自己应有的贡献。

茹振钢

茹振钢是河南科技学院教授，他始终忠诚于党、务实为民、爱岗敬业，用数十年如一日的坚守书写了小麦育种史上的传奇，培育出了“黄淮第一麦”——“矮抗58”“百农62”“百农64”“百农160”等系列小麦新品种，为保障国家粮食安全作出了突出贡献。2013年，茹振钢荣获国家科技进步一等奖，实现了河南省高校在该等级奖项上的零的突破，他的坚守与奋斗彰显了一名合格共产党员的优秀品格。

一、务实为民、忠诚于党

30 多年前，农业生产力水平相对低下，吃饭问题还是一大难题。刚从中牟农校毕业的茹振钢就立志要为老百姓解决吃饭问题。从那时起，“育出好种子，让金色的麦田丰收，让祖国的粮仓更加丰盈”，成了他矢志不渝、孜孜以求的梦想。三十载辛勤耕耘，终于为老百姓带来了实实在在的收益。据统计，截至 2015 年，他培育的“矮抗 58”小麦新品种累计推广 2.60 亿亩，增产小麦 119.10 亿公斤，实现增产效益 200 多亿元，被誉为“黄淮第一麦”，大大促进了农业增产、农民增收，为保障国家粮食安全做出了突出贡献。据粗略估算，中国人吃的每 4 个馒头中，有一个来自河南；每 8 个馒头中，就有 1 个来自小麦品种“矮抗 58”。“矮抗 58”成果荣获 2013 年度国家科技进步一等奖。

“为国出力，匹夫之责；为党奉献，党员之任！”这是茹振钢同志的座右铭。作为享誉全国的百农系列小麦的“总工程师”，30 年来，他用科学技术为国家创造了较大经济效益，但却从未考虑过个人的得失。他是农民心中的“粮财神”，不但为农民增收打好了算盘，也为每一分钱的使用做好了规划。每年数十次下乡指导生产，开展技术培训，从不图名利，不计报酬。他曾将别人赠送的价格不菲的两辆轿车捐送给学校。他曾无偿地将科技成果转化的收益奉献给科研团队和实验室建设。他曾义务筹集 100 多万元作为青年教师创新基金，他曾拿出几十万元的个人收入用来资助贫困学生。

二、锲而不舍、科学攻关

30多年来，茹振钢以“立足河南，服务国家”为目标，走遍了全国的主要小麦产区，厚厚的笔记本上记满了不同地区小麦的生态环境、生物特点及生产水平。他战寒冬斗酷暑，奔行阡陌躬耕田亩，几十亩的实验小麦，一株株地手工脱粒，风里雨里，一干就是个把月。他曾每天都干在试验田、吃在试验田、睡在试验田。为了不耽误行程，常常在车上吃饭。“一个装有工具和资料的挎包、一个军用水壶、一包变蛋”成了他形影不离的三件宝贝。“抬头满脸尘土，低头两脚泥巴”是人们对他最贴切的描述，也是他求真务实的真实写照。

茹振钢常说，“罗马不是一天建成的！任何一个品种的培育都不是一拍脑袋就可以成功的，它需要一个难题接一个难题去解决，一个技术接一个技术去攻关”。30多年来，他用坚守书写着小麦育种史上的传奇。多年的日夜淬火，埋头苦干结出了累累硕果。相继培育并推广了家喻户晓的百农系列小麦新品种——“百农62”“百农64”“百农160”和“矮抗58”……；建立小麦抗倒伏强度数字化实验风洞和国内首座小麦地下根系走廊；创新根系性状直观动态鉴定与选择方法，率先利用根系组织液pH值酸碱度测定小麦的适应能力；设计建造了人工气候室，使小麦实现了“一年四熟”，大大缩短了小麦育种的周期；发现并创育了BNS低温敏感型小麦雄性不育系，得到了国家“973”“863”项目和河南省重大科技专项的支持，对BNS型杂交小麦进行全国联合攻关，目前已筛选出适合不同区域的优势组合4个，较同等条件下常规品种亩产高出200多斤。具有极其广阔的应用前景，是提高我国粮食安全水平、占领国际种业竞争的制高点的科技支撑。

三、爱岗敬业、教书育人

茹振钢同志从教30多年来，始终忠诚和热爱党的教育事业。作为小麦育种的领军人物，他注重学校科研团队的建设。他说，“科学研究具有传承性，只有一代人接一代人的不懈努力，才能把科学研究水平持续不断地提高到新的水平”“一个人的力量是非常有限的，没有一批人，没有一个团结协作、富有创新精神的团队，要攀登科学技术高峰是不可能的”。田间地头、实验室里时常有他指导科技团队的身影，新进教师见面会上时常有他的悉心指导。如今，他建设的科技创新团队已经拥有了38名农学、分子生物学、计算机科学和材料工程学等专业的中高级职称创新人才。团队密切配合、刻苦攻关，为学校打造了一支带动学科建设和发展的科研主力军，为地方培养了一支永不撤退的农业科技服务团队。

茹振钢同志还秉承“教学—科研—生产相结合”的理念，在做好科研工作的同时，立足岗位，敬业奉献，积极奋战在教学工作第一线。教室里、课堂上时常回荡着他抑扬顿挫的讲课声，学生谈心会上时常有他的谆谆教诲，贫困学生的对接帮扶上他一直都冲锋在前。他用实际行动，一步一个脚印地演绎着“教书育人”的神圣使命。他用学识、责任、激情和汗水彰显着“学高为师，德高为范”的精神内涵。

他朴素感人的为民情怀、求真务实的工作作风、坚韧不拔的奋斗精神、大公无私的道德情操，为新时期、新阶段的科技工作者树立了光辉典范，也为高校党员教师树立了学习楷模。

吴树兰

作为一名从农村走出来的干部，吴树兰始终对农村和农民有着一种难以割舍的感情，她的心里永远装着盼脱贫、想致富的群众。2010年7月，吴树兰响应省委号召，到国家扶贫开发重点县新蔡县大吴庄村任第一书记，2014年3月，56岁的她又到了确山县竹沟镇西王楼村任第一书记。从“厅官”到“村官”，从新蔡县大吴庄村到确山县竹沟镇西王楼村，吴树兰始终牢记一名共产党员和领导干部的使命和责任，忠实践行着全心全意为人民服务的根本宗旨，带领贫困群众奋力拼搏、艰苦创业，走上了稳定的脱贫路。中央电视台、《人民日报》、《河南日报》、河南电视台等媒体多次报道她的先进事迹。

一、驻村帮扶促脱贫，巾帼不让须眉

为帮助贫困地区群众早日脱贫，2010年河南省委开始选派机关干部驻村担任第一书记。吴树兰闻讯后多次主动向组织上申请，她说：我是扶贫战线的老同志，一直盼着有个面对面为农民服务的机会，必须实打实地做出一点成绩。2010年7月，当时已经53岁的吴树兰成了全省第一批第一书记的中的一员，来到了国家扶贫开发重点县新蔡县大吴庄村，他一干就是三年，带领群众办成85件实事，引进了现代化奶牛养殖场、有机肥料厂等4个企业，建成了一个养鸭小区，建成一处20个大棚的蔬菜种植基地。驻村结束时，全村人均纯收入突破5960元，三年内翻了一番，大吴庄也成为省

级生态村、市级先进党支部和省级“三八”红旗集体。2014年，大吴庄村脱贫后，组织上考虑让她回机关工作，但是吴树兰再次向组织申请到贫困山区农村担任第一书记，不管条件多差。“我生在平原、长在平原，以前在平原农村驻村，是想探索贫困平原地区脱贫的路子。”吴树兰说，“我没在山区工作生活过，希望选一个山村探索贫困山区脱贫道路。”于是，吴树兰来到了西王楼村，开始了一次新的挑战。在西王楼村，她瞄准精准扶贫项目，充分发挥党组织和党员作用，带领群众建成28公里旅游环线，成立4个协会、3个合作社和1个网站，帮助创业农民争取贷款资金300多万元；发展7个规模养羊场、规模养羊户102户，发展50头以上的牛场5个，大型养猪厂3个。短短一年多的时间，全村人均纯收入6900元，增长33%。西王楼村被评为“市级文明村”和“县级平安村”，村里一举甩掉全县最落后的帽子。周围村的村民形象地说，西王楼村的人走路都不一样了！

二、聚焦党建拔穷根，建强战斗堡垒

连续几年在村里，吴树兰深深感到支部不强，软、弱、涣、散的毛病治不好，贫困除不了“根”，发展不可能持续。吴树兰始终把建设一个强有力的领导班子摆在首位。在大吴庄村第一次村“两委”班子会上，吴树兰说话掷地有声，“人活着要有精气神，基层组织基层干部也要有精气神儿。支部一班人一定要率先垂范走前头，体现不出先进性，就不配当党员，更不配当干部。”会后，吴树兰与村干部一起连明彻夜起草规划、建章立制，一个个方案、一条条规定、一组组章程，使大吴庄村级管理逐步制度化、规范化起来。村党支部还为每位党员制作了党员门牌，挂在党员家庭的大门前；每个党员都要佩戴党徽，突出“一个党员一面旗”的作用；党员都要有自己的经营项目；党员分片包干，帮助群众解决生产生活难题……党员干部发挥出了应有的先锋作用，带动了大批农民发展。在西王楼村时，正好赶上村级换届，吴树兰重新推选了群众认可的西王楼村“两委”班子，直选产生了23名村民小组长和23名妇女组长，成立了村监事会，建立健全了其他村级组织，从组织上保证了各项工作的落实。村支部逐渐“活”了起来，党群关系也越来越融洽，大家心往一块想，劲往一处使，西王楼村突破了村集体无收入、无企业、无敬老院、无新农村社区的历史。

三、一心一意为人民，真心赢得群众

吴树兰常说，“当第一书记，与群众联系密切，只有把群众的事当成自己的事，尽心尽力办实办好，才能以诚心换真心，成为群众的主心骨、当家人”。吴树兰驻的两个村都是国家级贫困县里的省级贫困村，村集体没钱运转，她动员亲属为村里捐了5万多元；奶农没钱收青贮，她就帮助奶农四处借款。为了解决发展启动资金问题，她抵押自己的房子，筹集100万元，使西王楼村集体2014年赚到20万元。2011年9月，吴树兰连续7天为17户奶农拉牛搬家，54岁的她在粉碎机下一站就是十几个小时，由于劳累过度，晕倒在牛场。2012年，为跑一个菇沼肥项目，她在北京顺义一个宾馆门口等了11个小时，不敢喝水、不敢去厕所，怕一离开就错过见专家的机会。吴树兰的真心打动了专家，项目顺利通过，拿到了310万元的资金，这也是国家发改委在村里立的第一个项目。2012年，由于劳累过度、生活无规律，吴树兰患上了糖尿病；2015年，又检查出肾功能障碍，很多人劝她“不能再干了，再干就没命了”。

但是，吴树兰说："要跟时间赛跑，不在心中留遗憾，不给组织找麻烦，不负群众一片期盼。"几年来，通过这一桩桩、一件件的实事，一点点地取得了农民的信任，大伙都说："有困难，找树兰，感谢省委给我们送来的好书记！"

吴树兰把五年的驻村经历概括为四句话："下乡驻村五年多，酸辣苦甜都是歌，千辛万苦不言悔，写好党员先锋歌。"如今，吴树兰依然坚守在农村一线，忠实践行着我们党的宗旨，为一方百姓的好日子默默奉献着。在她的带领下，农民的思想"新"起来、日子"富"起来、精神"抖"起来，农村的环境"美"起来，党的形象和威信也"立"了起来。

樊树锋

樊树锋，生前为郑州市公安局东风路分局白庙村社区民警。1981 年 3 月出生，2009 年 9 月入党，2005 年 10 月参加工作。

樊树锋参加公安工作以来，始终扎根基层一线，爱岗敬业、忠诚履职，顽强拼搏、无私奉献，在多个岗位上都取得了突出成绩。在特警支队工作期间，他英勇无畏、敢打敢拼，先后参加多次重大任务，在血与火、生与死的考验中奋不顾身、冲锋在前，为维护社会稳定、促进民族团结、保护群众生命财产安全作出了突出贡献。从事社区警务工作后，他敢于担当、真抓实干，严密防范打击各类违法犯罪活动，妥善调解化解矛盾纠纷，满腔热情为群众办实事、解难事、做好事，赢得了辖区群众的广泛赞誉。他曾荣立个人三等功 1 次，获嘉奖 3 次，多次受到上级公安机关表彰。

在新冠肺炎疫情防控工作中，樊树锋舍小家顾大家，连续17天奋战在一线，积极主动做好社区疫情排查、入户走访、小区封控等工作。2020年2月11日，樊树锋因劳累过度突发脑出血，昏倒在工作岗位上，经送医院抢救无效于2月19日不幸牺牲。为了更多人的健康和生命延续，亲属按他生前愿望，将他的器官无偿捐献。郑州大学第一附属医院为急需器官移植的群众进行了器官移植手术，使3名群众生命得到延续、2名群众重见光明，而樊树锋的生命永远定格在了39岁的青春年华……

他的英雄壮举，在社会上引发强烈反响，事迹被中央电视台、人民网等多家媒体宣传报道，被追授为“郑州市优秀共产党员”“全国公安机关二级英雄模范”“全国五四青年奖章”。

他用生命践行着“人民公安为人民”的庄严承诺和高尚追求，诠释了一名共产党员的初心和使命。

“2月份以来，他只发了两条朋友圈，都是和疫情防控相关，一条是《东风路分局致辖区居民的一封信》，提醒群众做好疫情防控；一条是市里关于疫情防控的通告，原以为是他忙工作没时间发，没想到这竟是他留给我们的最后信息……”几名同一批入警的战友说起好兄弟樊树锋，泣不成声。自2020年抗击新型冠状病毒肺炎疫情阻击战以来，郑州市公安机关全警上阵、全员在岗，大家各自坚守，只能通过微信相互鼓励加油，但是这位疫情防控的“勇先锋”却突然累倒在工作岗位上，再也没有站起来……

2月11日，已经在抗“疫”一线连续奋战17天的郑州市公安局原东风路分局社区民警樊树锋因过度劳累导致颅内大面积出血，被送往医院紧急抢救，于2020年2月19日12时36分经抢救无效，离开人世，年仅39岁。这名曾经的特警队员，如今的抗击疫情的“勇先锋”、辖区群众的“暖心人”，把生命指针永远定格在了这个沉重的春天里。

1981年出生的樊树锋是一名共产党员，三级警督警衔。2005年参加公安工作，加入郑州市公安局特警支队，2016年来到东风路分局治安管理服务大队治安二中队担任白庙村社区民警。在今年这场抗击新冠肺炎疫情的战斗中，樊树锋和战友们主动请缨，投入战“疫”一线，面对无形的残酷对手，他们坚定勇敢的身影筑起守护群众安全的牢固屏障。然而就在硝烟未灭、胜利曙光在即的时刻，樊树锋却倒下了，永远地离开了自己热爱的岗位，留下一个寒意未退且被泪水打湿的春天……

一、无惧生死，投身抗击疫情第一线

疫情就是命令！新型冠状病毒肺炎疫情发生后，大年初一（1月25日），作为社区民警的樊树锋接到紧急返岗令，“召必回，战必胜！”他匆匆把爱人和两个年幼的女儿简单安排后，连夜从老家新郑赶回单位，投身到疫情防控阻击战中。“他说他管的辖区都市村庄多，人员流动性大，防控压力大，必须第一时间防控，工作一刻也等不得，晚饭都没吃就走了，”樊树锋的爱人张华说，临走时他们还约定，等疫情结束后，给娘仨补个假期，陪她们好好玩一下。

樊树锋负责的白庙社区包括大铺村、小铺村和姜砦村3个都市村庄，有8个网格9个小区900余户2800余人，还有2个在建工地，流动人口多，人员构成复杂。“回到岗位后，树锋二话没说领了任务就去辖区开展工作。”东风路分局治安管理服务大队二中队中队长赵希群说，这是樊树锋的一贯作风，特警队出来的，干工作从不拖泥带水，有股子勇猛劲儿。

按照疫情防控工作部署，为迅速查证落实辖区的疫情管控重点人员并摸清辖区人员情况，确保底数清、情况明，樊树锋从大年初二开始带着辅警，逐人入户排查，认真核对信息，详细询问情况。2月1日，在排查一名疫情管控重点人员时，对方电话一直联系不上，这让樊树锋放心不下，在一遍遍拨打电话的同时，他冒着可能被感染的风险上门询问情况。当见到人，了解到该群众在家且身体状况正常后，他才放心。

随着抗击疫情工作的升级，为认真落实上级要求“不漏一户、不漏一人”的目标，除了吃饭，樊树锋几乎全在辖区楼院里泡着，不折不扣地将白庙村社区900余户2800余名居民和上级机关下发的22批65名疫情重点管控人全部摸排到位。“樊大哥工作特别认真细致，我们做不到想不到的他都会指出来，每天跟他下社区摸排，一到饭点，他总是让我们先去吃饭，自己一个人坚守。”辅警闫志红说，她知道其实樊树锋是怕有遗漏，才错开吃饭时间，确保万无一失。

在做好排查工作的基础上，为阻断疫情传播途径，筑牢社区疫情防控“隔离墙”，樊树锋积极协助社区工作人员认真落实各项防控措施。“树锋真是好样的，遇事敢担当，能负责，有办法，在他的帮助配合下，我们的工作开展得更加有序顺畅，没想到他竟这么快离开了我们……”白庙村党委书记李国民说起樊树锋，不停地点赞夸奖。李国民说，这一段时间，樊树锋和他们一起加强社区封控管理，在各小区设置检测点、对小区楼院进行疫情防控知识宣传和巡查。

“他每天还把在手机上学来的卫生常识及防护常识教给大家，把各单元门把手和可视对讲等易交叉感染的地方增加保鲜膜、在大堂增加一次性抽纸，尽量减少身体接触，这些办法都是他让弄的。”辖区群众王勤说，尤其是这一段时间，大家看到民警的身影，心里会踏实很多。

青春勇担当，热血铸警魂。樊树锋警官为了大家累倒自己的消息传出后，顿时在辖区各个小区业主微信群里被“刷屏”，居民群众无法走出来，无法去分局打听、去医院看他，只好纷纷用质朴而真挚的微信留言来悼念他。“一位勇于担当的好警察”“老百姓的保护神，一路走好”……

二、义无反顾，为辖区群众的健康而战

“危难时刻显担当，越是艰险越向前”。树锋平时话不多，但是工作从来都是义无反顾。在这次防控疫情阻击战中，他以实际行动为辖区群众筑起一道坚不可摧的安全防线，是全局民警的优秀代表！东风路分局局长丁配杰说，自从樊树锋 2016 年 5 月来到分局后，就踏踏实实扎根基层，2017 年因社区警务工作成绩出色受到市局嘉奖，2019 年在打击电信诈骗专项行动中被分局嘉奖。

“他走的太突然了，前几天我在工作群里说为群众健康而战时，树锋竟然回了一句‘收到’，我心里还说他这么认真，其实他这一段的表现，是实实在在为群众而战，辖区有情况他第一个冲上，根本没有考虑自身的安危。”东风路分局治安管理服务大队大队长张建华说，疫情暴发后，正处于春节假期，有些小区的物业安保人员不足，给社区封控和体温测量等工作增加了很大的难度。樊树锋发现情况后，一方面积极向上级反映争取支持，另一方面到小区协助物业人员进行值守，为业主办理出入证，加大防疫宣传力度，引导辖区群众遵守防疫规定，加强自身防范。

2 月 4 日，辖区开始对返程人员以及武汉返郑人员进行隔离，部分居民对隔离工作有抵触情绪。为理顺大家情绪，樊树锋独自一人逐门逐户耐心劝导，讲明利害，以便争取大家的理解和支持。2 月 6 日，明天世纪小区一租户从武汉返郑，被社区强制在家隔离 14 天,该租户未经同意私自撕开封条下楼取快递。接到物业的电话，樊树锋立即赶到现场，经过耐心劝导，该群众意识到自身的错误，向物业工作人员道歉，并承诺配合工作，严格遵守隔离制度。“樊警官话不多，也不啰嗦，但他的的确确是为大家的健康和安全着想的，所以，我看大家都很听他的劝。”白庙社区的明天世纪物业经理周殿肖说。

隔离疫情，隔离不了樊树锋对社区居民的大爱。春节后，樊树锋负责的社区有很多返郑人员需要居家隔离，他们的日常生活、身体状况成了他最牵挂的事。为此，樊树锋专门建立了“返郑人员沟通微信群”，实时掌握他们的健康状况和生活中的困难，还与社区工作人员、物业一起，帮助解决隔离人员的生活必需品供应保障问题。

在他的努力下，白庙社区的群众情绪稳定，疫情防控工作扎实有效，至今未出现一起确诊和疑似病例。在辖区许多群众的手机上还留着樊树锋发来的信息，“身体怎么样了？需要什么尽管给我说，一定给你办好！”“药吃完了没，快吃完了说一声，我给你买”……

三、誓言无悔，立志做辖区群众的“暖心人”

2005 年，樊树锋从河南公安高等专科学校毕业后，考入了郑州市公安局，成为一名特警队员。入警以来，他先后参加过汶川抗震救灾、北京奥运安保等重大任务。2016 年 5 月樊树锋由特警支队调入东风路分局治安管理服务大队治安二中队担任白庙村社区民警。自从干了社区民警，樊树锋就把辖区当成了家，从社区安全防范、调解居民纠纷，到为民服务、纾困解忧，很快进入了角色。

熟悉户情是社区工作的基础。刚到任，樊树锋就着手开展入户走访，坚持见到每个人，熟悉每个人的基本情况，给每户建立档案。每次入户走访，樊树锋必带“老三样”——工作日志、警民联系卡和反诈骗宣传小册子。“他的工作日志跟天书一样，密密麻麻，只有他能看明白，但我们知道那上面记的都是群众关心的事，他怕忘了，大小事都要记下来。”同事刘孝章说。

为了提高群众的反诈骗意识，樊树锋还会在走访时给居民发放反诈骗宣传小册子，让群众了解掌握诈骗嫌疑人的伎俩，提醒群众时刻捂好自己的钱袋子。由于宣传到位，防范及时，几年来，樊树锋负责的社区没发生一起电信诈骗案件。

科班出身的樊树锋，虽是社区民警，但侦查破案也是把好手。社区工作不到三年，他先后抓获各类违法犯罪嫌疑人200余名，参与侦破各类刑事、治安类案件百余起，抓获网上逃犯8名，在他参与处置的警情中，没有接到群众一起投诉。“咱都是普通人，谁家有个事都着急，将心比心，我能不管吗？而且一定要管好，否则对不起这身警服！”这是樊树锋常说的一句话，说的是大白话，做的也确实扎扎实实、持之以恒。

2018年9月28日，辖区文劳路12号院里一夜之间丢了5辆电动车。案件发生后，樊树锋立即到平安建设监控平台，调取案发现场周围的视频监控，对视频画面逐帧回放查看，开展视频侦查。由于案发时间距受害人报警时间间隔较长，有大量的视频资料需要查看，樊树锋耐下心来，一看就是几个小时，不放过任何一个细节。

在确定嫌疑人后，又进行视频追踪，最后终于锁定了广电南路的一个家属院为嫌疑人的落脚点。随后和同事经过一夜的蹲守，成功抓获盗窃电动车的嫌疑人，破获盗窃电动车案件 7 起，为群众挽回了经济损失。

2019 年 8 月，樊树锋在一次群众走访中得知，辖区园田路 13 号院一烟酒店被盗香烟等物品 9000 余元，他立即找到该烟酒店的店主了解案件情况，店主称该案件发生在 20 多天之前，当时因为家中有事没有报警。“这怎么能行？群众有损失一定要有个说法！”于是樊树锋开始对所有的沿街门店进行走访摸排，不放过任何蛛丝马迹，通过查监控、追行踪，终于成功破获案件，挽回了商户的经济损失。

樊树锋管辖的小铺新区和姜砦九组小区是老旧小区，管理比较松散，人员复杂，许多居民担心电动车被盗造成经济损失。为了消除群众顾虑，樊树锋主动研究借鉴其他小区防范经验，多次与小区物业部门商讨，并征求群众的意见和建议，在小区出入口安装了门禁的同时，加强了巡逻防控力量，使该小区没有发生一起被盗案件，极大地增强了群众的安全感和满意度。

四、大爱无声，唯独亏欠家人太多

樊树锋在同事眼中是有担当的好战友、好兄弟，在辖区群众眼里是有爱心的好警官、暖心人，但在家人眼中，他却是一位缺失太多的儿子、丈夫、爸爸。樊树锋的父亲 2018 年因病去世，他哥哥在外地工作，60 多岁的母亲一个人在老家，虽然常常打电话问候，但能回去看她的次数很少，母亲理解他，总是电话里告诉他：“正是干事业的年纪，没事别回来，要好好工作！”

樊树锋的家离单位很近，就隔着一条街，但妻子张华和两个女儿却觉得离得很远，远到经常是十天半月见不到一次。疫情防控工作开展以来，樊树锋把母亲从老家接过来和妻子一起照顾两个女儿，自己踏上战“役”一线，天天吃住在单位，一连十多天没有回过家。张华说：“人家是三过家门而不入，我家树锋是十过家门都不入！”

大女儿今年10岁，小女儿3岁。说起两个孩子，张华再次落泪，她说树锋一直觉得亏欠她们，陪她们太少，总是说有空了带她们好好玩，但是再也没机会了……张华告诉记者说，2017年党的十九大安保期间，才一岁多的小女儿被查出先天性髋关节脱臼，需住院治疗，为了不影响工作，樊树锋只能抽空去医院给正在照料女儿的妻子送饭，实在没时间过去时只能给她们娘俩点外卖。“当时护士不知道他的职业，还指责他，说孩子住院需要营养，哪有这当爸爸的去叫外卖！太不操心了！”

说归说，其实在妻子眼里，樊树锋还算是个“大暖男”。“难得的闲暇时光，他也会陪我逛街购物，会为两个乖巧的女儿梳梳头、陪她们做游戏。”张华说，每次一家四口团聚都是她人生最幸福的时候，因为这样的场面太少，所以她格外珍惜。樊树锋也知道亏欠家里太多，陪伴孩子太少，他经常对妻子说，他也想像其他人一样能有更多的时间陪陪老婆孩子，但他是警察，一句誓言，就是一生忠诚！穿上警服，就是一身担当！

在单位，樊树锋也是大家心中的“暖男”和邻家大哥。每天与他朝夕相处的网格辅警都喜欢叫他一声“樊大哥”，这一声“大哥”体现了他的宽厚包容、热情真诚。分局定期会有针对社区网格辅警的考核，成绩直接反映出他们在社区工作的成效。每个网格辅警的成绩出来后，他都会逐个项目仔细看。成绩好时，他会自掏腰包请大家吃饭，鼓励大家；成绩不理想时，他会和辅警逐个分析原因，研究整改措施。社区的两名女辅警怀孕后，樊树锋主动承担起她们的工作。“女同志嘛，需要照顾，我多干点没啥！”这是他常挂嘴边的话。

“这次疫情防控，他带着我们排查，非常认真负责，挨家挨户都要去，他说我们多走一步，群众就离病毒远一些，”辅警闫志红说，她们几个还和樊树锋开玩笑说，要不要去你家排查一下，顺便看看嫂子和孩子。“他当时笑了笑，说了一句等疫情结束再回去看她们吧！没想到他都没等到疫情结束，就走了……”

“此生无悔披战甲，来世还要做警察。”这是樊树锋曾在朋友圈发过的一句话，也是他一直以来的追求，虽已离去，但是他的故事却在绿城大地上传颂开来。

这，就是樊树锋，一名肩上有责、心中有爱、眼中有民、脚上有泥的优秀党员民警，他朴实无华，没有豪言壮语，却把自己的热血青春乃至生命，献给了他挚爱的工作，以实际行动诠释着人民警察的忠诚担当和共产党员的初心使命。

何家荣

大山有别，水佳为淮；人言皆信，日升曰阳。信阳，三省通衢，毗邻湖北。2020 年春节，新冠肺炎疫情肆虐着武汉，并快速蔓延，地处河南南大门的信阳，肩负着遏制疫情的巨大责任。在信阳市委、市政府的统筹指挥下，申城大地的白衣卫士们不计报酬，无论生死，用生命筑起人民安全的天然屏障，用信念和行动践行着大别山精神。

信阳市第五人民医院院长何家荣就是抗击疫情大军中的一员。

这一年，他 57 岁。在常人眼中，他花甲之年还像年轻人一样冲在传染病防控救治的最前线，特别是要面对来势汹汹的疫情考验，需要的不仅是过硬的工作实力与丰富的经验，更需要巨大的勇气。但对于这名老兵而言，这就是一名传染病卫士的责任，也是一名共产党员的担当。

1987 年，24 岁的何家荣从郑州大学（原河南医科大学）医学院毕业，进入信阳卫校附属医院工作，从那时起，他就暗暗立下誓言：要把一辈子“交代”给了病人，“一切为了人民健康”的使命从此根植于内心。1998 年，他调入信阳市第五人民医院，同期，光荣入党，至此，已经奋战在传染病防治事业 22 年。其间，他走遍信阳的 8 县 2 区，踏尽大街小巷，深入患者走访，建体系、立规章、带队伍、引设备，在全市防痨人员的共同努力下，信阳市的结核病疫情从高发态势到平稳控制，进而实现了有效遏制。他连续 10 多年在全省处于先进行列。在“战斗”中，他始终是第一个穿上、最后一个脱掉隔离衣的人。

一、大海航行靠舵手

2020 年，他再次临危受命，挑起信阳市新冠肺炎医疗救治专家组组长的千斤重担。“不获全胜，决不收兵，誓与病魔死磕到底”，与往常在党旗下的铮铮誓言不同，这一次，他在心底默默立下了军令状。他率先垂范，使命引领，向全院职工发出了倡议书，号召广大党员干部积极投身到疫情战斗中；他科学研判，未雨绸缪，做好“三套”供电、供氧、负压吸引的基本准备，火速准备了 4000 只医用防护口罩及若干其他物资；他既当指挥员又当战斗员，与广大职工一道，吃住在医院，战斗在前沿，日均工作达 15 个小时以上。50 多个昼夜中，信阳市第五人民医院平均每天消耗防护用品近 400 套，输送隔离病区物资 2056 次，吞吐药品与耗材 8000 余件，输送治疗设备 109 台，确保了 442 个品规的药品与 331 种医用耗材试剂的不间断供应，共收治新冠肺炎患者 110 人。

二、八千里路云和月

省市优秀共产党员、全国结核病防治工作先进个人、省市优秀青年科技专家、市级名医、学术技术带头人……一个个金光闪闪的荣誉称号背后，是这个老共产党员数十年如一日，用医者仁心和大爱无疆精神书写着共产党人的先进和模范。他对党忠诚，站位全局，带领院党支部用实际行动践行着“两个维护”；他树牢公仆情怀，坚持以人民为中心，始终把人民群众生命安全和身体健康放在第一位。

新冠肺炎患者救治最前线的ICU隔离病区，住的都是危重病人，也是何家荣最为关注的地方。“睡不着，也不敢睡，信阳市区所有确诊病人和县域的重症患者都在这里。”为了最大限度提高治愈率，降低死亡率，他集中一切可以动员的力量，组织线上交流，实行跨学科、跨病区会诊，开展中西医结合，做到因人施策，一人一案。一位从县里转来的重症患者，情绪很不稳定，主治医生多次劝慰无效，何家荣得知情况，第一时间同他视频交流，耐心解释治疗过程，讲述已经康复的病友故事，在温暖有力的话语中，患者的情绪逐渐平稳，眼神里有了信任，慢慢打开了话匣子……最终，患者建立起了战胜病魔的强大信心和勇气，顺利治愈出院。

单位就是干部职工的另一个“家”。自担任主要领导以来，何家荣就为改善单位软硬件条件、加快发展倾注了大量的时间和心血。“大事要办，小事更要办实办好”。他坚持换位思考，给予干部职工足够多的关心关爱。医院在 2007 年建成后使用的是地下水，硬度大，口感差，他想方设法，克服困难，投入专项资金引入自来水，彻底解决饮用水问题；每到除夕等重要节假日，他总是以身作则，放弃与家人团聚，与值班医护共同守护在患者身边，切实让患者感受到家的温暖。上阵“夫妻档”“父子兵”，何家荣的妻子、儿子、儿媳也都是医务工作者，在此次战“疫”中，一家人逆行而上，战斗在不同的一线岗位。偶有闲暇，他们会在微信群里相互交流，相互打气，而说得最多的，还是相互叮嘱，互道保重。

目前，疫情防控工作已经进入常态化防控阶段，在常态化防控形势下，医疗机构承担着疫情防治和正常医疗服务的双重任务。何家荣深知责任重大，必须一以贯之保持疫情防控的高压态势，统筹好疫情防控工作和正常医疗秩序。“宁可备而无用,不可用而无备”，他时刻紧绷着常态化防控的弦，紧握着医疗救治的按钮，随时准备启动。

透过熠熠生辉的党徽，何家荣，河南省信阳市第五人民医院院长，正用生命和担当叙说着“老兵不老”的故事。

裴春亮

亘古长流的黄河水，滋养了灿烂的华夏文明；

巍然屹立的太行山，锻造了刚毅的精神品质。

在广袤的牧野大地，在雄伟的太行山间，

这里，群星闪耀、英模辈出，流传着多少感人的故事；

这里，民风淳厚、民心质朴，演绎着无数大爱的传奇。

史来贺、郑永和、吴金印等一个个闪光的名字照亮了中原大地的星空。在他们战天斗地精神气概的引领下，又有多少不屈的牧野儿女、太行子孙，为了山川竞秀、为了大地丰收，以不懈的奋斗、无私的奉献、感恩的情怀，传承着英雄的故事，续写着不朽的传奇。

裴春亮，一位土生土长的山里汉子，一位优秀共产党员的代表，一位新时期的中国“最美村官”。十多年来，他带领裴寨村党支部一班人，坚守着“听党话、跟党走，同创业、共致富”的不变信念，以“乡亲不富誓不休”为奋斗目标，用勤劳的双手改变着这一方他们眷恋的贫瘠的土地，引领着乡亲们从贫穷走向富裕，为太行山的故事增加了新的篇章。

裴春亮同志的先进事迹得到了各级领导和社会各界的充分肯定，他先后荣获“全国道德模范”“全国优秀共产党员”“中国最美村官”“全国劳动模范”等光荣称号，受到了习近平等党和国家领导人的亲切接见。

2016 年 3 月 30 日，时任中组部部长赵乐际亲临裴寨调研裴寨村的党建工作，对裴寨村党支部带领群众艰苦奋斗所取得的成绩表示了充分肯定，对裴寨村发生的翻天覆地的变化感到非常高兴。

一、苦难磨砺人生，贫穷激发奋进

裴春亮，1970 年出生于辉县市张村乡裴寨村。20 世纪七八十年代的裴寨村还十分贫穷，老百姓的生活都不好过。乡亲们住的是土坯房、吃的是地窖水、走的是泥泞路。住房难、吃水难、种地难困扰了祖祖辈辈的裴寨人。“吃水要过箩、红薯当白馍、光棍排成队、冬天不穿鞋”是贫穷裴寨的真实写照。

裴寨村穷，村里最穷的一户是裴春亮的家庭。裴春亮一家 6 口，弟兄 4 人，父母亲节衣缩食、省吃俭用还常常是吃了上顿没有下顿，过着“吃粮食靠救济，花钱靠补助”的生活。在裴春亮的记忆里，不到过年吃不上馍，不到下雪穿不上鞋。裴春亮长到十几岁，没有穿过一双新鞋子、一身新衣服。因为裴春亮在弟兄四人中他最小，他穿的衣服是哥哥们穿过的旧衣服和乡亲们送来的一些衣服。不要说小孩们吃不上馍，就连下地干活的大人们吃的饭也是“白天照见太阳，晚上照见月亮”。

贫穷并不可怕，最可怕的是家里发生的天灾人祸、亲人的生离死别。在裴春亮 12 岁以后的 4 年间，家里频发灾难。先是春亮的三哥，还不到 20 岁就在一次煤矿事故中遇难。三哥死后不到两年，不到 30 岁的二哥，开了一辆拖拉机搞运输，在一个上坡路上发生了车祸，车毁人亡。二哥死后不到一年，不到 40 岁的大哥又突患脑卒中卧床不起，落了个半身不遂。经不住一次次如此沉重的打击，春亮的母亲整天以泪洗面，父亲沉默无语，唉声叹气。由于长时间的心理负担，父亲心力交瘁，抱病在床。大嫂、二嫂再也不肯承受这家庭的重负，大嫂撇下 6 岁、9 岁的两个女儿，二嫂撇下一个两岁的儿子，两人先后离开了这个支离破碎的家。

左邻右舍的乡亲们看到春亮家的遭遇，纷纷伸出了关爱的双手。尽管大家都很贫穷，但终究比春亮家强，邻居们经常为春亮家送来米面，为三个孩子送来一些吃的、穿的。有的邻居们干脆把三个孩子接走轮流抚养。春亮和孩子们就这样，在村里吃百家饭、穿百家衣艰难度日。在乡亲们的帮助下,裴春亮一边照顾着三个侄女、侄儿，一边照顾着半身不遂的大哥，还得为父母亲买药看病，端屎端尿。

裴春亮16岁那年，老父亲怀着满腹的愁怨离开了人间。没有钱买送老衣，没有钱买棺材，父亲的遗体一直在家没法下葬。母亲哭着对春亮说:“孩儿呀，咱实在是没有办法呀，刨个坑把你爹软埋了就行了，旧社会这样的做法多得很，你别太难受。”老书记同情裴春亮家里的遭遇，他领人刨了集体的两棵桐树做了棺材，党员干部这个五毛、那个一块兑钱买了寿衣，乡亲们这家一升米、那家一把柴，帮着春亮安葬了父亲。

安葬了父亲后，母亲对裴春亮说:“春亮啊，乡亲们对咱家的好，能不能够还上，以后全指望你了。”裴春亮从心里暗暗发誓:“长大后一定要改变自己的命运，报答善良的乡亲们。”

贫穷造就了裴春亮刚毅不屈的性格，灾难赋予了他战胜困难的勇气，党的富民政策赐予他成功的机会。他把生活的磨难化作顽强拼搏、与命运抗争的坚定信念，他把失去亲人的悲痛化作自强不息、奋发成功的动力。

安葬了父亲以后，裴春亮初中没有上完就辍学了。他先到本村的一家砖瓦厂当一名推车工，凭着初次涉足社会的一股闯劲，裴春亮在砖厂非常卖力，常常超额完成自己的任务。他不仅干好自己的活，还常常帮助工友干活。看到裴春亮勤快能干，砖厂经理把原定的30元工资涨到了40元。

两个月以后，裴春亮挣到了80元钱。裴春亮平生第一次拿到这么多钱，他陷入了深深的思考：光凭自己的满腔热血和浑身的干劲永远成就不了大事。我得用智慧、用胆识去开拓一片属于自己的天空。裴春亮拿出一直未动的80元钱去交给母亲，母亲笑着说："春亮长大了，这个钱你自己支配吧，我知道你会把这些钱用到正地方的。"春亮见母亲没有要钱，就对母亲说出自己想辞了砖厂的活、去安阳技校学习机电维修的事。春亮害怕母亲不同意，谁知道母亲非常高兴地说："有出息，像个干大事的人，学门手艺不错，比打小工强，等学好了手艺挣了钱，干成了大事，可不要忘了咱村里人啊！有衣送给寒人，有饭送给饥人。可不能忘本呀！"

到安阳学习了6个月，春亮学会了电机维修的手艺。回村后，砖厂老板想聘请他到厂里干机修工，可春亮婉言谢绝，一心要自己干，闯出一片属于自己的天地。

20世纪80年代，国家改革开放的政策逐步深入民心，经商做生意的人越来越多。裴寨村地处辉县市和卫辉市连接处的咽喉要道，有一定的地理优势。穿村的公路尽管只有7米宽，但有的村民已经把以前生产队里邻街的一些饲养室、仓库等加以整修改造成了门市房，开一些饭店、百货部、照相馆等。那时候，裴寨村倒还出现了一片繁华的商业景象。

裴春亮想开一间电机修理门市部，但路边已没有空房可占。春亮就找到自己的伙伴们帮忙，推起小车到河沟里推石头，到附近拾一些旧砖头，又向邻居们借了500元钱，在裴寨村路东靠近水库的空地上盖起了三间新房，成为村里第一家有自己新房的店主。粉刷一新的墙壁上写着鲜红的大字"电机修理门市部"。看到春亮的门市部十分抢眼，其他商户好不羡慕。

裴春亮修理电机的生意日渐红火以后，他就想着如何多渠道拓展挣钱门路。当时在春亮门市部的对面有一位四川师傅开了个理发店，理发的人总是排很长的队，春亮也由此产生了开一个理发店的念头，就去央求这位师傅，要拜他为师。这位师傅的生意还没有红火多长时间，他不想教会一个本地徒弟挤了他的市场，不同意收春亮为徒。春亮也不着急，他就用自己的行动来感化这位师傅。裴春亮每天凌晨四五点起床，挑四五担水把他的水缸倒满，然后又给他扫地、换煤球、烧热水。这位师傅板着个脸，一直不搭理春亮，春亮一直坚持了半个月以后，经不住春亮如此反复地“讨好”，“铁石心肠”的师傅终于被感动了。

他对春亮说：“年轻人，我算服了你了，你放心，我包你学会理发，你开了门市部，我情愿关门为你干，你当老板。”就这样，这位师傅手把手教春亮理发，只用了 20 多天时间，春亮就学成了理发手艺，如愿以偿地开起了自己的理发店。

裴春亮白天理发，晚上修电机，生意越来越忙，他就招了四五个人。他又买了一部海鸥 120 照相机，客人理过发以后还能照一张精神焕发的照片。随着裴春亮人际关系的不断发展,朋友越来越多，他又开了个小饭店。

经过三年的奋斗，春亮的理发店扩建为“新潮”发廊，电机门市部扩展为矿山配件、机电维修厂，小饭店扩建为 10 间二层楼房，成为张村乡最为豪华的大酒店。从此，裴春亮成为手下拥有 50 名员工的小老板。

1998 年夏天，裴春亮把家里的生意交给爱人管理，独自到北京闯荡，经销大理石、耐火材料等建材。

在家里做生意轻车熟路，在京城闯市场却难上加难。到北京以后，裴春亮依靠本乡的几个业务员，从他们那里挤出半间房作为公司总部，借来一辆自行车作为交通工具，把邻居的电话作为联系方式，开始了他的市场运作。

在家里是当地小有名气的小老板，到京城和一个沿街流浪的乞丐不差多少，这个骑着自行车满街跑的流浪汉，身上背着一个黄布包，装着几块干馍作为干粮，自行车后边带上一沓报纸，饿了啃几口干馍，中午困了就在立交桥下铺开报纸睡一会儿。水泥管里、树荫底下都是春亮遮风挡雨、临时休息的最佳处所。

有一天中午，裴春亮骑着自行车正往前赶路，看见一个司机一手扶着方向盘，一只手推着一辆面包车往前艰难地行走，春亮连忙下车，一问，原来是车里没油了，要找一个加油站。裴春亮就帮着这位司机推了约两公里的路程到了一个加油站。看着满头是汗的裴春亮，这位司机感激地要给春亮 100 元钱，春亮说什么也不肯要。两人经过攀谈，这位司机正好就是一家建筑公司的司机，他接过春亮的名片说："你这样乐于助人，我相信你的产品也一定不会错，我回去就向公司领导推荐你的产品。"

就这一次帮人推车的小小善举，成了春亮在北京打开市场的叩门砖。经这位司机的推荐，凭借裴春亮的人品和产品，第一笔就签订了 9 万元的订单，成为裴春亮捞到的人生第一桶金。及时的供货、低廉的价格、优良的产品使裴春亮在这家建筑公司声名鹊起。在这家公司的推荐下，又有好几个建筑工地和裴春亮签订了供货合同。短短半年的发展，裴春亮在北京的生意逐步红火。

裴春亮说："勿以恶小而为之，勿以善小而不为。一个小小的善举，换来一个个丰厚的回报，这充分说明助人就是助已，道德也能产生效益。"

裴春亮在北京的闯荡让他开阔了眼界，增长了才干，为进一步成立企业奠定了基础。有了一定的资金积累，裴春亮已不再满足于在本村的经营，于是就在自己的大酒店和发廊、五金矿山门市部的生意红火之时，果断决定将其卖掉。

1999 年，裴春亮把家安到了辉县市，开办了机械铸造、宾馆酒店等企业，通过自己的苦干、实干，改变了自己的命运，成为率先致富的一名民营企业家。

二、致富思源不忘本，无私奉献报乡亲

每当回忆起那些年家里发生的灾难时，裴春亮就会哽咽地说：“如果没有乡亲们的一次次的帮助，我真不敢想象我能不能熬到今天。如果没有党和国家改革开放的富民政策，我裴春亮不可能过上今天的好日子。”富裕以后的裴春亮以实际行动践行着自己“一定要报答家乡父老”的誓愿。

裴春亮说：“每次回到家里，看到依然过着穷时光的乡亲们，我心里就发酸。”有一次，他在路上碰见老党员李桂珍用平车拉着她的丈夫，春亮下车一问，才知道他们要去县医院看病，因为没钱，坐不起公交车，裴寨村离县城 30 多里只能拉着车去。春亮问，带了多少钱去看病，李桂珍说带了 50 元。春亮心里泛起一阵阵的酸楚，他随即拿出 500 元，又把他们送上了一辆客车。

那天中午办完事之后，裴春亮到老支书家，把上午李桂珍老两口拉着平车去看病的事给他说了一遍，并希望村里对他们有所照顾。老支书说：“村里没钱呀，你不知道，咱村的裴臣老人去汲县医专看病，30 多里的路舍不得坐公交车，硬是步行去的呀，这样的情况太多了。”

裴春亮啥也不说了，眼眶里噙着泪水，默默地走出支书的家门，又去了老病号裴臣的家。

那天晚上，裴春亮怀着沉闷的心情回到家里，他对爱人张洪梅

说："咱现在过上了好时光，可村里的乡亲们时光却不好过呀，他们都是在咱家最困难的时候帮咱们渡过难关的恩人呀。"

张洪梅说："对村里的一些困难的家庭，尽咱们最大的力量，能帮的咱尽量帮吧。"从 1999 年的中秋节开始，逢年过节，裴春亮就对村里的特困家庭、残疾人、退伍军人以及上不起学的困难学生进行帮助，给他们送上米面油、棉衣棉被等生活用品；对村里考上大学的学生实行奖学金制度，根据考试的成绩，分别给予 1000 元到 10000 元不等的奖学金。十几年来，裴春亮的慈善资助形成了规矩，从不间断。

2003 年一个夏天，裴春亮在企业里发现一个戴着眼镜、文质彬彬的陌生面孔正在干活，春亮走上前去询问，才得知他是北京某名牌大学的学生李海鹏，父亲叫李玉振，家住辉县市山区。由于家庭贫困，他就利用暑假回家打工挣钱给母亲看病。春亮问明了详细情况以后，马上叫来司机，让爱人带上 2 万元钱，对李海鹏说："你不要干了，带上你的东西，我把你送回家里。"到了这位同学的家里，只见他的妈妈躺在病床上，他的爸爸李玉振正在给妈妈喂饭。裴春亮看到他家里除了两张床、一张破桌子、两把旧椅子和一个破衣柜外，什么值钱的东西也没有。裴春亮拿出 2 万元钱郑重地对孩子他爸说："今后不要让孩子打工了，让他在学校好好读书，千万不要耽误了孩子的学习。以后家里再有困难给我打电话。"李玉振说："恩人呀，你叫我怎么感谢你呀。"

李玉振把孩子拉到春亮面前说："要记住恩人的话，好好学习，将来报答人家。"后来，李海鹏的母亲去世后，裴春亮又安排他的父亲到自己的企业上班。

裴寨村裴明军夫妇都是残疾人，不能干重活，家里没有经济来源。他们生育了一个男孩后，生活就更加困难。看到他家的实际情况，裴春亮就义不容辞地承担起对这个家庭常年的照顾以及孩子的上学费用。他还给裴明军买了一辆三轮车，让他负责清运村里的垃圾，一个月能挣到800多元的工资，保障了家庭的正常生活。

老党员裴池常年患病没钱治疗，靠他的妻子宋秀清采一些中草药治病。裴春亮知道后就一直资助了他们15年。

不仅是裴寨村，就连附近十里八村的家庭，谁家的孩子上不起学、谁家因大病大灾生活陷入困境，等等，只要裴春亮听说了，他都会向他们伸出援手。

裴春亮感恩乡亲、奉献社会，由小到大、积善成德。他主动承担社会责任，逐步实现心中的理想，一步一步成长为一名优秀的共产党员、知恩图报的民营企业家。

10多年来，他用于社会公益、社区建设、兴修水利、精准扶贫等方面的资金达1.83亿元。

关于扶贫问题,裴春亮在两会上提出了自己独到的见解。他说："扶贫不能光是扶钱，更重要的是要扶智、扶志，也就是人们常说的授人以鱼，不如授人以渔，要输血，更要让其自身学会造血。"为了强壮全村孩子们的体魄，裴春亮自己出钱给全村84名孩子每天一包奶。他经常和大专院校的老师、教授们联系，把他们请到村里，每年举办几次道德、法律、科普等方面的讲座，提高社区居民的道德文化素质和修养。

三、挖荒山建社区，圆百姓新房梦

2005年，裴寨村进行第五届村委会换届选举。在此之前，连续三届都没有村委会主任。一个村要想发展好，没有一个坚强有力的领导班子是不行的。村党支部多次召开会议、反复筛选村委会主任的候选人，最后大家把目光投向了村里年轻有为的农民企业家裴春亮身上。可是，裴春亮已离开村子多年，在城里开办了几家企业，他业务多、工作忙，会不会回家当这个“小村官”呢？村里 20 多名党员干部一直去了两次都没有做通裴春亮的工作。第三次，村里两个小伙子扑通一声给春亮跪下，说：“春亮叔，只有你回村带领大家一起干，咱村才会有希望。你要是不回去，俺俩就一直给你跪着。”裴春亮被此场景深深震动，他激动地说：“我裴春亮何德何能让乡亲跪下求我？我不是不干，我是怕干不好，耽误了村里的发展。既然大家这么信任我，什么都不用说了，我同意回村竞选。”

4 月 20 日正式选举那一天，裴春亮故意避开选举现场，但还是高票当选为裴寨村村委会主任。裴春亮说：“一张选票一颗心，不能辜负众乡邻，决不能让乡亲们对我的信任打了水漂。”

裴春亮上任以后，确实是“新官上任三把火”。他为村里安路灯、安健身器材、修排水洞、购买农机服务农业生产，两个月时间花了他七八十万元，为村里轰轰烈烈地干了一番事业。此后，裴春亮陷入了沉思。他想：大家为什么选我当村主任？大家选我当上了村主任想让我干点啥？我又能为大家干点啥？说到底是要从根本上改变裴寨村贫穷落后的面貌，让大家真正过上幸福生活，走上致富道路。他召集村两委成员分析裴寨村存在的问题，如何把每一件事都做到乡亲们的心坎上。大家一致认为：“能住上新房是群众一生的愿望，拓宽改造商街是群众最高涨的呼声，成立股份制企业是群众最迫切的期待。”

裴春亮深知：盖房子娶媳妇对于老百姓来说是一生中最大的事，一旦房子有了，娶媳妇就不是太难的事。

2005年的裴寨村，村民住的是土坯房，吃的是地窖水，走的是泥土路，全村595口人153户，仅有600多亩丘陵薄地，自然条件落后，经济水平低下，村民人均收入不足1000元，属于省级贫困村。

为了从根本上改变裴寨村贫穷落后的面貌，为了帮助村民圆新房梦，为了实现自己报答父老乡亲的心愿，裴春亮毅然决定自掏腰包3000万元，为裴寨村每家每户建一套200平方米的两层楼房。为了不占用耕地，新村村址选在村南乱石遍地的荒山上，经过8个月下挖，运走土石80多万水方米，平整了100亩大的新村村址，然后又修通通往建设工地的两条大路。

经过全体群众三年多的日夜奋战，在昔日的荒山秃岭上建起了160套新楼房以及幼儿园、卫生室、小超市、体育场等配套实施，裴寨新村正式落成。2008年12月21日，全体村民终于告别了祖祖辈辈居住的土坯房，住进了梦寐以求的小洋楼，乡亲们欢天喜地，喜迁新居。

裴春亮说："一人富不算富，全村人富了还不算富，把邻村都带富才叫富。"在国家提出扶贫攻坚，建设新型城镇化社区的背景下，2010年，以裴寨新村为依托，整合张村乡23个行政村、97个自然村、15000多口人建设裴寨社区，由裴春亮担任社区党总支书记。社区同样是挖平荒山而建。为减轻群众购房负担，裴春亮为每户群众资助10吨水泥。目前，裴寨社区已有11个村实现整村搬迁，入住11800口人。裴春亮不仅让裴寨人住上了新房子，而且也让更多的山区群众圆了祖祖辈辈的新房梦。

中央有号召，裴寨有行动。2016年，裴春亮积极响应国家"精准扶贫"的号召，主动对接"三山一滩"河南省精准扶贫重点，把目光投向了距离裴寨60公里、生产生活非常困难的辉县市西部太行深山区平甸、潭头、宝泉、东寨四个村。为了彻底解决这些村300多户1798名群众的生活难题，引导他们走向富裕之路，裴春亮出资8000万元，建设宝泉花园社区，让山上群众搬下山，住上楼，有项目，能致富。

四、解决缺水难，告别望天收

对于裴寨而言，和住房问题一样要紧的是水的问题。裴寨村民想水、盼水的梦可以说做了一代又一代，每一辈起名都要带一个和水有关的字。清、龙、泉、雨、海是他们的辈分，“水来”“水山”“水利”等和水有关的乳名的人不胜枚举。不要说浇地用水，就连吃水都非常困难。村里有一口老井，但干旱严重的时候这口井也没水，村民得到很远的地方挑水吃，每家房前屋后和自留地各有一个水窖用来收集雨水。在裴寨有一个奇特的现象，村民出去不一定锁门，但自家的水窖盖一定会锁牢。可见水对于他们而言多么可贵。

2006年3月15日，也就是裴寨新村建设的同时，裴春亮着手为村民破解吃水难题。在新村的西北角开始钻一个深水井。由于地质结构复杂，钻了不到100米，钻杆就毁了3根。钻井队的人摇摇头，收拾机器彻底停工。乡亲们听说了，有拿烟的，有拿水果的，围成一道人墙将工程队拦了下来。裴春亮也从县城赶了过来，好说歹说，最终把工程款加到了83万元，钻井队才勉强同意继续施工。井打了530米深，用坏了8根钻杆，终于成功出水。自裴寨建村300年来，乡亲们第一次吃到了深井水。

解决了吃水难题，还需要解决粮食作物的灌溉难题。2007年9月，裴春亮开始带领群众建设提水灌溉工程。他个人出资860万元，乡亲们出工，在两年零七个月的时间里，裴寨村的大人们干活，小孩们送饭，不分日夜、不计报酬，大伙在工地上日夜奋战。遇山劈山、遇沟架桥，2010 年 3 月，终于引来 100 公里以外太行山石门水库的水。建成了 5000 立方米蓄水池，铺设了 1100 米地埋管道到田间地头，让裴寨村彻底告别了望天收，实现了自流灌溉。这池水不仅灌溉了农田，也滋润了乡亲们的心，因此，乡亲们把它叫作“田心池”。

在“田心池”的墙壁上，写了一句话，“致富不忘共产党，丰收感谢裴春亮”。这是乡亲们为了表达对共产党、对裴春亮的感激之情，自发刻下的几个大字。裴春亮看到以后生气地说：“建设水池我虽然拿出了一点钱，但和乡亲们不计代价、不分白天黑夜在工地义务劳动的精神相比，我做的事不算什么，功劳是咱们大家的，把后面的一句话马上抹掉。”

“田心池”受季节性放水的限制，如果要发展高效设施农业的话，每天都需要灌溉，水从哪儿来？经考察论证，2011 年 3 月，裴春亮决定带领群众利用老村天然深沟建设裴寨社区拦洪蓄水水库。一是利用 100 公里以外三郊口水库的水进行蓄水，二是收集天上的雨水。水库全长 2300 米，蓄水量可达 80 万立方米，工程投资 6200 万元，其中政府支持 1000 万元，社区群众和社会各界捐款 100 万元，裴春亮个人出资 5100 万元。

最让人感动的是，在张村乡中心校上学的小学生们听说家乡要建水库，就把自己平时积攒的零用钱兑到一块儿，共捐了 71 块 8 毛钱。这些钱粘了又粘、补了又补，孩子们平时舍不得花，但为了能引来水，他们毫不犹豫地捐了出来。裴春亮看到这些钱，禁不住掉下了眼泪。他说：“这些钱一分咱都不要动，把它好好保管起来。

当我们在为群众干事的过程中如果遇到了困难，就把这些钱拿出来看看，看到它，就看到了乡亲们对我们期盼的目光、就能够增添我们的力量和勇气。”

2013 年 12 月，裴寨水库主题工程建成。裴寨水库不仅彻底解决了社区干旱缺水难题，有效涵养当地地下水源，还能让周边乡镇的 3 万多口人近 2 万亩耕地受益，为发展裴寨社区 5000 亩蔬菜花卉种植基地、打造生态农业和特色景观旅游业打下了坚实的基础。

经过裴春亮和乡亲们十年来坚持不懈的奋斗，不仅彻底解决了乡亲们的饮水问题，而且也解决了粮食作物和高效经济作物的灌溉问题。一个昔日吃水贵如油的缺水村变成了蛙鸣鱼跃的富水村。

五、不忘初心跟党走，乡亲不富誓不休

裴春亮说：“组织上入党一生一次，思想上入党一生一世。是党员，就要做一名合格的党员；是党员，就要像种子一样播撒下希望。要以自己的拼搏实干带领群众致富，让群众享受到改革开放带来的成果，实现‘乡亲不富誓不休’的诺言。”

解决了水的问题，裴春亮带领群众发展高效设施农业。党员干部带头，把老村的破土房全部拆除，复垦出 600 亩土地，建设了玻璃日光温室和钢架地温温室。在市科技局的引导下，联合河南科技学院，由专业技术人员帮助指导农户种植无公害蔬菜和鲜切花。党员干部对种植户帮扶带动，成立了裴寨蔬菜花卉种植专业合作社。为了提高社员科学种菜技术，合作社请来农技人员，多次组织培训班，为菜农举办技术讲座，还多次组织社员到外地参观学习，为社员提供“产前、产中、产后”系列服务，实行“统一供苗、统一农资、统一技术指导、统一包装销售”和标准化生产，严格按照无公害农

产品生产要求进行生产，并派专人认真记录每天的生产流程。利用高科技网络手段，成立网上医院，一旦菜农在生产中遇到解决不了的疑难问题就来到合作社，可以通过视频直接和农技专家对话，不用出村就能解决问题。2011 年，裴寨合作社生产的黄瓜、番茄、豆角等蔬菜通过了农业部的无公害认证，成功申报了无公害蔬菜种植基地，实现了“农超对接”。

裴春亮说：“要做一位勇于担当责任，能够解决问题的共产党员。”2011 年 6 月的一天上午，裴春亮走进村民裴龙竹的大棚了解黄瓜种植与销售情况。不问不要紧，一问起大棚蔬菜的事，裴龙竹这个大老爷们竟然哽咽起来。他说：“春亮书记，最近电视上说德国发生了‘毒黄瓜’事件，老百姓都不敢吃黄瓜了，今年的黄瓜白种了呀，一斤黄瓜还卖不了一毛钱，不仅不挣钱还亏本，老婆天天和我生气。”听到裴龙竹的一番话，想想乡亲们在闷热的大棚里辛辛苦苦地干还落了个赔本，裴春亮的心里很难受。他果断地对裴龙竹说：“什么‘毒黄瓜’？德国离咱这儿十万八千里，咱的黄瓜是好黄瓜。你放心，我带头吃你的黄瓜，咱裴寨所有大棚的黄瓜我包销了。”第二天，裴春亮派春江集团的大卡车到田间地头，凡是摘下的黄瓜按照 3 毛钱一斤收购，一天 1 万斤，连收了三天，以前的蔬菜经销商不得不抬高了价格，让裴龙竹等菜农的脸上露出了微笑。同时，裴春亮找广告公司在国道收费站附近立了一块广告牌，大力宣传裴寨社区的优质蔬菜，让裴寨村的菜农度过了危机。

在裴春亮和党员干部的带动下，裴寨社区高效农业从 2010 年的 250 亩发展到 1500 余亩，共建成各类温室 750 余座，共有 350 余户、1250 多位居民从事高效农业种植，从一开始种植蔬菜到后来种植鲜切花，每亩土地的收益由两万元增加到了 6 万多元，真正实现了农业高效、农民增收。

为了实现工业强村，2006 年，裴春亮多方筹资 15 亿元，让村民家家入股，成立了春江集团水泥公司。2010 年，建成三条水泥熟料生产线，年产优质低碱水泥 500 万吨，成为河南省重点水泥企业。为了把企业做大做强，春江集团不断拓宽经营领域，综合水泥、化工、金融、旅游、水力发电等多家经济实体，走上了一条多元化、规模化的发展之路。春江集团现有员工 3100 名，其中安置了 500 多名社区居民在企业上班。

贯穿裴寨村的卫吴公路为裴寨商业的发展带来了便利。利用地理优势，裴春亮带领群众规划建设了商业一条街，把原来坑坑洼洼、只有 7 米宽的道路拓宽到 25 米，分三期在道路两旁建起了 900 多间新颖美观的商业楼房，带动就业 450 人。商业的发展，解决了妇女以及年长群众的就业问题，让他们在家门口就找到了挣钱门路。

“我是吃乡亲们的百家饭、穿百家衣长大的。在我最苦最难的时候，是父老乡亲用温暖的手把我养大成人的，党和国家的好政策让我率先富裕起来。饮水思源、知恩图报，我要尽我所能，带领曾经养育过我、温暖过我的父老乡亲共同过上好日子。这就是我的信念，这也是我作为一名基层党支部书记和村委会主任应该尽到的职责。”裴春亮是这样说的，也是这样做的。

六、凝聚在党旗下，成长在感恩中

裴春亮常说：“方向对了比什么都重要。”那么，如何确定你发展的方向是否正确？裴春亮说：“‘听党话、跟党走，同创业、共致富’就是我们确定的方向，这个方向和党的路线保持一致。只要按照上级党委、政府的要求办事，把每一件事都做到乡亲们的心坎上，到啥时候都不会错。群众富不富，关键看干部；生活好不好，关键看领导。一个村，要想发展好，没有一个坚强有力的领导班子是不行的。没有广大群众的共同奋斗，任何人即使本领再大，能力再强，也做不出多大的事。”

裴寨村共有党员 34 名，其中党支部成员 5 人。在裴春亮书记的带领下，裴寨村党支部注重加强班子、制度和党员队伍建设，培训学习常态化，教育党员不忘初心、永跟党走。裴寨村党支部常年坚守的“五个一”活动：每月召开一次政治理论学习会议；每月召开一次月末干群联席会；每月组织一次义务劳动；每季度组织一次实用技术培训；每年开展一次评先表彰活动。这些活动定期开展，风吹不动、雷打不散。

裴春亮书记为自己制定了“五个一”：每月到居民家里吃一顿饭；每月走访一次困难家庭；每季度给党员讲一次党课；每年走访一遍居民家庭；每年组织召开一次群众大会。目的就在于密切联系群众，倾听群众呼声，增强党和群众的血肉联系。我是共产党员，保证做到“五个坚持”：坚持公私分明、先公后私、克己奉公；坚持崇廉拒腐、清白做人、干净做事；坚持尚俭戒奢、艰苦朴素、勤俭节约；坚持吃苦在前、享受在后、甘于奉献；坚持学习提高、完善自我、增强党性。每个季度的党课，全体共产党员都要背诵几遍“五个坚持”的内容，重温自己立下的誓言。

物质的富有不是真正的富有，而精神的富有才是最大的财富。作为“全国道德模范”，裴春亮提出了“情德法治村”的理念，用真挚的感情温暖人的心灵、以道德的力量鼓舞人的精神、以法律的尊严规范人的行动，把提高村民法律意识、道德修养、文化素质放在和发展经济同等的高度来抓。群众有信仰，裴寨有力量；群众有精神，裴寨有希望！为百年树人，裴寨村从完善基础设施入手，加强阵地建设，建设了社区小学和幼儿园，让孩子们在家门口就能上学；裴寨村史馆和远程教育学习室都能为群众提供学习知识和传递信息的平台。在裴寨社区的大街小巷、门前屋后，设置了宣传栏、文化石、道德墙和学雷锋文化长廊。“国家之利知无不为，乡亲之事知无不办”“将受命之日则忘其家，士当勇之时则忘其身”“孝，不是明天的事，是今天的事，是现在的事”等，这些朴实无华、通俗易懂的语言刻在石头上，为党员干部、社区群众传递了有形的正能量、正确的价值观。

裴春亮说：“我把新村当成家，一枝一叶总关情；我把老人当爹娘，衣食冷暖记在心。我是一名道德模范，我时常用道德的力量鼓舞和提升我们社区居民的精气神；我是一名共产党员，我会用自己的实际行动来引领全体居民人人心向党。”有裴春亮榜样力量在身边的示范带动，有裴寨村党员干部一心为民的感恩情怀，裴寨人个个充满正能量，裴寨村处处洋溢着文明祥和的气氛。

建新村，20 多名党员干部不拿一分钱工资，一直干了 3 年半；建设“田心池”，70 岁的老会计裴清信忍着病痛和乡亲们一干就是两年多，直到累倒在工地上；建水库，在校孩子们自觉捐款、十里八村的乡亲们义务劳动整整 3 年。

从 2009 年春节开始，每年除夕的晚上，在裴春亮的家里，感恩与亲情被演绎到了极致。乡亲们为了表达自己的感激之情，都会不约而同地把第一碗饺子端到裴春亮的家里。你可知道，过大年的第一碗饺子，可是晚辈孝敬长辈的礼节呀！可是，送饺子的人群中有好多人都是裴春亮的长辈。看到这一碗碗的饺子，裴春亮感受到了乡亲们一颗颗滚烫的心。这一碗碗的饺子，不仅是乡亲们对裴春亮个人的爱戴，更是对党的热爱，体现的是党和群众之间的真挚感情。裴春亮说：“这一碗碗的饺子，是一份份沉甸甸的责任，代表的是乡亲们一颗颗感恩的心。每当想起这些，我没有理由不把乡亲们的事办好。我们要常怀一颗感恩之心，感恩我们的祖国，感恩我们的党，感恩我们的衣食父母，为党的事业和群众的利益冲锋陷阵、勇于担当，我们的道路才会越走越宽广。”

10多年来，裴春亮以自己的奋斗、奉献、担当和情怀，成就了一个全新的裴寨，赋予了裴寨人一心向党的崇高追求，锻造了一种难而不惧、富而不惑、自强不已、奋斗不息的民族精神。

回望过去，追随着中国梦的伟大进程，坚守着“乡亲不富誓不休”的诺言，裴春亮用十几年时间让山区群众告别了贫穷，实现了“人人有活干，家家有钱赚，户户是股东”的裴寨梦。展望未来，裴春亮将继续带领裴寨人民“听党话、跟党走，同创业、共致富”，努力把裴寨打造成以鲜切花种植和农产品深加工为龙头，以乡村旅游和观光农业为带动的文明富裕和谐的现代化社区。再过5年、再过10年，那时的裴寨一定会更加和谐、更加美丽！

王国辉

王国辉，现任沈丘县白集镇田营村党支部书记 。他曾是一名军人，参加过“98抗洪”“08冰灾救灾”，先后在各种军事比武中摘金夺银，荣立6次三等功，获得“全国模范退役军人”荣誉称号。

2020年春节期间，他三次“逆行”，为武汉送去了爱心蔬菜。

一、回乡发展

2013 年 12 月，王国辉从部队退役，本可以选择在武汉安稳地上下班，但他没有选择安稳，而是联合几名战友成立了武汉三和源食品有限公司，面向部队及大专院校和商超配送果蔬，有着不错的收入。

2015 年的一趟家乡行，让他彻底改变了初衷。在沈丘退役士兵服务中心，王国辉看到了《再铸荣光》一书，书中诸多退伍军人的创业事迹深深地感染了他。他说：“当时我想，自己也是一名退役军人，又是一名共产党员，也应‘不忘初心，心装百姓’，回乡引领乡亲们脱贫致富。”他不顾在武汉的妻子、儿子和年事已高的父亲的反对，毅然决然地回到了家乡白集镇田营村。

田营村属国家级贫困村，其中建档立卡户 142 户。当时村里流行这样一段顺口溜：“村头到村尾，闲人一大堆。抓钱无门路，低保都乱追。”这一切，更坚定了他返乡带领乡亲们脱贫致富的决心。

2015 年，王国辉投资 500 多万元，成立了沈丘森润种植有限公司。3 年时间里，王国辉带领群众发展棚菜种植 315 亩，带动了 80 户近 300 人成功脱贫。王国辉先后被表彰为“创业之星”“脱贫攻坚先进个人”“致富带头人”。因为在脱贫攻坚战中表现突出，2018 年春天，王国辉被群众选为田营村党支部书记兼村民兵指导员。

二、“逆行”送菜

2020 年春节期间，疫情来势凶猛，武汉告急。武汉疫情牵动着全国人民的心。1 月 23 日，王国辉有些坐立不安，武汉封城了。

得到消息的那一刻，他便做出了决定：去武汉，送菜。他说：“医疗器械，我没有，捐钱，我也很紧张，但我有蔬菜和满腔热血。”

他的这一想法让不少人吃惊。“去哪？武汉！这个时候去送菜？你发烧了吧？”发小不解。“现在来武汉？哥，你没搞错吧？已经封城了，好多人都想出去，你却要来武汉，不怕危险呀？再说了，明天可是大年三十了。”武汉的朋友劝他说。

他说：“可是我在部队当过司务长，退役后在武汉做过食物配送生意，我比别人更懂，封城就意味着物资紧张，集结人员就要吃饭。”

就在 23 日，大年二十九夜里，王国辉在员工群里发了一条消息：明天凌晨到地里收菜，工资翻倍。第二天 5 点半左右，他又回到村里拍门找人，前后一共来了二十几人。从凌晨 5 点半开始打着灯火择菜，一直忙到中午 11 点多。在村民的努力下，摘了 5 吨新鲜蔬菜。当王国辉发工钱时，大家都不要。乡亲们说：“支书有大爱，我们有小爱。你捐菜，我们出力。”匆匆告别了乡亲们，谢绝了战友和侄子们要求一起开车去武汉的深情厚谊，王国辉独自出发了！

王国辉说：“这条从沈丘到武汉的路，我走了不止 100 次了。可这次真安静，真好走，无车无人。可是这路变长了吗？ 480 多公里，它咋就开不到头呢？”

大年三十晚上 8 点半，王国辉到达武汉，赶往火神山建筑工地。雨一直下，武汉的街道上除了交警，偶尔能看到一辆环卫车辆，可是火神山工地是另一番景象。那里灯火通明，机械轰鸣，上百台工程车辆和工人们在冒雨作业。晚上 9 点多，王国辉见到接收蔬菜的同志，经过一番交谈，他们来到了临时接待中心。当王国辉看到大屏幕上“感谢河南人民”几个大字时，他说：“我激动了，我已不只是一个老兵，此时我代表了河南人。”

他说：“当夜我休息在工地接待室。这一夜真难熬。一边是除夕夜一个人的冰冷，一边是在不远的地方住着的老婆和孩子。我告诉他们我来武汉了，我也告诉他们我不能回家见面。老婆没说啥，一句‘你要保重’足以让我泪流满面。孩子的一句‘你都来武汉了，咋不见我们’，让我无言以对。”

他说：“大年初一中午，当我拿到特别通行证后，我开车回河南老家。从火神山工地到高速路口 30 公里的路，我走了一个多小时。孩子的话回响在我的耳边，街上的实情我也看在眼里。手里有了通行证，可以回家看他们了！ 不行，我回去，是带他们回家还是一起留下？ 带回去，村里的众乡亲咋办？ 老婆能理解，孩子大了会明白，我说服了自己，在停停走走中上了高速。当我回到菜地时，已是初一夜里 10 点半。我不敢回家，就住在了地里。这一住就是 15 天，我把自己隔离了。”

三、隔离不隔心

隔离期间，王国辉建立了田营村抗击疫情微信群，希望大家通过微信群及时沟通，听从指挥，不外出、不串门，众志成城，早日战胜疫情！ 通过微信群，他对村里的疫情防控工作进行“遥控”指挥。

隔离棚隔离了他与乡亲们的接触，却隔离不了大家相连的心。1 月 26 日晚，村民刘宏伟送来了牛肉、卤肉和咸鸭蛋。昔日的贫困户王进国送来了新鲜水饺。每天，在他“隔离棚”前的二十几米处，总有一些暖心的年货。乡亲们一句句贴心的话语，一件件饱含亲情的“年货”，感动着王国辉。

王国辉说："困难之处见真情，乡亲们对我有情，我要对乡亲们有义！1 月 27 日，大年初三，在隔离棚中的我，通过微信从一家医院自费购买 3000 只口罩，免费分发给村民。"

他说："从隔离棚出来后，我到了村口的疫情防控卡点处，升起了一面党旗。这是一种信仰的延续，多少人在前线拼搏着，都是舍小家顾大家，大家都有同一种信仰——我们是共产党员 。"

在隔离期结束后，2 月 24 日和 3 月 1 日，王国辉又两次奔赴武汉，为武汉送去了 160 吨爱心蔬菜。

三次"逆行"，从大年三十持续到二月初八，历时两个多月。虽三次去往武汉，但是他三过家门而不入，一直未见过身在武汉的老婆和孩子。

三次"逆行"，从一个人到一群人，再到一个县的人，不断传递和壮大的爱的力量，也让他觉得这三次去武汉，虽然冒着一定的风险，但是是很值得的。

王国辉说："时下，武汉的疫情得到了有效控制，作为一名曾三次驰援武汉的老兵，我心里感到莫大的欣慰。"

赵 江

"赵主任，我们有位 76 岁的病人骨折，术后出现呼吸困难，情况危急！请求转院！"7 月 3 日，周五，晚上 8 点多，刚在家放下饭碗，南阳市中心医院呼吸内科二病区主任赵江的手机就收到了来自南召县的紧急呼叫。

通过查看网上传来的资料，赵江初步判断这位病人是由于长期卧床导致下肢血栓，进而引发急性肺栓塞。“你们马上来南阳，我现在就去科里做准备。”

挂断电话，赵江冲出家门，赶到南阳市中心医院 3 号病房楼 5 楼，安排救护人员、制订抢救预案、准备药物和抢救设备……晚上 10 点 10 分,一阵急促的 120 救护车笛声在医院门口响起,病人抵达，立刻被推进呼吸科 ICU。

经过几个小时紧张的抢救，病人终于脱离生命危险。回到办公室，来不及脱掉白大褂，55 岁的赵江坐在椅子上长吁了一口气，这才发现，已是次日凌晨 3 点钟。

然而 5 个多小时后，他的身影又出现在病区。“病人昨晚高压一度只有 60 毫米汞柱，非常危险，现在情况只是相对稳定，一会儿要进行会诊，制定下一步的治疗方案。”赵江对记者说，他从业 31 年了，这样高度紧张的夜晚对他来说再平常不过。“医生会不断面临新问题，我们的职责就是解决问题，永远把治病救人放在第一位。”

作为一名经验丰富的呼吸科大夫，赵江无数次与病魔“交手”，回忆与新冠肺炎疫情作斗争的经历，他仍然感到惊心动魄。

1 月 21 日晚上，赵江接到电话通知，他被任命为南阳市新冠肺炎救治专家组组长。第二天下午刚培训完就接收了第一例疑似病例，晚上又来了第二例。“这次疫情来势凶猛，加上病毒的未知性，我深感责任重，压力大。”赵江说。

在新冠肺炎疫情防控的战场上，赵江既是指挥员，又是战斗员。他不仅要根据各县（区）的病例情况，合理调配专家资源，实行 24 小时值班值守制度，还要组织呼吸、重症、感染和影像四个专业的专家对上报的每一例病人进行审核、研判、认证，严格把关，根据研判结果对危重症和重症患者进行现场和远程会诊，对确诊和疑似患者进行详细的分析、指导，随时掌握病人的病情。他坦言，“医学容不得半点马虎，既要严格把关每一个疑似病例，确保不漏一人，又要避免盲目上报，为非疑似患者的合理治疗赢得宝贵时间。”

在守护人民健康安全的最前沿，赵江时刻保持着一名共产党员的本色。

2003 年抗击“非典”、2008 年汶川抗震救灾、禽流感和甲型 H1N1 流感防控……哪里有需要，哪里就有他的身影。在疫情防控最关键的日子里，赵江吃住在医院，常常工作到次日凌晨两三点。“当时赵主任基本是 24 小时值守,有时候半夜还在接电话远程指导，县里危重症病人的会诊他都要赶过去参与救治。”同事张轩斌医生说，紧张工作的同时，赵江还时刻牵挂着每一位医护人员的安危，经常叮嘱他们做好防护。

当全国最高龄新冠肺炎患者仅用 11 天就转危为安，创造令全国瞩目的“奇迹”；当怀孕 30 周的危重确诊患者顺利进行剖宫产手术，母子都得到了及时救治；当顶着巨大压力，为多脏器衰竭的患者排除感染怀疑，赢得治疗时间……赵江都感到强烈的职业成就感：“南阳是我省的西南大门，守好这个大门是我们医务工作者的职责，也是党员的责任。”

赵　松

“父亲因病突然去世，身在武汉的我没能见他最后一面，这也许是人生中最大的遗憾。但在国家和人民需要时挺身而出，又觉得没有遗憾。”2020 年 6 月 28 日，郑州大学毕业典礼上，郑大一附院副院长赵松发言时，寄语学子们勇于接受人生中的不完美，找准方向勇敢向前。

新冠肺炎疫情最为严重时，赵松义无反顾选择成为逆行者。2020 年 2 月 4 日，他带领我省第三批支援湖北医疗队（郑州大学第一附属医院国家紧急医学医疗队）的 46 名队员，奔赴疫情最为严峻的武汉。“晚上 10 点到达酒店后，我们就立即召开第一次临时党支部会议，并组建医生、护理、后勤保障 3 支党员先锋队，让党旗高高飘扬在抗击疫情一线。”赵松说。

第二天下午 5 点，武汉江汉方舱医院交付使用，当晚医疗队的 12 名队员进入方舱医院，开始收治首批患者。虽然每天都在经历生死考验，但在赵松带领下，医疗队党员冲锋在前，队员精神抖擞，用精湛的医术为生命护航。

鏖战时刻，2 月 19 日，赵松年过九旬的父亲去世的噩耗传到了武汉。赵松把自己关在房间里号啕大哭，心痛、愧疚都随着泪水释放了出来。悲痛之余，他告诉自己，这里是战场、是前线，作为领队要更加坚强，带领大家战胜疫情才是对父亲最好的告慰。

“不发讣告、家里不设灵堂、不收花圈、不收任何人的礼金，一切从简……”赵松收拾好情绪，给家人发了一条信息后，继续带领队员争分夺秒开展救治工作。

江汉方舱医院运行 34 天，赵松带领医疗队收治患者 523 人，治愈出院 401 人，是江汉方舱医院入舱时间最长、分管区域最大、收治病人最多的医疗队。在抗击疫情的战场上，在赵松的帮助和鼓励下，医疗队 11 名医护人员火线入党。

1984 年从中山医科大学毕业后，赵松在父母的建议下，回到郑大一附院工作，从一名普通医生逐渐成长为技术骨干、专业技术拔尖人才、学科带头人。

作为郑大一附院胸外科知名专家，专程找赵松看病的患者络绎不绝。为抢救病人，他加班加点、废寝忘食；遇到危重病人，他曾在监护室待了三天三夜……

“群众得病是最痛苦的时候，医生要耐心释疑答惑，尽心尽责为患者治疗。”正是在赵松“掌舵”下，郑大一附院胸外科人才济济，医护服务态度好，每年手术量和收治病人在全省首屈一指。

当病人都忙着从县乡到郑州看病时，赵松又反向而行，带头往基层跑。他积极响应河南省医学会“名医名家下基层”活动号召，连续数年组织省内胸外科专家到贫困县开展义诊活动，让更多群众在家门口挂到“专家号”。

“每次下基层，群众都排很长的队，经常忙到中午一两点才顾上吃饭。”赵松笑言，虽然很辛苦，但能为群众解除病痛，感到很值得。这些年，赵松先后被省卫健委评为“我最喜爱的健康卫士”“河南省名医名家志愿服务队优秀个人”等。

医者仁心，大爱无疆。不管在手术台上、在抗疫一线，还是送医下乡，赵松都毅然冲锋在前，逆行而上，全力守护一个个宝贵的生命和千百个家庭的幸福。

郭天财

郭天财同志是河南农业大学教授、博士生导师，中原学者，国家首批“2011 计划”河南粮食作物协同创新中心主任，河南省委信息决策专家团成员，兼任农业农村部小麦专家指导组副组长、顾问和河南省小麦专家指导组组长等职。40 多年来，他在教书育人的大地上耕耘不辍，致力于小麦生产优秀人才的培养，为我国农业发展和小麦生产作出了卓越的贡献。

一、立志“让所有人都能吃上白面馍”

郭天财出生于愚公家乡——河南济源深山沟一个普通农民家庭。从童年开始，他就亲身感受到农村的贫穷苦难，经历过吃不饱肚子的折磨，立志要好好学习，当一名农业科学家，让所有人都能吃上白面馍，不再饿肚子。

1977 年，从河南农学院毕业后，他饱含对农业、农村、农民的深厚感情，怀揣“让所有人都能吃上白面馍”的梦想，40 多年如一日坚持从事小麦高产栽培研究与技术普及推广，带领团队长期深入科研生产一线，实地观察高产小麦生长发育特点，系统总结小麦高产经验，潜心研究小麦高产栽培技术，创新提出了“调控根穗平衡发育、构建高质量群体、壮秆防倒延衰、稳穗促粒增重”的小麦高产栽培理论与技术体系，主持创造了一系列小麦高产典型，引领了小麦高产栽培方向，先后获国家科技进步二等奖 2 项，河南省科技进步一、二等奖 8 项，从技术上支撑河南小麦生产在全国的领先地位，使河南成为名副其实的“中国粮仓、国人厨房”，赢得了“世界小麦看中国，中国小麦看河南”的美誉，为保障国家粮食安全作出了重要贡献。

二、把论文书写在大地上

熟悉郭天财的人都知道，他衣着朴素，穿的皮鞋经常是沾满泥土，就像一位地道的农民。作为全国小麦专家指导组副组长、河南省小麦专家指导组组长和“万名科技人员包万村”的首席专家，在小麦生长的 8 个来月内，有 2/3 的时间，他不是在学校试验地，就是在农民麦田里，一把小铲子和一个钢卷尺是他下田随身携带的“标配”。这些年来，每当小麦灾情发生后，他急农民之所急，想农民之所想，以高度的责任心和强烈的使命感，不论是严寒酷暑，还是节假日，总是在第一时间奔赴一线查小麦苗情、土壤墒情和病虫草情，研究制定技术方案,指导农民科学管理麦田。即便在老伴身患脑卒中、乳腺癌住院期间，他都顾不上照顾，仍坚持在科研生产一线，被农民朋友亲切地称为“郭小麦”。如今，河南农村流传这样一句话“要想小麦创高产，种啥？咋种？咋管？得听‘郭小麦’的”。

在 2020 年脱贫攻坚收官之年突发新冠肺炎疫情，为指导农民不误农时科学管好麦田，他冒着疫情深入基层实地调研，采用线上线下相结合的方式，指导农民春管措施到田入户，为抗疫情、促春管和小麦产量实现“十七连丰”作出了重要贡献。2020 年 4 月，他在临颍县现场调研指导小麦生产时，农民朋友感慨地说“抗疫就听钟南山，种麦只听‘郭小麦’”。2020 年 5 月，农业农村部原部长韩长赋在《农民日报》撰写《我的农业科学家朋友》一文中，高度评价郭天财教授是“小麦高产的‘田保姆’，是上得厅堂、下得厨房，坚持把论文写在大地上，最受农民群众欢迎的专家”。

2014 年，习近平总书记视察调研河南时，郭天财现场向总书记汇报小麦生产情况。并先后陪同国家、省委、省政府领导视察调研小麦生产，为领导决策指导农业生产积极建言献策，所提发展小麦生产对策建议得到中央领导赞许并被采纳实施，促成中央财政先后拨付抗旱补助和“一喷三防”专项资金 103 亿元，为我国农业防灾减灾和粮食连年增产作出了突出贡献。

三、立德树人守初心

作为一名农业高校教师，他始终“以立德树人为根本，以强农兴农为己任”，坚持教书与育人、言传与身教相统一，带领青年教师和学生到生产一线，把田间当课堂，把麦苗当教材，把传授专业知识与思想政治教育紧密结合，并联系自身成长经历，通过“教授导航”报告会，引导学生学农爱农，做“一懂两爱”的现代农业人才。

作为学术带头人，他培养形成了一支结构合理、优势突出、特色明显的小麦栽培创新研究团队，先后主持申报建设了作物学国家一级重点学科（河南省高校和全国省属农业院校唯一）、国家小麦工程技术研究中心、国家“2011 计划”河南粮食作物协同创新中心（全国首批 14 个之一，并入选 2013 年度河南省经济社会发展 10 个重大突破性事项，受到河南省委、省政府嘉奖）和 CIMMYT- 中国小麦玉米联合研究中心等国家级和国际合作科研平台，为培养高层次农业科技人才、提升小麦科技创新能力与社会影响力发挥了重要作用。如今，他指导培养的很多学生都已成为小麦生产科研领域骨干。他因此被评为全国教书育人楷模，是河南省高校唯一获此殊荣者。

由于在教书育人、学科建设和小麦科技创新与产业发展作出的显著成绩和突出贡献，郭天财先后荣获享受国务院政府特殊津贴专家、河南省优秀专家、中华农业英才奖、全国粮食生产先进工作者标兵、全国粮食生产突出贡献农业科技人员、全国优秀科技工作者、河南省先进工作者、中国作物科学技术成就奖、全国先进工作者、全国教书育人楷模等。2019 年 6 月，在中联部和河南省委共同举办的“中国共产党的故事——习近平新时代中国特色社会主义思想在河南的实践”专题宣介会上，他作为全省唯一一名高校教师和农业科技人员代表作大会发言；2019 年 10 月，作为全国 10 名教师代表和省总工会推选的 7 名全国劳模代表之一参加了中华人民共和国成立 70 周年国庆招待会和国庆观礼。

宋兆普

宋兆普同志从医 40 多年，不忘党员初心，牢记医者使命，践行一个党员为人民服务的本色，诊治骨髓炎、股骨头坏死、小儿脑瘫、肿瘤、老年痴呆等疑难杂症患者多达 120 余万人次。他几十年如一日，视患者为亲人，不收挂号费诊疗费，为防止因病致贫、因病致残、助力脱贫攻坚作出了积极贡献。

一、以医载道，扶弱济困

“一名党员医生，治病救人是天职，诚实守信是准绳。”宋兆普是这样说的，更是这样做的。他的父亲宋金庚先生是一位老党员，医术精湛、医德高尚，宋兆普长期在宋氏家学的熏陶和耳濡目染下，不仅深得宋氏中医真传，并且不断发扬光大。特别是在医德医风方面，他谨遵宋氏“施医舍药、感恩病人”的古训，坚持为贫困、孤残病人减免医药费用。从 2009 年 5 月开始，宋兆普运用自己在长期临床实践中总结形成的“金庚康复疗法”，承担社会责任，为政府分忧，主动请缨救治福利机构收养的脑瘫弃婴和社会贫困家庭脑瘫患儿，一干就是近 12 年。福利院的孩子大多姓“党”姓“国”，医院在对他们做康复治疗时，经常告诉他们是党把他们抚养长大、治病康复，才有了今天的幸福生活，要永远感恩党、感恩祖国。近12年来，宋兆普和他带领的团队救治脑瘫弃婴3200多名，已有1500多名趋于正常化，820名陆续被国内外家庭收养。

二、援疆救治，助力脱贫

2015年年初，宋兆普了解到新疆和田地区脑瘫发病率高，好多患儿因当地无专业治疗脑瘫的康复机构无法及时治疗后，凭着救死扶伤的职业责任感，他15次赴新疆考察巡诊，并免费接收52名新疆脑瘫患儿来汝州住院治疗。为救治更多维吾尔族脑瘫患儿，宋兆普和新疆当地医院联合在和田、喀什地区组建了四家脑瘫儿童康复机构，填补了当地没有脑瘫康复机构的空白。同时，在新疆医院还建立了党支部，注重培养、发展维吾尔族职工加入党组织，目前已有28名员工递交了入党申请书。他义务为新疆同胞传授中药治疗儿童脑瘫技术，提供治疗脑瘫的中药，派康复专家上门指导工作，目前已使6178名维吾尔族患儿得到治疗，3000余名好转出院，710名孩子和正常孩子一样进入学校学习。同时还有12名曾经在金庚医院给孩子看病的脑瘫儿童家属，在和田当地实现了就业。有680名维吾尔族同胞，在当地的四家康复医院上班，对社会稳定、和谐起到了极大的促进作用。

来自墨玉县萨依巴格乡塔木格力村的脑瘫患儿妈妈吾妮且木·吉力力，在汝州给孩子治疗的同时，宋兆普和医院的康复师教给她康复治疗技术。2016年3月回到家乡后，吾妮且木·吉力力在墨玉县罗科曼医院做了一名康复技师，实现了从一个农村家庭主妇到一名白衣天使的华丽转身。如今的她每月可以领到3000元左右的工资，她逢人都说：我原来因孩子患病治病，四处借债，没有一个家的样子。现在通过政府的安排，到汝州金庚医院进行免费治疗，孩子康复了，我也有了稳定的工作和收入，有了身份和地位，我感谢党和政府，感谢金庚医院和宋院长。

三、牢记使命，全力抗疫

2020 年，面对新冠肺炎疫情，作为党员医生的宋兆普心急如焚。他查阅古代医书文献，结合 40 年来治疗肺炎、瘟病的临床经验和与武汉一线同行了解的患者症状，在最短时间内研制出了用于预防的中药和抗病毒的口服中药液，通过互联网发布治疗初、中、危重期病症的四种中药处方和疫情防控常识；他倾尽全力为汝州各乡镇、街道办事处的 9000 余名防控一线人员和 6000 余名隔离人员、疑似病人，免费发放防疫药品，还积极参与汝州首例确诊新冠肺炎患者的治疗，使之顺利痊愈出院，使汝州市新冠肺炎病例归零。

他多次向上级主管部门请战，以省人大代表和中医工作者的身份，向河南省中医药管理部门推荐中医预防和治疗处方；向武汉一线同行和电话咨询的患者，提供中医治疗建议，向武汉市第八医院、武汉客厅方舱医院新疆护理医疗队捐赠防护药品；向河南省直重要岗位、高铁站、新郑机场及平顶山高速公路值勤卡口、新冠肺炎定点医院以及平顶山市新华区、鲁山县等一线工作者和隔离人员捐赠药物，共捐赠中药 6.60 万余袋、口服中药液 4.30 万余袋，受惠人员达 16 万人。他还受邀到平顶山新冠肺炎治疗区，对重症病人进行诊治，为打赢疫情防控阻击战作出积极贡献。

他的爱心善举在广大人民群众中广为传颂，先后被新华社、中央电视台、人民日报等国家重要媒体数十次报道。他先后获得全省优秀共产党员、全国劳动模范等省部级以上荣誉 20 项，第十二届全国政协主席俞正声作出了“汝州的同志为民族团结作出的贡献是大家学习的榜样，请代向宋兆普及有关同志致谢”的批示。作为一名党员医生，宋兆普 40 年的坚守，践行了党员为人民服务的诺言，把党和政府的温暖播洒到人民群众的心中，为健康中原、健康中国作出了积极贡献！

郭光俊

郭光俊同志是登封市大金店镇梅村社区卫生服务站乡村医生，他坚持 54 年身背药箱走村串户为村民送医送药，以自己的实际行动践行着“扎根农村，为贫穷落后缺医少药的家乡人民服务一辈子”的誓言。

一、不忘初心永跟党走，敬老扶残情系民生

20 世纪 60 年代郭光俊上中学时，看到家乡群众看病困难。为了改变家乡缺医少药的落后卫生状况，郭光俊在家境十分困难的情况下外出求学，得到了村民从衣、食、经费等各方面的大力支持。郭光俊千里拜名师，到洛阳、北京、沈阳等地发奋苦学 13 年。学习结束后，谢绝了三家城市医院的聘请，回到贫穷的家乡，在村党支部的领导下，吃干粮住工地亲自拉砖运石创建村卫生所。

为了方便群众就医，郭光俊每天 24 小时值班，无论是炎夏寒冬还是风雪雷雨，都挡不住他常年身背药箱、走村串户统计农村的常见病、多发病、季节病和各种传染病的预防接种表册，为村民们测血压听心脏送医送药。每年都按时、按质、按量顺利地完成了上级交给的

一切卫生防疫、妇幼保健、健康教育宣传等公共卫生任务，抢救和护送转诊了不少像农药中毒、肺炎心衰、急腹症、急性脑血管病等危重病人。他有一句印在心中的格言，那就是：“病人的生命大于天！”

他带领支部党员配合镇、村入户为本村 37 户 110 名贫困户人口建档立卡，为贫困户村民义诊和体检。开展家庭医生签约服务，设置服务站 24 小时急诊电话，随时应诊服务到家。新冠肺炎疫情防控期间带领党员为防控疫情捐款；在春节期间不休息，运用广播、新冠病毒防控宣传专栏等形式向村民宣传新冠病毒的预防方法；购回如金银花、连翘等共 150 公斤的清热败毒中药，全部捐献给登封市红十字会和梅村村委，让日夜坚守在公路检测站的同志们和本村群众饮用来预防新冠肺炎。

二、弘扬岐黄服务“三农”，奉献爱心报效社会

郭光俊坚持带领党员四季上山采药免费供村民服用防治农村常见病。在每年的农忙季节送医送药送凉茶到田间地头，支持村民把更多的时间用于农忙季节的抢收和抢种。定期为五保老人免费体检和义诊，入村入户为残疾人义务指导肢体功能康复和语言训练。他还多次救助困难病患，为家庭困难的病患捐款捐物、送医上门。郭光俊从 1976 年开始，就义务、免费为本村 85 岁的偏瘫患者郭生老人送医送药送生活用品；又救孤助学至今，从未间断。

他还创建了河南省第一座农村卫生室康复室，全部免费让残疾人进行康复锻炼。在服务站内创建了藏有一万多册包括种植、养殖等科技书籍的农民书屋，免费供农民和住院病人阅读，从而促进科技扶贫。在服务站内创建了党史博览室，缅怀先烈，不忘初心，开展爱国主义教育。分期分批让广大党员干部、农村农民尤其是青少

年学生和住院病人参观党史博览室，让他们知道祖国母亲经历的灾难和蒙受的屈辱，让他们知道只有共产党才能救中国，让他们知道现在的幸福生活是无数革命先烈用鲜血和生命换来的。从而使他们更加热爱祖国、热爱党，更加积极投身于伟大祖国的建设中去。

三、报效党恩科学发展，爱心永恒再创大业

2010 年 3 月，在各级领导的关心和大力支持下，已筹备 12 年，集预防、治疗、康复为一体的花园式新农村中医卫生所脑血管疾病防治专科综合楼，全部装修完毕投入使用。这不仅发展了农村卫生事业，彰显了中医特色，改善了医疗条件，而且方便了群众就医，解决了当地群众在防病治病等医疗方面的基本需求。郭光俊说：“每当我看到在那灾荒年，曾经哺育过我的、拄着拐杖、漫步在干净整洁的卫生所大院、说说笑笑的爷爷奶奶的时候；每当我看到那些背着抬着来治疗的脑血管病重症患者，经过精心治疗而完全康复的、满面笑容的病人的时候；每当我看到那些满眼含着热泪、拉着我的双手、再三感谢、恋恋不舍、身体痊愈、将要出院的病人的时候，我感到了报效党恩、报答爷爷奶奶和父老乡亲的哺育之恩的那种幸福！滴水之恩，当以涌泉相报。”

四、甘为春蚕吐丝尽，愿作红烛照人寰

郭光俊自 1966 年行医至今已走过了 54 个春秋。54 年来，郭光俊从来没有星期天、没有节假日，即使每年的大年初一他也从不休息；54 年来，他身背药箱走村串户为村民送医送药，无论是酷暑严寒还是刮风下雨；54 年来，为了减轻群众的医药费用负担，他上山采药免费为群众防病治病；54 年来，他利用中医药治疗偏

瘫病人两万余例，有效地保护了农村劳动力；54年来，郭光俊以所为家，吃、住一直都在卫生所内，日夜守护着村民；54年来，卫生所偏瘫防治专科从未出现任何一起医疗事故和医疗纠纷，他和病人情同兄弟姐妹，相互关心，相互帮助。郭光俊用一名共产党员和乡村医生的执着追求和无限爱心生动践行着生命健康守护者的神圣使命。曾荣获1993年“全国优秀乡村医生”、2003年“全国模范乡村医生”、2006年“全国优秀乡村医生”、2008年“全国卫生系统先进工作者”、2010年“全国医药卫生系统先进个人”、2013年“全国最美乡村医生”、2015年“全国劳动模范”、2016年“河南省优秀共产党员”等国家及省市90余项荣誉称号。2016年当选为中国共产党河南省第十次代表大会党代表。

王　涛

2017年8月，国务院研究室选派王涛同志任河南省淅川县毛堂乡银杏树沟村第一书记。淅川县是南水北调中线工程渠首所在地，省定四个深度贫困县之一，毛堂乡银杏树沟村是一个被重重大山阻隔的深度贫困村，全村共179户625人，其中建档立卡贫困人口73户263人。到村任职以来，王涛同志深入学习贯彻习近平总书记关于扶贫工作重要论述和党中央关于脱贫攻坚决策部署，把握南水北调水源保护和脱贫致富的关系，坚持党建引领、绿色发展，大力发展村集体经济，把贫困发生率高达41%的深度贫困村发展成了百万收入村。2018年年底银杏树沟村实现整村脱贫，2019年被评为“国家森林乡村”，为生态敏感地区创新发展闯出了一条可复制推广的示范之路。

一、党建引领凝聚干群人心，着力改善群众生活条件

当过兵的王涛在驻村前也作了充分的思想准备，但到村伊始，就被村内的贫困状况深深震撼了。村里贫困发生率达41%，无村部、无广播、手机无信号，喝雨水、走泥路、住土坯房，是银杏树沟村贫困原貌的真实写照。他召集党员干部商讨脱贫路子，又发现村“两委”班子长期不健全，开会都叫不齐人。

王涛挨家挨户走访群众、看望老党员，找到了治理穷村的第一把“钥匙”——解决没水泥路、没自来水、没移动信号这“三大难”。王涛带着党员干部跟相关部门对接，积极争取引进项目资金。短时间内，村里新打了3眼机井，全村人吃上了自来水；新修了2座移动信号塔，4G网络信号全村覆盖；建成了7.80公里通村水泥路等一大批基础设施项目。同时，针对长期以来毛堂乡南山区9个村区域道路年久失修、群众出行不便问题，积极争取上级项目支持，建成了12公里的南山主干路，彻底解决了9村群众出行难问题，当地群众的认同感、获得感得到极大提升。村里经济条件稍好，王涛就启动对困难群体实施双重保障，对老弱病残等困难群体实施“定向分红”，给予每人每年3000元至5000元的补助，强化再兜底保障；对村里13名在读大学生每人每年补贴1万元助学金，点燃山区孩子求学改变命运的希望。同时，按照打造生态旅游村标准，在银杏树沟村集体壮大的基础上，充分尊重群众意愿，村集体拿出专项资金近300万元，按照统一标准、统一风格对银杏树沟村115户贫困群众和农户房屋实施了改造，全村面貌焕然一新。2019年，银杏树沟村荣获“国家森林乡村”称号，全年接待了大量外来游客，进

一步助推了乡村旅游发展。

王涛在乡党委的支持下，进一步充实了村“两委”班子。他把对乡亲们的承诺“做一个负责任的党员、建一个负责任的班子、留一个负责任的摊子”写在村部的墙上。同时，围绕打通党建最后一公里，探索提出“两统两保两带一融”党建促脱贫工作法（统一思想、统一会议形式，保障就业、保障困难群众兜底，带出致富带头人、带出后起之秀,基层党建与脱贫工作融合开展)。创新开展以“邻家支部”为载体的村院党建，将党组织在最基层失去的阵地找了回来，三任老村支书回村参与脱贫攻坚工作。3 年来，银杏树沟村新发展党员 4 名，全村党员数量达到 19 人，党员队伍建设实现历史性突破，村党组织的公信力、凝聚力、领导力、组织力和战斗力得到全面提升，党员的先锋作用得到进一步发挥。他创新建立“党干群联席会议”制度，充分保障党员干部群众对党务村务的知情权、参与权和监督权，在村集体经济发展、重大事项决策中，凝聚了党员干部群众合力，取得了良好效果。

二、聚焦绿色发展理念，坚持发展生态产业

在王涛的努力争取下，银杏树沟村及周边村基础设施大大改善，但银杏树沟村人均耕地不足一亩，且土质贫瘠，干部群众对下步脱贫产业发展心里没底。加之淅川县是南水北调中线工程核心水源区和干渠渠首所在地，受水质保护政策和区位影响，有水不能养鱼、有山不能开采、有田不能施肥，银杏树沟村脱贫产业发展也严重受限。

“必须发展兼具政治意义、生态意义、经济意义和社会效益的绿色环保脱贫产业，下步才有出路，这样发展后劲才足！”王涛在 2017 年 8 月中旬的村党干群联席会议上动员全村的干部群众，许

多群众包括村干部都认为王涛的想法太超前，行不通。“行不行，大家跟着我往下干就知道了！”王涛在会上郑重宣布。短期内，王涛推动成立了两家村办集体企业——芈月山生态农业开发有限公司和银杏树沟村劳务服务有限公司。以村集体企业为支撑，王涛积极引进社会资金近2亿元和相关专业人才、技术成果，创办村集体参股的资源再生环保产业园和玫瑰深加工产业园，解决200多人就业，年培训农民工500多人次，村集体经济收入从无到有、连续3年突破300万元。3年来，绿色环保脱贫产业给银杏树沟村累计创收900多万元，大大提升了干部群众的发展信心，确保了贫困群众的中长期收入有着落，使贫困群众实现了顺利脱贫，在保护“绿水青山”中实现了“金山银山”，绿色环保脱贫产业的路子越走越宽，也增强了贫困村的可持续发展能力。

三、创新实践，推动区域协同脱贫

为推动当地区域协同脱贫，王涛同志依托村办农业公司集中流转周边区域9个村部分土地，围绕生态走廊定位调整种植产业结构，引导毛堂乡芈月山区群众累计发展玫瑰、大樱桃等各类绿色产业6000亩，上马玫瑰花茶、化妆品、酒水等玫瑰系列产品，建成了芳香制品生产线和环保日用品扶贫车间。挖掘当地历史文化创建“芈月山”生态品牌，农特产品年均销售收入150万元，带动8700多名群众实现“短中长”三线产业叠加增收。2019年年底，9个村1284名建档立卡贫困人口全部脱贫。

因在脱贫攻坚中表现突出，王涛同志先后获得“脱贫攻坚优秀个人”“河南省脱贫攻坚奖贡献奖”“全国脱贫攻坚先进个人”等称号。以王涛同志为原型的小说《乡村第一书记》发行20多万册，广受社会各界好评；同名电视连续剧《乡村第一书记》在央视一套黄金时段排播，受到广泛关注。

李淑团

李淑团自1990年招工入厂后，先在基层车间做了6年车工，1996年被调到精加工车间磨工组至今，她刻苦钻研，精益求精，勤学善思，凭借自学熟练地掌握了当时世界上最先进的全自动万能外圆磨床S40，不仅让这台被闲置的设备为公司解决了许多加工技术上的难题，为国内外客户加工出了无以计数的“高精尖”零部件，而且她与S40共同成为公司的“名星”与“王牌”。凡是有上级领导或用户来厂参观,公司领导都会把他们带到S40所在的精磨间参观，久而久之，S40成了公司对外宣传的一个窗口，她的岗位逐渐成了领导心目中的放心岗位，她所带领的班组也成了放心班组。

拥有美好的梦想,就能创造梦想成真的美好。李淑团喜爱读书，喜好追梦，喜欢思索，她在公司拳头产品的拼合式气动量仪零件加工中，一举攻克了关键零件“锥度玻璃管”的加工技术难关。众所周知，QFB/15锥度玻璃管是气动量仪的关键零件，浮标在其中悬浮并上下移动，锥度玻璃管的精度直接影响着浮标的稳定性。锥度玻璃管有1000倍、2000倍、5000倍和10000倍四种规格，要求内壁平滑过渡，保证良好的直线性。它是把半成品玻璃管穿到加工好的芯杆上，通过喷灯高温加热再冷却拉制而成，因手工操作以及玻璃膨胀收缩受外界温度影响，废品率很高，芯杆的精度直接决定了锥度玻璃管的精度。她经过不断摸索、反复试验，最终大胆创新出了以磨代研的技术革新，既解决了精细加工中的难题，又每年为公司节约资金50余万元，还填补了国内以磨代研的“锥度玻璃管”的加工技术空白。

高尚的精神境界，必然成为鼓舞人、感染人、带动人的正能量。在李淑团的人生字典里，写满了敬业与爱岗的词汇，这些词也成了她勤奋工作的真实写照。她兢兢业业，无私奉献，视厂如家，每年都以超额完成200%的工作任务量，既受到了历届公司领导和卢学郎董事长的称赞，又赢得了全公司员工及客户的一致好评。而荣誉等身的她始终把自己视为普通的员工，常常自律：“虽然自己是一个普通的车间工人，可能不会像高学历、高技能的人才那样有着不凡的事业和业绩，为厂里作出多么杰出的贡献，但我的梦想就是脚踏实地地把每一项岗位技能练好，把每一个产品做细、做精、做到最好，全力以赴完成公司下达的各项任务。同时我也深深体会到，一个人的技能再高，他创造的效益也是有限的；一个人表现再优秀，他施展的影响也是有限的。然而，当一个人不遗余力、持之以恒、毫无保留地把自己的知识和技能传授给他人，并将这种无私奉献的精神传扬下去的时候，就会产生无法估量的影响。”为此她尽心尽力带好每一个徒弟。她在30多年里先后“传帮带”出了30多个德才兼备的好徒弟，既把先进的技术技能传授给了他们，又使他们成了“中国智造”的中坚力量。

“中国梦·劳动美”的主旋律，一直是李淑团品质优良、技术高超、爱岗敬业的精神动力。30年来，她凭聪颖的天赋和勤奋的学习，不仅成了全公司磨工中独一无二的技术标兵，在每次举办的技术比武和劳动竞赛中总是稳拿第一，而且每年的合理化建议都得到了企业采纳和实施，平均每年都能为企业带来数十多万元的经济效益。在她工作的30年里，车间领导换了一任又一任，分配员也换了一茬又一茬，同事也来来走走，她却一直在坚守自己的岗位，服从分配，无论零活整活，从不挑肥拣瘦，从不抱怨，以完成任务为首要任务，经常加班加点，舍小家为大家，始终把公司利益放在首位。正是因为有了这种忘我的工作精神，她每年都是超额完成定额任务，并保持稳定在200%以上。而她忙碌的工作之余，身为儿媳、人妻、人母的她，对双方父母极尽孝道，对丈夫呵护有加，对儿子精心培养。她的无微不至的关爱和付出，使双方父母身体安康、幸福快乐。在与周围的邻里相处中，她乐善好施、团结和睦，无论谁家有个大灾小难、红白喜事，她必然亲自到场并给予帮助；在与同事们的相处中，无论谁遇到了什么困难，她都慷慨相助，逢年过节或是星期天，她常常把徒弟们请到家里来聚聚，聊聊家常，给他们做顿好吃的饭菜，让身在异乡的他们感受到了家的温暖。其中，徒弟李峰伟的家里条件比较特殊，父亲常年卧床，经济方面拮据，她就经常去他家里慰问，尽自己的能力去帮助他，给他带去温暖……

作为新时代的女性，她身担工作、家庭和社会的多项责任。为此，2014年春节前夕，三门峡市电视台记者慕名而来，对她的事迹作了感人的专访，他们所录制的《身边的感动》节目，在三门峡市电视台滚动播出一年有余；2014年6月，她应三门峡市总工会的邀请，到总工会举办的道德讲堂做客时，结合自身的经历，讲述“爱岗敬业，奉献忠诚”的身边事，她的事迹成了教育和影响一大批有志青年的催化剂。而李淑团却谦逊地说：“作为一名老党员、老模范、老职工，我深知自己的每一步成长都离不开企业，而企业的每一步发展也离不开全体员工的齐心努力。成绩只代表过去，未来的路还很长……”

2017年，她用获得的奖金在公司成立了劳模基金，用它奖励公司的创新技术人才，让劳模精神、工匠精神在公司发扬光大，传承下去。同时在公司生产一线的七个工种里，评出了七位“量仪工匠”并给予现金奖励，激励他们不断提高专业技能知识，为中国制造崛起而努力奋斗。

祁兴磊

祁兴磊，现任泌阳县畜牧技术服务中心农业技术推广研究员。他参加工作39年来，积极发挥共产党员的先锋模范作用，历时21年持续攻关，繁育出中国第一个具有自主知识产权的肉牛品种——夏南牛，主持制定了夏南牛国家标准，让夏南牛成为中国主推肉牛品种、河南省的特色产业，被誉为“夏南牛之父”。

一、坚持理论武装，争做忠诚于党的“老黄牛”

作为一名有着30多年党龄的老共产党员，祁兴磊同志思想坚定，始终与党中央保持高度一致，始终认真学习马列主义、毛泽东思想、邓小平理论、“三个代表”重要思想、科学发展观和习近平新时代中国特色社会主义思想，认真学习宣传贯彻党的十九大精神和十九届二中、三中、四中、五中、六中全会精神，坚持党的领导，坚定党的信念，模范履行党的义务，保持共产党员的先进性，积极践行群众路线，能够树牢“四个意识”、坚定“四个自信”，做到“两个维护”。努力提高自身理论水平，制定学习计划，落实学习任务，提高学习的针对性和学习效果，在工作和生活中起到了一个党员应有的模范带头作用。

二、坚持履职尽责，勇当干事创业的“拓荒牛”

1982 年，21 岁的祁兴磊从信阳农业专科学校毕业，婉言谢绝了留校任教的机会，毅然回到泌阳县老家，在县畜牧兽医工作站当上了一名专业技术干部。白天，祁兴磊和同事深入乡村了解畜牧业生产情况，为养殖户提供现场指导，传授牲畜养殖和疫病防治技术；晚上，他俯身灯下，潜心钻研学问，充实自己。

1986 年，祁兴磊积极响应省委、省政府号召，和他的科研团队一起承担了河南省畜牧局下达的“南阳牛导入夏洛来牛培育肉用新品种”科研项目。1988 年，河南省畜牧局把泌阳县确定为“南阳牛导入夏洛来牛培育肉用新品种”项目县，祁兴磊成为项目实施的主持人，同年祁兴磊同志光荣加入中国共产党。

为了育种项目顺利实施，他常年奔波在全县各改良站点、改良小区和养牛户之间，白天同牛打交道，晚上和同事们打地铺睡在当时只有几间破瓦房的羊册镇家畜改良站，不论严寒酷暑，不分春夏秋冬，连年重复着枯燥无味的工作。靠着坚持和恒心，祁兴磊和他的团队创造出了中国第一个肉牛品种——夏南牛，改变了中国没有肉牛品种的历史。2007 年 6 月 29 日，农业农村部宣告中国第一个肉牛品种夏南牛在河南省泌阳县诞生！

如今，夏南牛产业已经在泌阳县成为一项特色支柱产业。已向全国推广 200 多万头活体夏南牛、800 多万剂夏南牛冻精。截至 2020 年，泌阳县夏南牛存栏 38 万头，出栏 22 万头，夏南牛业产值逾 130 亿元，形成了育种、种牛繁育、生产育肥、屠宰加工、深加工产品的生产、商贸物流为一体的全产业链发展模式。带动 10

万人就业，成为带动农户增收、助推县域经济发展、促进乡村振兴的第一支柱产业。夏南牛已成为中国主推肉牛品种，河南省的特色产业，列入国家大别山革命老区振兴规划，2015 年成为河南省 25 项重大经济发展战略之一，推广到全国 20 多个省区市。

2015 年，祁兴磊光荣当选为“全国先进工作者”，受到习近平主席、李克强总理等党和国家领导人的亲切接见。2019 年 8 月，历时39年坚守,祁兴磊同志被评为2019年全国“最美科技工作者”。

仪式现场的颁奖词这样形容祁兴磊:“你吃的是草，挤出的是奶。一路牧歌，唱不尽你辽阔的胸怀；茫茫草原，你把青丝献给风雨；需要探寻一个真理，倾情守望，你把奔波献给远方，去开创生命的荣光。有多少寂寞清苦，胜却人间繁华无数，有多少摸爬滚打，就有多少平凡中的伟大。”

祁兴磊，这位有着 30 多年党龄的老共产党员，用自己的实际行动，诠释着共产党人“全心全意为人民服务”这一最高宗旨。

三、不忘初心，甘当为民服务的“孺子牛”

2015 年，祁兴磊主动辞去泌阳县畜牧局党政职务，退出了公务员身份，专心致志做好夏南牛研究与推广，为做大做强夏南牛产业继续努力。他先后主持实施夏南牛培育、夏南牛选育提高、新品系培育等省级以上科研项目 20 余项，产生社会经济效益 100 亿元以上。获得市级以上科技进步奖 15 项，其中国家科技进步二等奖 1 项，省部级一等奖 4 项。主持制定了《夏南牛》国家标准和《夏南牛饲养管理技术规范》地方标准；出版发行《夏南牛》《建一家赚钱的肉牛育肥场》和《夏南牛饲养管理实用技术》等科技书籍 5 本；发表科研论文 72 篇，获实用新型和发明专利 22 项。主持推广《肉牛高效育肥》《夏南牛高效繁育》等先进实用技术 21 项，累计产生社会经济效益 50 亿元以上。目前，夏南牛及其冷冻精液已推广到全国 27 个省市区，数量 1100 多万头剂。泌阳县 2020 年的夏南牛业产值突破 130 亿元,成为县域经济的支柱,从业人员 20 万人以上。

祁兴磊说:“我这一生注定与牛为伍，上半生育成了夏南牛，下半生将全力推广夏南牛，把夏南牛培养成中国名牌，使养殖者发家、经营者受益，让全国人民都能吃上物美价廉的夏南牛肉。”

陈晓磐

陈晓磐同志充分发挥党员的先锋模范作用，长期扎根农村，把群众当亲人、把岗位当事业、把他乡当家乡，在基层社会治理、乡风文明、美丽乡村建设等方面作出了突出贡献。其事迹被编成坠子《好民警陈晓磐》、豫剧《知心人》、歌曲《好人警官》、微电影《连心结》等。

一、拿出“绣花功夫”，解决群众所急所盼

陈晓磐同志自 2000 年军转入警后，于 2005 年由机关下沉至条件艰苦的皇帝庙派出所工作，2007 年请缨分包大袁警务区，成为驻村民警。大袁村地处偏僻，辖 14 个自然村，居民 2893 户，10000 余口人，社情复杂，安全隐患多。当时，纠纷、案件、上访“三不断”的乱象高发，群众的安全感和满意度几乎为零。

上任伊始，为根治顽症，他主动把“家”搬到了大袁村。他拿出“绣花功夫”，迈开“铁脚板”挨家走访，用 8 个月累计步行 1000

余公里，将全乡 8948 户 11029 处院落全部走访了一遍。一条条问题梳理出来了，一个个建议群众提出来了，他深感群众的所思所盼，可是一个人的力量毕竟有限，关键时刻还得依靠村“两委”的力量，发动党员行动起来，紧扣“民意”，解决群众所思所盼。几个月后，大袁村党支部带头，发动党员群众疏浚淤塞的河道、用煤渣修填 3 公里的主路等，解决了群众出行难的问题；随后又筹资 4 万余元建起文化广场、清理污水垃圾等，很快使村容村貌大变样，这让群众看到了希望。

针对留守儿童安全问题，他于 2009 年年初捐资成立了“陈晓磐留守儿童温馨家园”，使 200 多名留守孩子从此多了一位“警察爸爸”。他将自费制作的 8000 多枚警民“连心结”免费发放，上面印上自己的电话，方便群众联系。不论深更半夜，还是刮风下雨，他接到电话总会以最快的速度赶到。“连心结”成了村民的“护身符”，陈晓磐成了群众的知心人，村民有事都会想到“找晓磐聊聊”，因为大家相信“有困难找晓磐，找到晓磐不作难”，晓磐是“新时代的活雷锋”。成为驻村民警 13 年来，陈晓磐唯一的交通工具就是两辆现已被他骑报废的摩托车，行程 69000 多公里，相当于绕地球一圈多。由于长期骑摩托，他的腿患上了严重的关节炎，夏季再热都得穿着棉秋裤，脸部也因为常年吹风有些轻微面瘫。

如今的大袁警区，不仅修了水泥路、盖了新学校新村室、用上了天然气，还建起带电梯的新社区，村民住上了别墅，荣获漯河市“文明村镇”和临颍县“环境生活宜居村”等美誉。

二、践行“枫桥经验”，创新基层治理

针对辖区 40 多起上访积案，陈晓磐充分发挥党员不怕苦、不

惧难、敢于啃硬骨头的精神，犹如能工巧匠一般，情理交融、精雕细刻，找准纹路出奇制胜，积案被全部化解。今年 84 岁的袁殿卿老人曾因宅基地纠纷非正常上访 12 年，陈晓磐了解后，屡次沟通，最终为他划清了边界、解开了心结。为此袁殿卿坚持义务为警务室打扫卫生至今。陈晓磐实践得出的“三问三访六到位”经验，被全省加以推广。针对“小案件、小纠纷、小信访”等易发问题，他紧扣“一村一警”发扬“枫桥经验”，立足村民“德治、法治、自治”，发动党员、群众代表牵头成立了巡逻、宣传等“五支队伍”，建起了“警民联动调解工作室”，办起了法治宣传黑板报，编写一百句《农村安全防范顺口溜》，开展群防群治。他坚持“脚板 + 科技”，积极打造“微警务信息网”和“治安立体防控网”，形成“五步双网”的警务模式，实现了“矛盾不上交、平安不出事、服务不缺位”。累计抓获逃犯、盗抢吸骗等嫌疑人近 200 人，处理各种报警求助 6000 多件次，其中消除安全隐患 3000 多个、预防化解各类矛盾 1000 多起。连续多年保持了零上访和一般以上刑事案件零发案，大袁村被评为“河南省十佳民主法治村”。

三、弘扬传统美德，倡树文明新风

为破除辖区存在的“迷信盛行、孝道滑坡、是非模糊”等不良现象，陈晓磐坚持社会主义核心价值观，大力弘扬“科学、孝道、和谐”三种风气，建成了“农村大讲堂”播音室。进行早中晚三档播音，内容从道德、法律、党史、国史等讲起，连续讲了 10 个多月，引起了村民的极大兴趣。还将道德法治写进群众喜闻乐见的戏曲，在村里不定时演出。成立了 400 余人的“新时代警务志愿服务队”。为给好人加油，2009 年他拿出积蓄设立了“警务室身边好人评选”基金，2018 年又把公安部给他的 5 万元英模奖金注入。对支持政府工作的好乡贤、好媳妇等进行大力表彰，已评了 6 届 91 人，其中 26 人成为县市级道德模范，并将他们的事迹写到新建的村史馆中，以营造崇德向善、见贤思齐的良好氛围。

自 2008 年起至今连续 13 个除夕，他都将平时省下的生活费，分成 50、100 元不等的几十个红包，送给孤寡残困村民及评选出的身边好人，及时把党和政府的温暖关怀传递给他们。

四、抗击疫情，发挥先锋作用

面对突发的新冠肺炎疫情，陈晓磐不顾个人安危率先垂范，自大年二十九就坚守一线，坚持辖区巡逻，宣传防疫知识，及时劝散或清理小牌场、小酒场、小聚会等聚堆人群；自掏腰包购买了价值 8000 余元的消毒液及酒精、口罩等防疫物品分送给辖区 10 个村委和武汉某军队高校；还积极协调多位爱心人士为辖区一线防疫人员捐献了价值近万元的防疫物资等。冒风雪战疫情奋斗了近 2 个月，他皮鞋磨破了，衣服穿脏了，头发长长了，也花白了。疫情防控刚稳定下来，他又积极投身到保障辖区复工复产、复学复课、增产增收以及维护治安稳定等新的重点任务上来。

多年来，他累计捐款 20 多万元，然而他却甘守清贫，至今还穿着 19 年前买的内衣，家具也还是从部队转业时添置的。

群众事无小事，正是秉持着共产党员全心全意为人民服务的宗旨，坚持以人民为中心，想群众之所想，急群众之所急，陈晓磐同志在平凡的岗位上，作出了不平凡的贡献，充分展现了一名共产党员甘于奉献、无私无畏的崇高境界。

韩宇南

韩宇南是河南省周口市税务局驻太康县马厂镇前何村第一书记。2015 年，他主动请缨到前何村担任第一书记，为支持他全心投入扶贫工作，妻子潘丽英毅然放弃了城里的优越生活，甘当一名志愿者，搬进村里同他一起投身扶贫事业。韩宇南的驻村工作也得到了各级领导和村民们的大力支持和赞扬，他先后获得“全国脱贫攻坚奖贡献奖”“河南省脱贫攻坚奖贡献奖”“河南省优秀驻村第一书记”等称号。在 2021 年央视春节联欢晚会上，韩宇南代表全国驻村第一书记“向祖国报告”。

一、从质疑到信任，一条路开启一扇门

前何村地处豫东南一个偏僻的角落，全村 607 户 2329 人中贫困户就有 173 户 822 人。进村的第一天适逢一场大雨刚过，村中到处都是烂泥塘，一个水坑连着一个水坑，小学生上学要靠大人背着艰难跋涉，韩宇南是遛着墙根儿进村上任的。修路是乡亲们最渴盼解决的难题，也是他作为第一书记走马上任面临的首要任务。可垫路的土从哪里来？钱从哪里凑？当他在全体村民大会上征求意见时，原本热闹的会场变得鸦雀无声。会后韩宇南就一家一家走访，村里的老木匠何富金说：“村里修路弄了好几回了，都没弄成。你一个外来户凭啥本事能给我们修成？”村民不服气，他也不服输。一天，周翠萍老大娘拉着他的手说：“韩书记，俺都 80 多了，在俺闭眼之前，还能不能看到咱修的路啊？”他说：“大娘，一定能！”

看到群众的期待和信任，韩宇南暗自较劲，既然来了，就要为乡亲们干点事儿！就要干出个样子来！为了筹钱，他和村干部反复研究，为了公平，让临路的群众多出钱，其他的群众少出钱，这次大家都没了意见，很快捐资 2 万多元。钱的问题算是解决了。劳动力不足，他就领着村干部一把铁锹从早干到晚。村民说："韩书记都亲自干了，咱还等啥？走，拿着家伙上工地吧！"全村大人小孩全部出动，附近打零工的村民也回来帮忙。当时正值寒冬，共出动 1100 多人次，挖土 800 多车，终于垫平水洼，铺平道路。一条路连通一街两行心。乡亲们走在平坦的大路上，向他竖起了大拇指。这件事也让他真切地体会到，只有用实干、用真情才能取得群众的信任，才能让群众跟着一起干。接下来，在省市县领导的大力支持下，他又为村里争取各项资金 2000 多万元，改善基础设施、发展产业项目……

二、从输血到造血，一片丹心上下求索

带领村民精准脱贫，是韩宇南时刻挂在心头的职责，但要真正脱贫，产业是支撑。然而，在基础薄弱的农村发展产业谈何容易？通过考察选择辣椒种植项目后，群众却不愿意种。为了打消群众的顾虑，韩宇南通过多方努力签订了"公司＋农户"订单合同，但是群众仍然不相信，连买辣椒种子的钱都不愿意出。原来群众害怕再像前些年种菠菜一样，种出来了卖不掉，浪费气力还赔钱。为了让大伙儿放心，他说"买种子的钱我出，赚了是你们的，赔了算我的"。韩宇南自掏腰包 5 万多元，购买了 180 亩辣椒种子。有人笑话他说"你这是疯子的想法，傻子的做法"。当时他说：为了前何村早日脱贫，我就是要"疯着干"；为了村民有福气，我就宁愿冒"傻气"！

这年辣椒喜获丰收，亩产增收 4000 多元。种辣椒成功后，他们又采取了一系列增收措施，确保有劳动能力的贫困户有一个以上产业增收项目；有培训意愿的贫困户掌握一门以上就业创业技能；有能力就业的家庭至少有一人有工资性收入，引领 800 多人外出务工，78 人在扶贫车间就地增收。种植迷迭香 300 亩还套种了梨树，又建 36 座温室大棚种植了蜜瓜。有了产业项目，老百姓的腰包鼓起来了，脸上的笑容多了，发展生产、勤劳脱贫的劲头更足了。2017 年前何村顺利退出贫困序列。

三、从反对到追随，携手扶贫比翼齐飞

韩宇南的妻子潘丽英退休后来农村志愿扶贫。想当初，韩宇南要到贫困村去扶贫，她一百个不情愿。她说："你从小在农村长大，现在好不容易来到城市，再说咱父亲都 80 多了，要是有个好歹，可咋办？"

不久，她在韩宇南的微信朋友圈看到前何村一村民房屋失火，他站在着火的房顶灭火，她心疼地哭着给他打来电话："你不要命了，要是掉到火窝里可咋办？"她很担心他的生活和身体状况，和家人商量后来村里照顾他。她来到村里很快就融入这个大家庭，组织妇女们编藤椅织渔网增加收入，还自任教练组织成立舞蹈队丰富村民文化生活。他俩把村里的孤寡老人和留守儿童像亲人一样照顾，6 年来爱心帮扶累计 2 万多元。每年大年除夕，他俩都在村里与孤寡老人一起过春节。

庚子新春战疫情，韩宇南和妻子与村民一起日夜坚守在卡点，她为抗疫人员做饭并亲自送到抗疫前线。她说"前何村就是俺的家，村民就是俺的亲人"。以他俩的事迹制作的视频《驻村夫妻》被作为

“精品党课”入选全国党员干部现代远程教育课程。

如今的前何村，路宽了，灯亮了，人精神了！打了机井，建了桥梁，架了高压，农民体育广场建好了，扶贫车间开工了，光伏电站发电了，小学教学楼建起来了，自来水、电力、宽带户户通，天然气也入村了，村民的获得感、幸福感大大提高。前何村由一个昔日的贫困村变成一个文明村、平安村、卫生村、产业富民村、美丽宜居村、党建示范村。

韩宇南说：“如果说第一次驻村是听从党的召唤，第二次驻村则是我的使命、责任和担当，今年看到乡亲们再次联名挽留我的红手印，我再次向组织申请了第三次留任驻村第一书记，并向乡亲们承诺：前何不富，不回税务，不获全胜，决不收兵！”

罗传周

罗传周早年在大连打工创业，致富后不忘回报家乡、回报社会，积极参与家乡建设，特别是担任白沙关村党支部书记以来，他不忘初心、牢记使命，强支部、解矛盾，兴产业、办旅游，增加了村民收入，促进了群众脱贫。他先后荣获“全国劳动模范”“2018 年全国十大杰出村官”“信阳市优秀共产党员”“十佳村党组织书记”等称号。

一、只身外出创业，致富不忘初心

新县陡山河乡白沙关村是罗传周的老家，地处偏远山区，山多地少。20 世纪 90 年代，这里交通不便、信息闭塞，人均不到三分地，当地群众日夜劳作才勉强温饱。当时不满 17 岁的罗传周因为家境贫寒不得不背井离乡，只身到大连闯荡，梦想着通过奋斗去改变自己命运，改变家乡面貌。

初到大连，他无经验、无手艺，从最辛苦的搬运工干起，微薄的收入、脏累的劳动并未磨灭他的斗志，为了能够攒下足够的创业本钱，最初的 7 年他都没舍得回家一趟。由于他为人诚信，头脑灵活、敢想敢干，几年下来他带领着一帮年轻人，组建了施工队，成立了公司，凭借出色的工作、良好的信誉，赢得了业界认可，最终在大连闯出了一片天地。

创业成功后的罗传周，致富不忘本。1999 年，当他回到阔别 7 年的家乡，看到村里连一条像样的公路都没有时，就带头捐款 8 万元，修了第一条通村水泥路。在接下来的几年里，他先后捐款捐物 80 余万元，用于家乡修路、助学、救助孤寡老人和困难家庭等。在他办公室的抽屉里，现在还整齐摆放着 200 多封贫困学生寄给他的感谢信。

作为一名共产党员，他对弱势困难群体的帮扶，并不局限在家乡。在大连打拼 20 多年里，他帮助农民工调处维权 90 余起，争取和追回补偿金 1000 余万元。带头捐助 120 余万元，救助帮扶大病、特困农民工 100 余人次。2010 年年底，许多信阳籍农民工为了在年关多挣几天钱，耽误了购买返乡车票，得知情况后，他想方设法协调购买 400 多张火车票，并在信阳站安排大巴送他们回家，为此，个人花费 10 余万元。他总说："碰到别人有困难，我总觉得有义务去帮忙。"

二、返乡勇挑重担，倾心当好头雁

白沙关村曾是新县出名的软弱涣散村，村班子不团结，决策不民主，群众意见大，上访问题多。如何扭转这一被动局面，成为当地乡党委的“心病”。2014 年年初，乡党委多次找他，希望他回村任职，挑起这份重担。而那时他的公司正处于快速发展期，但在乡党委多次动员和乡亲们热切期盼下，他最终选择了返乡担任村支部书记。

让乡亲们尽早脱贫致富，是罗传周决定返乡的初衷，也是上任时对群众的承诺。然而困难远超想象，破旧的村部、60 多万元的外债、几乎为零的集体经济、积压的信访矛盾等等，让他一筹莫展、辗转难眠。该如何破局突围呢？在深入了解民情民意后，他决定从“私卖几千亩山场”这一突出信访问题入手，从 400 多名群众最亟须解决的出行难问题做起。

定了就干，2014 年，他不顾家人反对，拿出 300 多万元将山场高价购回，又投资 107 万元硬化 5 个村民组的道路，收回了长期被占为私有的水库和集体茶场,重新公开对外承包。几件事做下来，党员心气顺了,群众对村班子信心也足了。村里一位陈姓老党员说：“本来谁来当支书，都会有不少人反对，但是传周回来当支书是真心为群众办实事的，大家都支持，事实证明我们没有看走眼。”

千道理万道理，让群众受穷没道理。但村集体没有收入，还欠着巨额外债，接下来到底该怎么发展，群众再次把期盼的眼光投向他。此时，一些亲朋好友开始劝他：“现在村里也理顺了，该办的事也办了，也算是对乡亲们有交代。村里底子这么差，再干下去也干不出什么，总比到时候群众对你失望强。”但他不想当“逃兵”，村里没资金，他就到处整合资源、协调争取项目；村里没产业，他就带头引导群众发展。短短6年，先后协调争取项目资金5000多万元，新建文化广场5个，硬化村组道路10余公里，整修了全村所有的库塘堰坝，修缮提升白沙关万人暴动等多处红色遗址，重点建设了“一路一果一品味”的产业观光路。如今的白沙关村，整体面貌焕然一新，基础设施配套完善，产业发展也初具规模，村集体经济年收益达10万元，先后获得“中国美丽乡村百佳范例”“中国传统古村落”等多项殊荣。

三、践行“两山理论”，逐梦乡村振兴

近年，新县提出发展全域旅游，打造“九镇十八湾”的发展理念，这让罗传周深受启发。为高质量打赢脱贫攻坚战、推进乡村振兴，一个大胆的想法又在他心里酝酿：带头发展旅游产业，把家乡的“绿水青山”变成群众的“金山银山”。

2017年，在充分考察论证的基础上，他注册成立新县武占岭生态旅游服务有限公司，依托白马山至刘湾村沿途优美的自然风光和天然河流资源，规划建设武占岭生态旅游度假区，开发以漂流为主的多种旅游产业项目。该项目总投资10亿元，目前投资2.20亿元的一期项目已建成并投入运营，2020年首次游客接待量达20万人，收入3000万元；预计到2022年，年游客接待量将达50万人次，旅游总收入将达8000万元。项目运行以来，先后带动周边223户贫困户脱贫致富，3000多名群众实现了在家门口就业创业，也为新县发展全域旅游、助推乡村振兴探索出了一条新路子。

时至今日，仍有不少人说罗传周有点傻，放着外面好好的事业不干，回来遭罪。但是罗传周却说：“把家乡建设好、带领乡亲们

共同富裕，这是我当年外出务工时就有的梦想，也是我入党时的初心。这几年虽然苦点累点，但看到家乡越来越美、村民越来越富，比我赚多少钱都值！”

李俊贤

李俊贤是中国火箭推进剂创始人之一、聚氨酯工业奠基者之一，中国工程院资深院士，我国著名的化工合成专家，黎明化工研究设计院原院长兼总工程师。工作60余年来，为研制火箭和鱼雷推进剂，他脚踏实地，在艰苦的环境中默默付出几十年；他具有超前的敏锐性和洞察力，开创国内聚氨酯产业，打破垄断引领军民融合转型。李俊贤一辈子勤俭节约，在90岁高龄时捐赠毕生积蓄300万元设立博士创新基金和困难帮扶基金，被誉为“国家腾飞的助推剂”“国家精神的造就者”。

一、对党忠诚，爱国报国

李俊贤同志始终坚持爱党爱国，实践科技报国理想，奉献、贡献、捐献是他的人生主线，他用毕生努力实现了爱国之情、强国之志、报国之行的统一。在李俊贤的心里，祖国的需要是最高追求，为国担当是人生信条。20世纪60年代初，我国决定发展国防尖端技术，安排了“两弹一星”及其推进剂的研制任务。1966年，李俊贤从北京化工研究院赶赴大西北青海，在青海省一个山沟里筹建黎明化工厂，仅用一年半时间，就完成了中国第一套火箭推进剂量产，保证了“两弹一星”的顺利上天。在青海，李俊贤一待就是16年，从不谈困难，从不想自己，宁愿拼上命也要为国家争口气。

二、敢于创新，勇攀高峰

“要搞就搞世界一流的”。李俊贤认为，只有创新，才是科研工作者的灵魂。身为科技工作者，李俊贤几十年来养成了不断创新的思维方式和工作习惯，他始终将科研目标锁定在国际先进水平，锁定在满足国防科工事业创新发展的需要。20 世纪 70 年代初，中国海军服役的某型热动力鱼雷以煤油、压缩空气为推进剂，技术指标远远落后于发达国家。李俊贤研发出国际先进水平的鱼雷“796 燃料”,使鱼雷在航速上比原来快了一倍以上。继偏二甲肼、“796 燃料”后，李俊贤领导黎明院又先后完成了主要用于卫星和飞船增速入轨的一甲肼，用于“神舟”系列飞船升空使用的高氯酸铵固体氧化剂等一系列高难度科研项目。改革开放后，李俊贤响应国家号召，开中国聚氨酯材料研制先河，形成一批从关键原料到制品生产的成套技术。

三、甘于奉献，勤奋严谨

在服务“两弹一星”的工作中，李俊贤坚决服从组织安排，毅然舍弃首都舒适生活，走进生活条件异常艰苦的高原深处。他对数据要求十分严格，善于发现别人难以发现的问题，找出深层次原因，提出解决方案。多年来，李俊贤加班加点，节假日无休，加班的时间几乎相当于一个人正常工作 20 年。作为九旬老人，李俊贤至今还习惯每天早上到办公室转转。他用自己的实际行动践行着入党誓言，发挥着共产党员的先锋模范作用。

四、淡泊名利，心怀高远

李俊贤对权位和名利看得很淡，从未为子女的职位升迁、岗位调换等家事向组织开过一次口。他生活十分简朴，家里那辆1953年的飞鸽牌自行车，他从北京带到青海，又从青海带到洛阳，单位要给他配专车，也被他拒绝。在个人待遇上从不向组织提任何要求，不允许家人使用公家物品或借助自己谋取任何利益。他生活上抠门，却在支持科技创新和培养人才上非常大方，为了国家和企业发展,他捐赠毕生积蓄300万元设立博士创新基金和困难帮扶基金，助推创新发展，帮扶困难同事。

鉴于科研的突出贡献，李俊贤曾十余次获得省部级以上表彰、奖励，其中：1978年3月，全国科学大会授予“作出重大贡献的先进工作者”奖状；1987年4月，中华全国总工会授予“全国优秀科技工作者称号和五一劳动奖章”；1989年9月，国务院授予“全国先进工作者称号”并颁发奖章；1997年，当选中国共产党第十五届全国代表大会代表；2014年11月，中组部授予“全国离退休干部先进个人”荣誉称号。

社会各界也给予李俊贤较高荣誉。李俊贤先后获评“2018年度中国石油和化工全行业影响力人物”、2018“感动中原”十大年度人物、河南敬业奉献类好人、洛阳市道德模范、最美洛阳人等。

李俊贤的突出贡献、先进事迹和崇高品质受到党和国家领导人、中央媒体和全国人民的高度关注和认可。2011年年初，时任中共中央政治局常委李长春、贺国强对《新华社内参》报道的李俊贤的先进事迹作出批示，要求大力宣传李俊贤的先进事迹，贺国强称赞李俊贤“是我国火箭推进剂的创始人，是中国火箭推进剂的功臣”。2011 年 3 月、2018 年 6 月，中宣部先后两次发文，统一部署新华社、《人民日报》、《光明日报》、中央电视台、中央广播电台、《经济日报》、《工人日报》等中央主流媒体对李俊贤院士贡献、奉献、捐献的先进事迹进行了集中报道，在全国引起较大反响。

靳月英

靳月英 1942 年参加革命，历任村妇联主任、副大队长、副社长、副乡长和村党支部委员。多年来，靳月英同志从拥军支前到帮贫济困、捐资助教，带领群众开山造田、植树造林，始终坚持把群众利益放在首位。作为拥军模范代表、全国绿化先进人物，靳月英受到中央领导人亲切接见，曾获得“全国拥军模范”“全国绿化模范”“全国劳动模范”“河南省优秀共产党员”等百余项荣誉，其事迹两次被编入中学生教材。

在拥军支前上，她始终以一个普通共产党员对党不变的真挚，对群众不变的职责，实践着自己入党时不变的诺言，以她永远不变的追求，铸造了不平凡的一生。抗战支前时期，她把一双双用家里仅有的破棉被、烂衣衫赶制成的军鞋、鞋垫亲自送到战士手中，把自己靠挖野菜、吃树皮节省下的口粮送到前线，她唱着“腿跑断，肩磨烂，3 岁小孩来抗旱，打下粮食支援前线”的顺口溜动员老百姓抗旱种田。解放战争时期，人民军队物资保障条件相对改善，按说靳月英也该歇歇脚了。可她不，这些年她的心已经与军队融在一起了，不给军队做点啥，她就会觉得心里不踏实。她常对人说：“咱啥时候也不能忘记当兵的，他们守大门苦啊，要是没有他们站岗放哨，咱老百姓在后方啥也别想干成。”中华人民共和国成立后，靳月英还像战争年代一样，每年都要给军队送鞋垫，有时几百双，她一个人缝不完，还动员全家缝，动员亲戚缝。把缝好的鞋垫规规矩矩地放在箱子里，等八一节送到军营后，她才放心去干别的活儿。后来她便用自己的抚恤金买些茶缸、毛巾、保温杯、高压壶送到部队。这种对党的永恒的爱，对人民军队的爱，是深沉、纯洁、无私、博大的。

在帮贫济困上，她常年拥军、助学，接济贫困户、五保户，给敬老院送生活物品，给灾区捐钱捐物，给劳动工地的民工送米、送菜、送汤、送饭。这些钱全是她上山割草、挖药材、摘酸枣卖一点点积攒的。有一次，她背着一大捆草下山时，突然被一阵旋风连人带草卷起来甩下山坡。要是甩到深沟里，别说活命，尸体都不好找。幸好她背的草捆被两棵小树卡住了，她抓住捆草的绳子一点点往上爬，磨得满手是血。衣服也被山上的石头挂烂了，露出的皮肤被挂得往外浸血，但总算保住了一条命。就是这样用命换来的钱，靳月英也总是慷慨捐助别人，可对自己她却吝啬得不得了。她身上的衣服没有离开过补丁，一件蓝上衣破得不能再补了，她还舍不得扔，是儿媳妇硬给收走了，她才换了一件；脚上穿的袜子经常是一只这颜色一只那颜色。她身上唯一值钱的衣服是 1984 年去北京参加全国拥军模范大会时做的。有一次她摘槐米不小心从一丈多高的树上摔下来，跌得腰部骨折，一直疼得她不能下地，但她心疼钱，一直拖着不去医院。靳月英就是这样一个人。有人说，靳月英做好事都有点痴了，但靳月英却说，不管是“痴”还是“呆”，只要自己做事能对得起党、对得起群众就心安了，管别人咋说哩。

在捐资助教上，靳月英是从旧社会走过来的苦命人，贫穷剥夺了她上学的权利，她用自己的一生总结出了“没文化不行，有文化社会才能进步”这样一个道理。靳月英经常给村里的小学生买些作业本、铅笔，她对学生说：“我也没有啥给你们的，买点本、笔是我的一点心意。你们要听老师的话，好好学习，多长见识，没文化啥也干不成。”黄洞乡中学就在靳月英家的旁边，每年教师节，她都要买些茶缸、毛巾之类的日用品送给学校老师。她先后帮助该村及周边的20多个失学小牛倌、放羊妮重返学堂完成学业，悉心照料五保户、贫困户20多家，帮助本村6户军属脱贫致富。虽然她所做的这些事都不是惊天地的大事，但每一件小事都滋润了群众的心，正如细细的春雨，让群众从这些小事中感受到了党的温暖，看到了一名党员的高尚和无私。

在荒山绿化上，1984年，靳月英到北京开全国拥军大会，一路上看到的山都郁郁葱葱，而对比家门口光秃秃的山岗，年近七旬的她再也坐不住了，从此，家乡那座座山头就再也没有离开过她的身影。在荒山上刨坑植树，不要说老太太，就算浑身力气的壮小伙都会吃不消，碰到土厚点的地方还好说，要是运气不好，刨到岩石上，碎屑横飞、虎口发麻不说，手中的镢头弄不好也要震飞。如果说石头缝里刨坑是“蚂蚁啃骨头”的话，那给新植的树浇水更是难上加难。山上没水，只能从山脚自家的水井里提。身材瘦小的靳大娘在家提一桶水都吃力，现在要用扁担挑两桶水上山，实在是力不从心，靳大娘不得不边走边喘气。然而靳月英就是不信邪，她在石头缝里填土植树，一棵一棵悉心照料。就这样植树造林一坚持就是20多年，当年栽植的幼苗已郁闭成林，经济林已果实累累，每到花椒、柿子、核桃等果品采摘期，靳月英就会带领群众上山采摘，增加群众的收入。多年来，她带领家人和“靳月英八一造林队”四代人在 8 道山梁种下了 20 多万株树，当年 3% 的绿化率，提高到了今天的 36.60%。

太行山没有忘记这位为它倾注了一生心血的老人。为了让她的事迹永传后世，为了让更多的人从她身上汲取力量，淇县人民在巍峨的太行山上，在靳月英的绿化林旁为她建了纪念亭，命名为“八一纪念亭”。亭子中央竖立着一座两米多高的石碑，碑文对靳月英一生的总结，是对她平凡而伟大人生的评价。但靳月英却不这样认为，每当人们抚摸着石碑赞扬她时，她总说：“这碑不是为我个人立的，这碑是为党员立的，为党立的。要不是党领导我们，我靳月英就是有再大的能耐也干不了这些事儿。”这就是一位老共产党员的胸襟，这胸襟使靳月英从平凡走向了不平凡，从普通走向了伟大。她的事迹先后被中央电视台宣传报道，她的名字和事迹被这里的山水永远定格、铭记、传颂。

庞国明

庞国明，男，现年 62 岁，1981 年参加工作，1987 年加入中国共产党，二级主任医师、硕士生导师，享受国务院特殊津贴专家。现任开封市中医院党委委员，中华中医药学会常务理事兼慢病管理分会会长，中共开封市委委员，第十三届全国人大代表。

庞国明对党忠诚，始终听党话、跟党走，是发扬“三牛精神”、践行共产党人初心使命的典范，先后荣获“全国先进工作者”“全国优秀医院院长”“最具领导力中国医院院长”“首届中国百名杰出青年中医”“中国好医生”“市优秀共产党员”等荣誉称号。

一、事事做先锋、时时做表率，做身先士卒的优秀党员

他以人民为中心，坚守为民立场，彰显了共产党人全心全意为人民服务的政治本色。他坚守、热爱党的事业，始终牢记全心全意为人民服务的宗旨，时时处处用优秀党员的标准严格要求自己，凡事想在前、干在先、出实绩。

早在1985年，他在全省首届中医急症大会上就提出“活血化瘀是治疗急性脑出血的重要法则”，成为引领学术创新的表率。1994年因发展急需，他被指派创建糖尿病专科，持续斩获新成果。2005年在全国率先提出纯中药治疗2型糖尿病理念，探索出“三辨诊疗模式”在国内外推广。由他牵头组织19个省39家医院69位专家制定的《2型糖尿病病证结合诊疗指南》于2020年世界糖尿病日发布实施。他创建的糖尿病科也从半间诊室发展成为国家、省、市区域中医诊疗中心，已获得国家、省、市2000余万元资金支持，全国人大原副委员长布赫题词称赞“全国十佳，技术领先”。

2003年“非典”流行，他冲锋在前，作为中医专家组组长，智谋善行，推出“清瘟驱疫汤”在全市广泛推广，助力开封市实现零感染。2020年，新冠肺炎疫情暴发，他请缨担任市中医专家组长，日夜奋战，执笔完成的开封市新冠肺炎《中医预防指导方案》和《临床诊疗方案》，均在全省地市级第一个发布实施。针对全市8例核酸转阴反复的状况，大胆提出“重剂驱疫痾五联纯中医疗法”，助力开封实现了“零死亡”目标；他研制的“扶正防感方”，在豫、鄂、湘、深、津等地推广应用，服用者超100万人次，为实现开封等地密切接触者“零感染”作出重大贡献，受到中华中医药学会和河南省卫健委表彰。

为让从京、沪、粤等全国各地慕名而来的患者治好病，他常常坐诊到午后一两点，还带头出夜门诊，一坐就是五六个小时，直至深夜。为随时解答病友咨询，他让3800余名病友加了微信。先后向贫困病友及大学生捐款达3.70万元，义务举办基层中医培训120场，将30万元稿费全部购书捐赠给乡医。他荣获“中国好医生”、支援老区贡献奖章等，用实干、实绩塑造了一个共产党人的良好形象和社会影响力。

二、勇于创新、大胆实践，做敢想敢干的中医院当家人

他以攻坚克难智谋善成的无私追求，彰显了共产党人胆识兼备的政治智慧。41年来，他无私奉献，爱院如家，舍身为公，以超常毅力和担当，使医院实现了跨越式发展，连续6年获“全国百强中医院”殊荣，并获“全国卫生系统先进集体”、“全国五一劳动奖状”、“河南省先进基层党组织”等称号。张春贤、刘延东等4位国家领导人亲临医院视察，均给予高度评价。时任国务院副总理刘延东说：“这家医院建设得好，管理得好，很有特色！”

2008年，他用共产党人的政治智慧和“家”文化理念，将勉强“糊口”的中医院和资不抵债的西医院成功整合，化解了重重矛盾，维护了大局稳定，出色完成任务，成为全国资源整合典范。时任卫生部部长陈竺在贺信中说：“国明院长、祝贺‘两院’成功整合……希望为中医事业再立新功。”

2012年，作为中央、省编办试点，他大胆探索法人治理结构改革，激活人事与薪酬激励机制；深化“坚持六专五高办专科、实施品牌带动促发展”战略，实现了医、教、研、管协同发展，成就了“全国省级中医院学广东、地市级中医院学开封”的广泛共识与

品牌影响力。

他任院长20年间，医院从资产不足200万元、年收入不足300万元，发展成为资产突破5个亿、年收入突破4个亿，全国排名第65位的“全国百强中医名院”。

三、不忘初心、牢记使命，做中医事业传承发展的痴心人

他坚持党性原则高标准做人做事，彰显了共产党人为事业奋斗终身的政治品格。41年来，只要有益于中医事业的事，他都主动走向前台、善探索、出实绩。发表论文160篇，出版专著139部，获成果奖26项，为推动中医事业发展作出了突出贡献。

他任院长期间，慕名莅院参观交流的单位年均达200多家、主导中医药学术会近100场。历时27年主持完成了5000万字划时代巨著《中国专科专病临床大系》1—3版编校工作，丰富了中医药学宝库，影响巨大，业界称他为“开封中医”“河南中医”的杰出代表。

他担任区、市、省、全国人大代表期间，认真履职，围绕中医药发展、健康中国建设、民生关切问题撰写议案、建议200余件。2019年9月，他退二线后频频走向国内外学术讲坛，出任河南省中医药强省建设促进联盟执行主席，继续为中医事业发展倾心尽力。

郭　伟

郭伟，男，回族，河南商丘人，1962年12月出生，1979年12月参加工作，1988年7月加入中国共产党，大学本科学历，现任商丘市卫生健康委员会党组成员、商丘市立医院院长。先后荣获

“河南省第五届优秀院长”“河南省五一劳动奖章”“河南省抗击新冠肺炎疫情先进个人”等称号。

一、旗帜鲜明，对党忠诚，始终是政治坚定的“明白人”

郭伟同志作为入党33年的老党员，始终以优秀共产党员标准严格要求自己，坚决学习贯彻习近平新时代中国特色社会主义思想，增强“四个意识”、坚定“四个自信”、做到“两个维护”，在思想与行动上始终与党中央保持高度一致。作为一名党员干部，以政治建设为统领抓实抓好党的建设，严守党的政治纪律和政治规矩，认真组织参加党的群众路线教育实践活动、“三严三实”专题教育、“两学一做”学习教育、“不忘初心、牢记使命”主题教育，在常学常新中加强理论修养、在真学真信中坚定理想信念、在学思践悟中牢记初心使命、在细照笃行中不断修炼自我、在知行合一中主动担当作为，以党建高质量引领、保障各项工作任务高质量。在这次新冠肺炎防控阻击战中，他带领该院党员干部职工，充分发挥党的政治优势、组织优势，及时发出致全体党员的倡议书，全体党员纷纷写下《决心书》《请战书》，逆行而上、冲锋在前，36名职工向党组织递交申请书，12名同志因表现突出加入中国共产党。同时，成立了“疫情防治应急领导小组”和“紧缺医疗物资和急需专用设备采购领导小组”，全力整合病房资源、储备床位，始终保持150余名医务人员坚守一线，以实际行动践行初心使命。

二、锐意进取，精业笃行，始终是干事创业的“带头人”

15年前的夏天，在远离商丘市区的一片荒地上，郭伟同志从商丘市第一人民医院总务科科长兼后勤党支部书记职位上走出来，带着一批朝气蓬勃的年轻人，为应对突发公共卫生事件，开启了创业之路。商丘市立医院建院初期，只是一所二级专科医院，仅仅拥有科室 4 个、职工 30 多人、设置床位不足 100 张。15 载砥砺奋进、15 载春华秋实，郭伟同志团结带领全院职工，以“争创一流的拼劲、敢为人先的勇气、实干担当的作为”苦干实干、创新发展，将一所“大专科、小综合”不为人知的小医院，建设成为集医疗、教学、科研、预防、康复、养老为一体的国家公立综合医院，并顺利通过三级综合医院现场评审,成为全市第二家三级综合医院。目前，该院拥有 40 多个临床医技科室、近 700 名职工、总规划设置床位 1800 张、总建筑面积 17 万平方米，成为“国家感染性疾病临床医学研究中心合作单位”“全国人工肝及血液净化技术示范中心”“商丘市公共卫生临床中心”“商丘市肝病诊疗中心”“商丘市难治性高血压诊疗中心”“商丘市脑血管健康管理中心”“商丘市艾滋病诊疗中心”，感染性疾病学科现为河南省重点培育学科，拥有 6 个病区、1 个重症监护室，同时也是住院医师规范化培训协同基地，承担全市基层卫生人才能力提升和骨干医师培训教学任务，走出一条跨越式发展的“蝶变之路”。

三、不忘初心、大医精诚，始终是人民健康的“守护人”

郭伟同志从人民子弟兵，到医疗工作者；从商丘最大医院的管理人员，到创业院长，事业在变、职务在变，但为民服务的初心始终没变。商丘市立医院是商丘市唯一一家传染病医疗救治定点医院，承担传染病集中收治、传染病领域科研、人员培训、技术指导和处置突发公共卫生事件等工作。郭伟同志身为医院的“掌舵人”，始终坚持全心全意为人民健康服务的宗旨，积极发扬“敬佑生命、救死扶伤、甘于奉献、大爱无疆”的崇高精神，高质量完成了甲型H1N1和H7N9流感、手足口病、新冠肺炎等传染病疫情防控救治工作。始终坚持公立医院公益属性，近三年共开展健康扶贫义诊活动和卫生科普讲座115场次，先后组织“商丘市农村家庭先心患儿免费救助”和“肺结节免费筛查”等公益活动，免费救助农村家庭先心患儿89人，免费筛查肺结节1200余人次，与203家村卫生室和乡镇卫生院建立医疗协作联系，全心全意为人民群众提供更加便捷、更加优质的基本医疗服务。商丘市立医院荣获了“河南省传染病医疗救治先进工作单位”“河南省百佳爱心医院”“河南省惠民医院”“商丘市人民群众满意医院”等荣誉称号，同时还是“国家卫生健康委员会手足口病规范防治宣传贯彻基地”“地坛医院感染性疾病专科联盟”成员单位。

四、直面疫情，身先士卒，始终是大战大考的“挑担人”

2020年1月，新冠肺炎疫情蔓延至商丘市，商丘市立医院被确定为商丘市新冠肺炎确诊患者集中救治唯一定点医院。疫情就是命令，防控就是责任。郭伟同志闻令而动、勇担重任，带头贯彻落实习近平总书记的重要指示精神和上级疫情防治决策部署，坚守在抗疫一线，积极做好干部职工的思想工作，成立14个专项工作小组，及时高效完成储备床位424张，全力做好疫情防控与救治工作。从1月19日召开战“疫”总动员，到1月23日收治首例确诊病人，再到2月29日最后2例确诊患者治愈出院，郭伟同志带领全体职工放弃休假，坚持“疫情防控和日常诊疗”两手抓，制订“一人一诊一方案”，建立治愈出院患者随访制度和工作台账，加强发热门诊、预检分诊、门急诊规范管理，探索创新抗疫“商丘模式”，实现医务人员零感染目标，为打赢疫情防控阻击战作出突出贡献。全院共收治新冠肺炎确诊患者 91 人，治愈出院率 96.70% ；无症状感染者 33 人，治愈出院率 100%。商丘市立医院党委被党中央、国务院、中央军委授予“全国先进基层党组织”和“全国抗击新冠肺炎疫情先进集体”称号。

尚广强

尚广强，男，汉族，1956 年 12 月出生，1997 年 6 月入党，河南原阳人，现任河南宏达木业集团党委书记、董事长。他从白手起家到现在拥有 16 家子公司、员工共计 2100 余名的民营企业家，怀着对党和国家的强烈责任和使命，38 年扶贫不辍，带动黄河滩区 50000 多名乡亲受益脱贫。他带领的企业被老百姓誉为“扶贫企业”，并获得了“国家级扶贫龙头企业”“河南省社会扶贫先进集体”等多项荣誉称号，他本人也获得了“中国好人”、河南省优秀共产党员、劳动模范等荣誉称号。

一、困苦岁月，汇成帮扶信念

尚广强出生于黄河滩区的韩董庄镇荒庄村，昔日的荒庄村一贫如洗，全村没有一间瓦房，100 多户人家都住在芦苇塘中间，周围都是沼泽地、盐碱地，该村是远近闻名的贫困村、光棍村。尚广强 12 岁时，由于父亲积劳成疾，身染重病，身为长子的尚广强只能辍学回家务农，把家里的一切责任扛在自己身上，给父亲治病，供弟弟上学，照料身有残疾的妹妹。22 岁时，父亲突发脑出血与世长辞，家里穷得连棺材钱都拿不出来，在村里老支书和众乡亲的帮助下，才料理了父亲的后事。也是在那时，尚广强立誓要用自己的一生来回报乡亲的救难解急之恩。

为了养家糊口，尚广强下过煤窑、烧过砖，在焦作林场当了15年的伐木工人。他忠厚老实、聪明能干，也因此慢慢还清了外债，并小有积蓄。但无论何时，他的内心都牢牢铭记着自己的承诺，从1983年起，生活逐渐好转的尚广强就开始了济贫解困，回报乡亲。逢年过节，他都会为村上的一些孤寡老人送去大米、蔬菜等生活物品，无论是村里有病无钱医治的家庭，还是周边的贫困户，他都主动给予救济。尚广强究竟为村里的乡亲解了多少急、救了多少难，谁也数不清。

二、艰苦创业，回报父老乡亲

1994年，尚广强决定回家乡创业，带领乡亲们脱贫致富。当时的黄河滩区条件差、交通不便，人们的观念陈旧，远比在其他地区创业更艰难。但尚广强没有犹豫，他把自己的全部积蓄拿出来，带领村里24名庄稼汉，租了3.60亩地，建起原阳县宏达胶合板厂。由于诚信经营，创新发展，胶合板厂后发展壮大成为下辖拥有16个子公司的河南宏达企业集团。

在企业发展壮大的同时，尚广强始终不忘党恩，不忘回报社会。工厂招工，他首先吸纳安置贫困群众和残疾人就业，共计安置2100多名贫困群众和残疾人就业。他还不遗余力地支持家乡建设，安置荒庄村200多名贫困劳动力就业，每年仅工资一项就达千万元。他又投资700多万元为家乡修建了道路和学校。在他的帮扶下，荒庄村这个远近闻名的贫困村，在2014年实现了整村脱贫。

助难救急，尚广强更是义不容辞。村里的特困户尚建厂的一家人都是身患侏儒症的残疾人，父母体弱多病，生活困难，尚广强安排他到公司上班，使他和家人过上了幸福的日子。村民吴国胜，劳动时不慎从车上摔下，导致重度昏迷，家里困难，老母亲 80 多岁还有两个孩子正在上学。尚广强知道后，立即送去了 5 万元用于吴国胜的抢救，前后共送去了 20 多万元的治疗费，直至吴国胜恢复健康。还有公司职工王安伟，进厂时就患有慢性疾病，尚广强时刻给予他帮助，安排较轻的工作岗位，并照顾他的生活。吴国胜后来不幸患上晚期肝硬化，急需做肝移植手术保命，尚广强立即组织职工捐款，仅用了两个小时就筹集了 18 万余元。

三、使命担当，党建引领促发展

作为基层党组织书记，尚广强始终把共产党员的责任使命扛在肩上，始终坚持党建也是生产力的理念，以党建引领企业发展。公司党组织不断壮大，成为拥有 5 个党支部、126 名党员的集团党委。尚广强带领集团党委秉承着“企业办到哪里，党支部就建到哪里”的宗旨，实现党建全覆盖，走出了一条党建与企业互利共赢的高质量发展道路。

他始终走在科技创新前列，20 多年来，共取得科技创新成果 20 多项，获得国家专利 85 项，发明专利 7 项。研发出的高端防水、免漆无甲醛的三聚氰胺装饰板、生态板，填补了河南省高端人造板的空白；在超低能耗建筑技术研发中实现突破，节能降耗效果达 97%，建成了河南省规模最大的超低能耗建筑居住项目；以院士工作站为依托，研发出国内最先进的太阳能杀虫灯、太阳能益保灯，建成了物联网杀虫灯开发应用平台。

通过科技扶贫的方式，对陕西、新疆等全国15个省共计127个县的4000多万亩农田援助了杀虫设备，使贫困农民节省了农药和人工成本，为贫困地区农民增收达15亿元。

四、产业带动，扶贫攻坚报党恩

创业初期，尚广强就在简易的办公室里树起了“原阳县宏达胶合板厂扶贫领导小组”的牌子，直到今天。为了帮助更多的人实现脱贫致富，奔向小康，他带领公司立足滩区，按照“以人为本、科技兴企、产业报国”的经营理念，辐射周边，回报国家，报答党的恩情。

通过产业帮扶，扶持周边贫困村创办了100多家木材加工厂，直接带动3000多名滩区贫困乡亲就近就业。把人造板行业的速生杨种植、板材初加工、产品包装、产品运输等环节的工作交给周边群众，并与他们建立长期稳定的供需关系，共计安排6000多人就业，使上万人受益脱贫。他还主动承担了11个乡镇共计254个行政村2100户10300多人的脱贫任务，截至2020年6月，所有帮扶对象全部脱贫。

尚广强38年的扶贫济困，诠释了共产党员不忘初心、牢记使命的责任担当。2017年，新乡市委、市政府专门下发了《关于向宏达集团学习的决定》，号召全市人民学习宏达集团和尚广强的党建、扶贫事迹。

李彦增

自 1984 年起，37 年来李彦增始终坚守实业报国的理想信念，通过大力发展特色菌类种植产业，积极带领当地群众增收致富，矢志不移地践行着一名共产党员的庄严承诺。

一、带头示范找出路

李彦增出生于许昌市建安区长村张乡干戈李村，自幼家境贫穷。1984 年春，他靠借来的 60 元钱起步，立志要把农村堆积如山的秸草变成群众致富的宝贝——食用菌。

然而，他的第一次试种却因为菌类感染而失败。没过多久，一场突如其来的火灾，不仅烧毁了他精心制作的试验设备、菌种，还烧毁了盖房用的木材。

但是认准了的事，就一定要把它干成。在当时村支书的鼓励和资助下，李彦增凭着一股倔劲儿，在 1985 年，他终于试验成功，并带动身边 50 多家穷乡邻靠种植食用菌发家致富。到 1987 年，他不仅成为了远近闻名的万元户，而且光荣地加入了中国共产党。

适逢农村刚刚解决了温饱问题，李彦增的成功犹如星星之火，迅速点燃了更多人的致富热情。面对蜂拥而至的学艺群众，他不仅无偿提供菌种，而且还把苦心研究出的“低温发酵法”等技术免费传授给前来学艺的人，成了远近闻名的“活雷锋”。

有人说他傻，可他说：“一人富不算富，众人富了才是富。”他以此为初心，矢志不渝地践行着一名共产党员的使命和责任。多年来，他先后为菇农免费代购各种原材料 60 多万吨、供应菌种 150 余万公斤，接待来访学习人员 4 万多人，举办食用菌技术培训班 590 多期，参加培训的 30 余万名学员遍布全国 26 个省、市、自治区。他本人被评为河南省首届“十大杰出青年”，荣获河南省首届“十大杰出（科技兴农）农民标兵”称号。

二、带领群众共致富

“我是吃过苦的人，我知道乡亲们的心情。”李彦增说，面对乡亲们渴望的目光，他决心带着大家抱团闯市场。

刚开始，李彦增在自己家里传授种植技术。随着学技术人数的不断增多，当时建安区因势利导，在 1988 年专门成立了食用菌研究所，聘请李彦增任所长。1996 年，该所改制为许昌食用菌开发有限公司，并于 2005 年更名为河南世纪香食用菌开发有限公司，目前已发展成为国家级农业产业化重点龙头企业，全国食用菌产业化十强企业。

龙头带动，乡亲们增收致富的步伐愈加轻快。据不完全统计，该公司通过“公司 + 合作社 + 村集体企业 + 基地”模式，把前方市场与后方生产农户紧密相连，已辐射和吸纳了近 6 万人从事无公害食用菌的生产、加工、包装、运输等工作，累计创造社会效益达 100 多亿元。李彦增也两次被河南省委评为“河南省优秀共产党员”。

为助力脱贫攻坚，2017 年，李彦增响应党和政府号召，先后投入资金 1000 多万元，在建安区 20 个贫困村建设 20 个食用菌产业扶贫基地，成功带动 320 户贫困户稳定脱贫。同时，他还为许昌市禹州市、南阳淅川县以及贵州、内蒙古等 8 省、市的 16 个贫困村 300 多农户开展食用菌精准扶贫。

为确保扶贫效果，他本人先后多次深入 60 多个村的 400 多户农户家中手把手传授种植技术，他因奔波劳累两次晕倒在培训现场。2018 年，李彦增荣获河南省劳模助力脱贫攻坚十大领军人物，世纪香公司荣获全国“万企帮万村”精准扶贫先进民营企业，同时被河南省委、省政府授予“河南省扶贫工作先进单位”。

三、带头探索新技术

从昔日农家门前的一个简易大棚，发展到如今河南省最大的食用菌产业化龙头企业，李彦增自强不息的奋斗史，也是一部慷慨激昂的创新史。

37 年来，李彦增一直坚信：只有创新才能强企。通过加强与中国农业科学院、中国科学院、河南省农业科学院、河南农业大学、福建农林大学等 50 多家单位合作，主持完成了“十二五”国家科技支撑等 16 项国家、省、市科研项目，研发具有国际先进技术水平的安全生产加工关键技术 63 项，编著出版了《中国食用菌生产》等 3 部专著，获得国家专利 100 多项，荣获联合国“科技发明之星”奖 1 项，省、市科技成果奖 23 项。2020 年，李彦增荣获中原产业创新十大领军人才，被评定为农业技术推广研究员。

在科研创新的支撑下，李彦增带领群众发家致富的底气更足啦。如今，世纪香公司共研发出 13 大类 120 多种产品，其中白灵菇标准化生产及加工出口规模世界第一；同时，公司已发展成为拥有河南省食用菌加工工程技术研究中心、食用菌精深加工基地、国家级珍稀食用菌工厂化生产基地、俄罗斯绿色庄园有限公司等实体的省级农业产业化集群，辐射了周围 30 多个珍稀食用菌生产专业村，带动了遍布全国各地的 5 万多家种植户。食用菌产业已成为许昌的特色产业、支柱产业、富民产业。

事业有成的李彦增，积极践行社会责任。在抗击新冠肺炎疫情斗争中，他将价值 100 多万元的食用菌抗疫产品捐赠给抗疫一线，受到社会各界的普遍好评，分别荣获河南省、许昌市抗击新冠肺炎疫情先进个人称号。

2021 年，适逢中国共产党诞辰 100 周年，又是“十四五”开局之年，面对新时代的呼唤和乡村振兴的新目标，李彦增踌躇满志：“我要坚守初心、扛稳使命，坚持创新发展，努力做农民科技致富的领路人，把小蘑菇做成乡村振兴大产业，奋力书写一名普通农村共产党员的人生新华章。”

郁林英

“脱贫攻坚战的女先锋”“垦荒路上的老黄牛”，这是林州市黄华镇镇、村两级干部对庙荒村党支部书记郁林英的赞誉。因她突出的工作成绩，先后荣获“安阳市红旗党支部书记”“安阳市最美村官”“安阳市劳动模范”“河南省三八红旗手”等多项荣誉，2018 年当选为河南省第十三届人大代表、省人大常委会委员。

三年来，有着多年农村工作经历的郁林英为了改变家乡的贫困现状，忠实履职，呕心沥血，带领一班人奋斗拼搏，终于让昔日贫瘠的小山村脱胎换骨，嬗变为“幸福庙荒”。2018 年年底，庙荒村顺利摘掉了省级贫困村的帽子；今天的庙荒村已发展成为红旗渠畔的明星村，先后被授予“国家 2A 级旅游景区”“全国旅游重点村”“河南省乡村旅游特色村”“河南省最美乡村”“河南省卫生村”“河南省文明村”“河南省乡村旅游巧媳妇工程示范基地”等多项荣誉称号；庙荒村发展生态旅游的扶贫案例也成功入选全国100个贫困村特色扶贫案例。

一、党心聚民心，提振群众精气神

以“三会一课”为主抓手，加强政治理论学习，开展主题党日活动，她为共产党员挂门牌、配党徽，通过亮身份、明承诺、树形象，充分发挥党员干部在决胜脱贫攻坚战中的先锋模范作用。建成了1000余平方米的党群服务中心，为群众提供更方便、更周到的服务，密切干群关系。组织开展最美庭院、星级文明户评选，引导村民养成健康文明的生活方式。编写村歌《金山银山是庙荒》，举办金秋美文赏读会、重阳节饺子宴、“庙荒春晚”等各种活动，讲述脱贫故事、感恩党的政策。把弘扬红旗渠精神融进具体工作中，提振群众敢想敢干的精气神。老党员刘明生在外出考察学习回来后，带头改造自家房屋发展旅游民宿，当年就收入5万多元；贫困户郝心英在干部的帮扶下，把自家庭院改造成农家乐，年收入超万元，当年顺利脱贫。

二、产业促发展，拔掉“穷根”富百姓

大胆引入电商平台销售特色农产品，村里4000多亩的核桃、花椒、山楂、杏等林果产品获得好的收益，一改多年来效益不佳的局面。打造注册了“庙荒村”品牌，手工红薯粉皮等绿色、生态土特产品得到消费者的青睐。经过她的努力争取，庙荒村成为林州市首批光伏扶贫项目试点村，2016年投资75万元建设了120千瓦的光伏电站，每年为集体增收10万余元。她积极外出争取项目，

2018年河南省发展壮大集体经济试点项目“创客基地”落户庙荒，村集体每年可再增收12万元。发展乡村旅游是她认定的致富路子。她不畏艰难外出跑项目争投资，2015年年底北京鼎鑫置业房地产开发公司“太行·观霖乡村生态旅游”项目落户庙荒村，截至目前已投资2000多万元，建设独具特色的幸福庙荒民俗村，她和村干部多次与林州市红旗渠文化发展有限公司联系洽谈，把红旗渠沿线和主干街道两侧的院落、道路等进行原生态包装，打造“渠畔人家”幸福庙荒特色乡村旅游一条街。2017年年底成立了庙荒村旅游开发公司，对20户农家乐统一纳入管理和运营，使65户村民受益。

三、改造美村容，建设美丽新家园

硬化村内道路5.80公里，水泥路修到了每家每户家门口，并安装120盏太阳能路灯，老百姓终于告别了坑洼难行的泥石路，踏上了平坦通畅的“小康路”。建成了1200立方米的人畜饮水池，将自来水管网通到每家每户，彻底解决了群众“饮水难”问题。同时还新建扬水站1座，修建9230米灌溉水渠，使全村耕地全部成为旱涝保收的水浇地。2016年7月庙荒村村户用天然气项目全部完工。新建了4个文体广场，新建了农家书屋、老年活动中心和儿童“四点半课堂”，丰富了群众的文化生活。

四、痴情献乡亲，大爱赢得众人心

贫困户是她的亲人，是她的牵挂，她无数次地走家串户，一次次地询问了解情况，一遍遍地核对贫困群众享受的扶贫政策。她对贫困户的帮扶尽心尽力，却唯独亏欠了自己的家人，2018年7月，郁林英的母亲生病住院20多天，她让丈夫从外地回来代自己尽孝，她没能陪护母亲一天，只能暗地里抹泪。母亲的一句“干好你的事，别惦记我。”让她心里更增添了干事创业的底气。2019 年 7 月，郁林英的丈夫因病住院，她除了打几个电话问下情况，一次也没顾上到医院看望。

抗击新冠肺炎阻击战打响后，郁林英要求所有执勤人员必须严格控制行动轨迹，由她一人为大家购买防疫用品和生活必需品。她每天都要问一遍各家各户有什么需求，并一一记在本子上：蔬菜、米、面、肉……她经常带着群众的购物清单出发，逐一采购，在这个特殊时期，村民都把郁林英当作“靠山”“贴心人”，大事小事交给她办才放心。因在疫情防控中的突出表现，她荣获了“抗击新冠肺炎疫情全国三八红旗手”荣誉称号。

现在，庙荒村发生了天翻地覆的变化，老百姓的生活好了，郁林英的心也舒坦了。对于未来，郁林英信心满满地激励乡亲们：“在各级部门的支持下，‘幸福庙荒’的梦想已经触手可及。大家要继续撸起袖子加油干，让自己的钱袋子更鼓、腰板更硬、笑容更多！”

周文政

周文政，男，汉族，河南沁阳人，1942 年生，1960 年参加工作，同年 8 月加入了中国共产党，沁阳市西向镇人民政府退休干部，现任沁阳市西向镇老干部党支部书记。

现在的虎头山绵延 25 公里，有上百万株核桃树、花椒树、枣树、椿树、楝树、侧柏，耸立在坡上坡下，郁郁葱葱，满山滴翠，好一座金山银山！十九年风风雨雨，周文政将虎头山当成儿女一样精心照看；十九年苦辣酸甜，周文政把乡亲们的嘱托看得像山一样重；十九年朝朝暮暮，周文政视共产党员这个称号为最高荣誉。十九年来，周文政自筹资金，将家乡群众想都不敢想的万亩荒山变成了绿山，身边的群众亲切地称他为“身边的杨善洲”。2014 年 11 月，被中组部授予“全国离退休干部先进个人”荣誉称号，2016 年被中央文明办推荐为“中国好人”，2017 年被焦作市评为感动焦作“十大人物”，2019 年被批评为“焦作市优秀共产党员”。

一、老骥伏枥、勇挑重担

焦作市沁阳市西向镇虎子村位于黄河流域，村北部有 8 座连绵 25 公里的山头，乡亲们称之为虎头山。“虎头山，石头多、土层薄，无雨渴死牛，有雨满坡流，年年栽树不见树，风大沙多”，这座山是村里几辈人的心头病。2002 年，为改善生态环境，虎子村“两委”会决定对虎头山实施无偿承包，承包期为 50 年。公告发出一个多月，没有一个人正式提出承包意向。村干部无奈到镇党委寻求帮助，镇领导首先想到了刚退休的周文政。周文政退休前在西向镇从事成人教育和民政工作，积极为村办企业培养输送技术人才，是大家公认的“能人”。村、镇领导来找他说明情况，周文政心里也没底，多少人望而却步的事，自己一个刚退休的人，能行吗？这么大的工程，几乎看不到回报的事，家里人能支持吗？钱从哪里来，如何突破年年种树不见树的顽症？最终，在镇领导的鼓励下，周文政坚定了信心：“咱是党员，为了子孙后代有一个好的环境，拼上老命，也要让荒山变绿变美！”于是，周文政签下了承包荒山绿化的责任书。

二、当代“愚公”、扎根深山

万事开头难。为了摸清荒山地形，周文政一连10多天一个人跑到山上勘察地形和植被。鞋底磨破了，脚底磨泡了，胳膊划伤了，都没能阻止他坚毅的脚步。有一次，他不慎绊倒，腿扭伤出血，回村简单包扎后，他仍一瘸一拐上山去了。白天上山做记录，晚上回家还要整理分析。有几天，头疼上火，彻夜难眠，他吃些药，硬是坚持了下来。一段时间下来，他跑遍了周围8个山头的上上下下、沟沟岔岔，终于绘制了一幅荒山地形图，制订了绿化方案。核心理念是：合理规划，必要投资，敢于突破，放眼长远；坚持基础林与经济林相结合，近期目标与长远目标相结合；土壤贫瘠的地方以基础绿化为主，土壤相对较好的地方以经济林为主；用5年至10年的时间使荒山吐绿，黄土生金。

要实现这样一个宏伟的目标，进山的路，浇树的水，填坑的土，买树苗，雇工人费用等，需要不小的投资。光靠自己的退休金和家里的积蓄是远远不够的。周文政急得整宿整宿睡不着觉，四处奔走，找亲戚、托朋友借钱。最终，他揣着千辛万苦筹来的100多万元钱，以当代太行新愚公的姿态，一头扎进虎头山，开始了长达19年的荒山绿化。

起初，周文政在周围几个村庄雇用劳力，但不少群众怕拖欠工资不愿上山植树。经过考虑，周文政采取了一个大胆的做法，工资一天一清。挖一个坑、栽一棵树、浇一次水等都“明码标价”。这一下在十里八村传开了，雇来的工人越来越多，工程进展很快。市林业和草原局、水利局了解情况后，也及时落实了政策性资金。为了保证工程质量，节省资金，周文政就在山上搭起帐篷，垒起锅台，日夜吃住在山上。最长一次，连续 40 多天没下山，在各个山头来回穿梭，对挖坑、栽树、填土、浇树等环节认真指导把关。种树头一年，周文政硬是穿坏了 5 双鞋，用坏了 3 把镐头。

寒来暑往，经过 19 年不间断地浇水、施肥、打药、管护，一棵棵小树苗茁壮成长。放眼望去，昔日的荒山秃岭已被郁郁葱葱的树林覆盖，满山遍野碧绿一片，目前已种植各种生态苗木 100 余万棵，薄皮核桃、黄连等经济苗木 3 万余棵，万亩荒山变成了远近闻名的“花果山”，经济价值上亿元，生态价值更是不可估量。

三、不求名利、不忘初心

2012 年，虎头山通过林业部门绿化验收，每年发放治理荒山补贴款 7 万元，可这笔钱周文政一分不要，全部让村里发给了村民。周文政说：“没有村民配合，哪有这万亩绿山啊！这虎头山永远属于虎子村。”

这十几年来绿化荒山，吃苦受累他不后悔，被人冷嘲热讽他也不后悔，但他最后悔一件事，就是对不起老伴儿。2003 年 7 月 16 日，周文政正在山上种树，女儿捎信来，让他快下山，说她母亲病重了。当时正是种树的关键期，周文政想着下午还有一大堆活要干，一直拖到天快黑他才下山。当周文政赶到医院时，他的老伴儿已经离开了人世。这成了他的终身遗憾。如今，已近耄耋之年的周文政，最高兴的事就是每天骑着车，围着自己的“老朋友”虎头山转上一圈，这样他心里才踏实。即使现在干不了重活，他还要当一名保护环境的警卫员、党的政策的宣传员，让生态文明的理念家喻户晓、深入人心。

“绿水青山就是金山银山”，周文政最后的心愿，就是当他走不动、不能干的时候，把这笔财富无偿地献给国家！因为，他说："我的一切幸福生活是党和人民给予的，我创造的财富也要交给我最热爱的家乡和人民。"

王建勋

王建勋，男，汉族，1968年生，1986年9月参加工作，1990年6月加入中国共产党，高级技师，现为中国平煤神马集团帘子布公司捻织二厂布机保全工段长。先后荣获河南省"劳动模范"、"五一劳动奖章"、"中原大工匠"、"河南省技术能手"、省国资委"优秀共产党员"等荣誉称号。

一、他把忠诚镌刻在灵魂深处

在中国平煤神马集团，王建勋预存"特殊党费"的故事被广为传扬。2019年，工友在为他整理"建勋创新工作室"的时候，发现他抽屉里放着10个分别装有1000元钱的牛皮纸信封，这是他预备到退休前每年要交的"特殊党费"。2014年，王建勋把荣获"集团最美共产党员"的3000元奖金全部作为"特殊党费"上交，之后每年七一建党节,他都会以"党义"之名交纳1000元党费。2017年后，他又每年交纳2000元党费，表达对党的忠诚和热爱。

王建勋的忠诚不仅体现在交纳"特殊党费"上，而且更体现在他坚守的使命和责任上。他所在的中国平煤神马集团帘子布公司是改革开放后国家第一批引进国外先进技术与装备的工业化重点项目的公司。经过40年创新发展，成为世界最大尼龙66工业丝、帘子布生产基地，世界上每 4 个高端轮胎中，就有一个使用的是他们集团生产的浸胶帘子布。一根丝线，大国重器。关乎中国创造，关乎国家安全！

王建勋深知自己肩上的责任重大。他从上班第一天就暗下决心，一定要让设备良好运转，确保生产的每一根丝、每一匹布都是优质产品。为此，他每天提前一个小时到、至少晚走一个小时，只要生产有需要，他随叫随到，35 年义务奉献 3600 多个工作日，却从没有多拿过一分钱。

王建勋几十年如一日，辛勤工作、刻苦钻研，练就了一身过硬本领，成为同行业“顶尖大师”。但面对外部几十万年薪聘请诱惑，他一口回绝了。他说：“我的一切都是公司给的，任何时候我都不会离开培养我的企业，就是给 100 万我也不会走！”

二、他把敬业镌刻在灵魂深处

参加工作 35 年来，王建勋始终把使命放在心上、把责任扛在肩上，急难险重任务面前，总是豁得出、顶得上。2013 年，公司第一台进口喷气织机齿轮箱出现故障，国外厂家不仅维修时间长，而且费用高达 30 多万。为了不耽误生产，患有腰椎病的王建勋主动请缨，钻进设备底部不足半平方米的狭小空间，没有图纸就用摄像机录下每一个螺丝的位置，小心翼翼地拆除上百个螺栓，连续工作 3 个多小时，为公司避免了 100 多万元的经济损失。任务完成后自己却因长时间蜷身作业，导致无法站立。

由于患有严重的腰椎病，常年佩戴腰带已经缓解不了他的疼痛。领导安排他去治疗，但他放不下工作，自己“开处方”，别出心裁地在腰带上加 10 根钢条，制作成“钢板腰带”，工作的时候就系上它，用来撑着脊梁，从没因个人原因影响过工作。

为焊接厂里的风沟盖板，王建勋独自义务加班七天七夜完成焊接任务；他不顾垫在“钢板腰带”里的厚毛巾被磨破的血泡浸染得斑斑血迹，7 天内安装调试完毕 5 台新织机；连续九天九夜吃住在车间，睡长条凳、吃方便面，一个人扛起检测体温、车间消毒、设备维护、安全生产等重任。不仅如此，王建勋还先后为国家捐款 3000 多元，多次自费购买防疫物资，极大地缓解了疫情防控期间生产缺员的情况，以实际行动助力疫情防控阻击战。

三、他把创新镌刻在灵魂深处

为打破引进国外设备时遇到厂家设置的技术壁垒问题，王建勋暗下决心：既然不给，自己就创，誓争这口气。经过不懈努力，他先后完成了 46 项发明创造成果，都是“专家不研究、市场买不到、生产急需要”的成果，累计创造经济价值上亿元。其中 16 项获得国家专利、6 项荣获国优成果，不仅在全公司广泛推广，而且还被兄弟单位和国外生产厂家采用。

他发明的“棉尘收集装置”解决了纺织行业有史以来没有解决的世界性难题。帘子布织造过程中产生的棉尘，是火灾事故的主要危险源。他经过长期观察琢磨，自己动手设计、自费购买零件，经过 7 个月共 20 次的反复调试，第四代创新改进，将棉尘收集率由 25% 提高到 88%，从根本上减少了火灾隐患，改善了工作环境。以至于法国米其林公司全球技术总监来公司审核时，对这一装置赞不绝口：“你让我们看到了全球同类供应商中最干净的车间！”

四、他把大爱镌刻在灵魂深处

王建勋始终把企业当成家、视同事如亲人。他把工段的每一位同事都装在心里，建立了延续24年的“爱心档案”。从当工段长开始，他不仅记下每名工友的生日，还记下了工友爱人、子女、父母的生日，甚至是工友子女高考的日子和父母的忌日。每到这些特殊的日子，王建勋就会主动顶岗，让工友们回家尽责尽孝。

20多年来，王建勋的工段长津贴没有一分钱用在了自己身上，全部为同事购置小药箱，设立健康奖，奖励平日里积极锻炼的工友们。20多年来，他所在的工段没有一人迟到早退、无故缺勤，他所在工段是公司100多个班组中人脸考勤抽查的唯一“免检”工段。

王建勋的事迹感动了许许多多的职工。在疫情防控最吃紧的时候，帘子布公司党委发出“像王建勋一样实干，像王建勋一样奉献”的号召，激励广大职工务实重干、奋勇争先，凝聚克难攻坚强大力量。跟王建勋同在帘子布公司工作的大哥王建民、弟弟王建顺，以自己兄弟为榜样，踏踏实实、兢兢业业工作，分别荣获了集团、公司劳模，“扎根帘子布，一门三劳模”一时传为佳话。

岁月无语，青春有言。王建勋35年如一日，对党忠诚、勇担使命，勤于钻研、勇于创新，爱企如家、感恩奉献，在平凡的岗位上创造不平凡的业绩，以自己的实际行动展现出企业优秀基层共产党员的光辉形象，被集团广大党员干部亲切地誉为企业“新时代技术工人创新和奉献的典范”。

赵玉甫

赵玉甫，男，1975年生，汉族，河南省清丰县人，现任河南省清丰县马庄桥镇赵家村党支部书记，是远近闻名的“蘑菇书记”。他相继荣获“全国脱贫攻坚奖”、中国科协疫情防控“吃亏奉献杯”、“河南省脱贫攻坚奖奋进奖”、河南省劳模助力脱贫攻坚“十大领军人物”、河南省高素质农民创业创新奖等荣誉称号。

一、稳大局，一心一意抓党建

曾经的赵家村经济落后，环境脏乱差，精神文化贫乏，群众对村“两委”不满，个别群众频繁上访。2007年，在这样复杂的情况下，32岁的赵玉甫同志高票当选为赵家村支部书记，他毅然放弃高收入的医药生意，回到村里一心一意地当起了支部书记。自任党支部书记以来，他抓班子、带队伍、强建设、拓富路，促使赵家村发生翻天覆地的新变化。一是坚持政治引领，始终坚持以支部党建引领促发展的工作思路，依托“三会一课”、党员活动日、农民夜校等形式，提高党员思想觉悟；二是坚持示范引领，聚力打造优秀村组干部队伍，选优配齐支部班子，加强后备干部队伍在脱贫攻坚、疫情防控一线锻炼；三是坚持考核引领，认真落实基层党建工作考核督导工作法，压紧压实工作责任。

加强基层组织建设、人才队伍建设、社会力量建设，夯实发展牢固根基。坚持每月5日“党员主题活动日”“党员主题扶贫日”常态化开展活动，村“两委”班子和党员定期组织学习；利用远程教育平台、农家书屋，组织党员干部学习习近平新时代中国特色社会主义思想、农业农村相关政策、法律法规、农业实用科学技术等；通过社会力量帮扶，在食用菌基地、建元商砼公司，为赵家村村民提供了70余个就业岗位。

新冠肺炎疫情阻击战打响以来，赵玉甫主动担当作为、冲锋在前，发扬吃亏奉献精神，带领广大党员在村口值班值守、开展卫生消毒消杀、帮助村民购买必要的生活物资、看望慰问独居老人。同时，帮助种植户统一消毒、统一采摘、统一销售，不但为群众筑起了疫情“防火墙”，还确保了村内蘑菇生产销售两不误。

二、兴产业，千方百计抓发展

2017年以来，赵玉甫抢抓发展机遇，带领全村村民大力发展食用菌种植，积极探索“公司+合作社+农户”运营模式和“包棚创业、菌包托管、劳务承包、互助救济”四种带贫模式，赵家食用菌基地从27座大棚发展到如今的650座，占地1100余亩，叫响了清丰菌菇品牌，已成为全国最大的“黑皮鸡枞菌”生产基地。

2017年以来，赵玉甫积极响应县委、县政府号召，实施“党建+扶贫+食用菌”工程，带领村“两委”干部动员群众筹建食用菌基地，选定27个有发展意愿的贫困户，27名党员干部一对一帮扶,27座大棚在赵家村拔地而起,成为发展食用菌产业的“先行军”。成立天水食用菌种植合作社，与贫困户签订种植协议，保证了农户收入。基地内配套建设日产2万包的菌包加工厂、大型烘干房10座、冷库1500平方米，创建大地密码电商平台，实现了一、二、三产业的融合发展，带动了周边村252户贫困户、808人实现稳定脱贫，人均年收入1.50万余元，同时壮大了村级集体经济，使赵家村发生了翻天覆地的变化。

他组织27名党员成立了“基地党支部”，设置“党员示范岗”，成立“食用菌基地工会”，该工会被评为河南省劳模助力脱贫攻坚示范基地、河南省返乡创业示范园；同时成立的“食用菌基地妇联”，被评为濮阳市巧媳妇工程示范基地，引导帮助27户贫困户参与种植，有效调动了贫困群众的积极性，激发了内生动力。随着赵家食用菌基地规模逐渐扩大，群众受益明显增加，赵家村生产生活条件得到了显著改善。

他针对贫困户劳动能力强弱等不同情况，积极探索、创新发展了4种带贫模式，即“出钱又出力”的“包棚创业”模式、“出钱不出力”的“菌包托管”模式、“出力不出钱”的“劳务承包”模式、“不出钱不出力”的“互助救济”模式，让有劳动能力的贫困户积极参与，鳏寡孤独等无劳动能力的也可享受到政策红利，实现了“脱贫路上不落一人”。

三、优环境，建设美丽乡村

近年来，赵玉甫多方筹集资金500万元，美化亮化所有街道，修建开放游园式文化广场12000平方米、人工湖9000平方米，人工湖上设置表演舞台300平方米，廊桥110平方米，建设廉政文化广场，残垣断壁、四园（游园、菜园、果园、花园）30多处，群众生活环境明显改善。现在的赵家村道路通畅，环境优美，街道和游园成为群众休闲的好去处，群众的精神文化生活得到极大丰富。道路两旁发展特色采摘，废弃坑塘改造成游园和人工湖，将前赵、后赵、西赵3个自然村，按照江南、东北的地域风情，建设集“吃、住、行、游、购、娱”为一体的乡村旅游田园综合体。目前，赵家村建设蘑菇文化园、孝道文化园、赵氏文化园、廉政文化园，发展田园综合体，先后获得省级卫生村、市级文明村、市级“五好党支部”、“市级生态村”等荣誉称号，并被确定为“濮阳市乡村振兴战略试点村”。

全国劳模

赵　亮

自1982年从郑州工学院（现郑州大学）化工系毕业分配至河南省科学院化学研究所工作以来，赵亮研究员一直工作在科研一线。其间，受国家或单位委派曾经先后以高级访问学者身份前往日本、澳大利亚、白俄罗斯从事国际合作科研工作。

32年来，共主持或参与完成国家、省等下达的各类科研项目49项，完成科研成果14项，其中8项分别获得河南省科学技术进步奖（一等奖1项，二等奖5项，三等奖2项）；申报国家发明专利14件，其中12件已获授权，1件获2010年度中国专利优秀奖；在国内外专业学术刊物和会议上发表论文85篇，其中SCI收录21篇，8篇获省自然科学优秀论文奖；指导培养研究生15名，其中博士2名，硕士13名；培养河南省政府首届特殊津贴专家1名、省级学术技术带头人2名、省杰出青年创新基金获得者2名、国家自然科学青年基金获得者1名、副研究员2名、助理研究员若干名。

特别是2003年从澳大利亚完成合作研究回国以后，赵亮拒绝了多家国际组织和国内机构的高薪聘请，在地方研究所基础条件和科研经费十分有限的情况下，坚持一线科研工作不动摇，大胆创新，勇于探索，以科学严谨的工作态度，创建了在河南省乃至全国具有一定学术地位和影响力的反应性高分子材料研究室，并与国外多家先进科研机构开展了卓有成效的国际科技合作，在系列化新型有机功能纤维材料研究以及在空气净化、水质净化、污染水体修复、个人防护用具等领域的应用新技术开发方面，高质量地完成了一批具有独立知识产权的科研成果，多次受到省委、省政府、国家外国专家局以及河南省各级科技主管部门的表彰和肯定，其与企业合作完成的“自然灾害现场应急水处理装置（车）”“抗菌纤维织物”“民用水质净化处理装置”“常见有毒有害气体净化处理装置”等科研成果曾多次由《中国科学报》、《大河报》、河南电视台新闻频道等省内外新闻媒体进行了专题报道。

根据国家和地方科研工作需要，在逐步完善其所在研究室科研硬件条件建设的同时，赵亮同志对青年科研骨干后备人才的培养倾注了大量心血，经过多年的努力，组建了一支具有较强竞争力和影响力且作风优良、科研业务素质扎实的科研创新团队，该创新团队先后荣获“国家引智示范单位”（2011 年）、“河南省国际科技合作先进集体”（2010 年）、“河南省引智国外智力示范单位”（2005 年）、“河南省引进国外智力先进集体”（2003 年）、“河南省引进国外智力先进集体”（2014 年）等多项荣誉称号。

由于科研成绩突出，他曾先后被评为享受国务院特殊津贴专家、全国优秀科技工作者、河南省科技创新杰出人才计划获得者、河南省优秀专家、河南省学术技术带头人，荣获“全国五一劳动奖章”、河南省创新型科技团队“功能化环境新材料研制与应用技术研究团队”学术带头人、“河南省五一劳动奖章”等荣誉称号，并连续 10 年年终考评优秀，同时获河南省科学院先进科技工作者荣誉称号。

徐亚平

多次荣获郑州公交总公司文明标兵、“优秀共产党员”荣誉称号，被评为郑州市“文明市民”、郑州市遵守职业道德“十佳”标兵、郑州市第十三届人大代表、2013年河南省十佳交通人物、全国优秀工会积极分子，并获得“河南省五一劳动奖章”和“全国五一劳动奖章”。

一、“是党员，就要感到自己代表党的形象，努力做一名优秀共产党员。”

作为一名共产党员，他时刻牢记党的宗旨，时时干在先，处处走在前。

（一）推出车厢的双语服务。他努力攻克车厢服务的英语关，使英语对话更规范。

（二）编写车厢服务百例。他学习了心理学，提出了车厢服务的“换位思维法”，并根据多年的车厢服务经验，总结出在无人售票情况下驾驶员服务百例。徐亚平认为：采用暗示法比用直接的方法更为艺术。又比如：对待不文明乘客他的方法是：你发火我耐心，你烦躁我冷静，你粗暴我礼貌。服务百例在线路上推广，使广大车长对服务有了更感性的认识，车厢服务上了一个新水平。

（三）行车中的“活地图”。随着公交运营的发展，徐亚平给自己提出了更高的要求，他不仅将本线路的沿途倒乘和地理情况做到了如指掌，而且利用业余时间对其他线路倒乘和经过的各大商场进行了走向调研，做到乘客有问必答、有求必应，被乘客誉为“活地图”。

工作中徐亚平把乘客当自己的亲人，用“心”去服务，用“情”来沟通，把“爱”洒满车厢。2010 年 1 月的一天，徐师傅的车已经启动，突然发现一位残疾老汉拄着拐杖，艰难而吃力地向车子走来，并示意要上车。他立即停车，示意老汉不要慌张，随后他打开车门主动迎上去，微笑地说：“慢点，慢点，别着急，我扶您上车！”上车后，他又替这位特殊乘客找个座，并问清他的下车站点，好到时提醒他。205 路号称“老年专列”，他针对老年乘客多的特点，总结出了“三先、三心、三稳”的服务方法。“三先”，即为老年乘客先问候、先找座位、先提醒下车位置；“三心”，即热心帮助、细心照顾、诚心服务；“三稳”，即车辆起步稳、行车稳、停车稳。

二、岗位创新、技能一流，成为优秀标兵驾驶员

工作中，徐亚平同志严格遵守公交驾驶员职业道德规范和要求，不断地钻研驾驶安全与节油的技术，他认为驾驶工作看似简单，实际上有很大的学问，要紧的是能否“钻”进去，并不懈探索。正是这种不断地探索与追求，使他多次获得总公司标兵驾驶员称号，并具备三个方面的能力：

（一）具有精湛的操作驾驶能力。以高超的驾驶技术保证每一名乘客及行人的安全。

（二）具有较高的车辆保修能力。为保证车质、不开带病车，他潜心钻研修理和保养技术，较系统地掌握了修保的基本经验和汽车构造。

（三）具有较强的总结归纳能力。新交通法出台以后，为了便于掌握新交通法条款与205路沿途的关系，他利用业余时间走遍整个线路，研究新交通法在205路沿途的注意事项；并绘制了205路安全行车地段图，归纳了沿途事故多发地的地段、交通警示地段、高峰堵塞地段及不同峰段的客流变化及驾驶对策并提交车队，为打造车队一流的安全管理工作创造了条件。

三、做好“传、帮、带”工作，带出一批岗位明星

多年的驾驶工作使他练就了一身过硬的本领，他要把自己的本领回报组织、回报给广大职工。他注意带好身边的新学员，传授经验、上车指导、发现问题、帮助解决；他先后拿出千余元钱帮助困难职工；为乘客做好事百余件，省会新闻媒体多次表扬他，他的车厢服务不仅在郑州声名远扬，在全国公交也闻名，树立了郑州的新形象。

这就是徐亚平，30年来，他把自己的真情和爱心无私地献给了乘客，以自己的实际行动、高尚的品质谱写了一曲“助人为乐、关爱乘客、讲文明树新风”的时代赞歌，以立足岗位，倾洒真情温暖着人民群众，充分展示着一名共产党员的坚强党性和崇高追求。

王复明

王复明，1957年3月出生于河南沈丘，土木工程专家，中国工程院院士，中山大学教授、郑州大学教授、博士生导师、黄淮学院客座教授和“工程振动与防灾减灾”重点实验室学术委员会

主任。

1982年，王复明毕业于郑州工学院；1987年，获得大连理工学院工学博士学位，之后在郑州工学院任教；1991年至1993年，在美国得克萨斯A&M大学做博士后研究；1993年，在郑州大学水利与环境学院任教；1996年，获得国家杰出青年科学基金支持；2001年至2012年，担任郑州大学水利与环境学院院长；2008年，被评为“中原学者”；2015年，当选为中国工程院院士；2016年，被任命为政协第十一届河南省委员会增补委员。

王复明长期从事基础工程设施安全维护理论与技术研究工作，在基础工程渗漏涌水防治和隐蔽病害诊治方面取得系统创新成果。他提出了构建土质堤坝柔性防渗体的新方法，建立了非水反应高聚物扩散理论，发明了堤坝及地下工程防渗堵涌高聚物注浆成套技术及装备。建立了层状结构介电特性及力学特性反演理论，提出了基于无损检测的高聚物精细注浆方法，开发了高速公路、高铁无砟轨道及地下管道快速非开挖修复技术。研究成果广泛应用于基础工程防渗修复及应急抢险，解决了多项重大工程难题。

张素丽

1989年，16岁的张素丽走进了洛阳机车工厂技工学校，学习钳工专业。

当时，老师让同学们练习打扁铲。由于当时不会用劲儿，张素丽两只手死死地攥住扁铲和手锤，而且动作不协调，以致手掌磨出了水泡，左手的虎口周围被打得青一块紫一块，有的地方还渗出血。

不服输的张素丽向老师要来实习厂房的钥匙，利用课余时间埋头苦练。半个月后，张素丽“三铲錾钢筋”的本事终于练就，甚至强过男同学“四下断钢筋”的最好成绩。

凭着这股韧劲儿，张素丽渐渐地成了学校的尖子生。从二年级开始，张素丽就时常代替老师给同学们做各种实操示范。1991 年，张素丽在全国厂际技校技术比赛中获得了第二名的好成绩，技校毕业时，张素丽已将五级钳工证书握在了手中。

1992 年，张素丽以钳工专业第一名的成绩，进入中车洛阳公司。27 年的时间，张素丽从不服输、敢较真的青涩工人成长为钻难题、带领团队搞创新的大国工匠。

经过刻苦钻研，张素丽可以将重叠的两张 A4 纸只钻透上面一张，而下面一张没有丝毫破损；还可以在新鲜鸡蛋上钻孔，外壳钻透而内膜不破损。渐渐地，张素丽成为厂里的业务顶梁柱，工友们一有疑难问题就找她请教、解决。

一次，某款刚刚在国内应用的进口制动器出现了故障需要“拆解维修”，但部件车间的工友们面对这个“新玩意儿”不知从哪里下手。没办法，大家只能向张素丽求教。没有图纸，没有技术资料，怎么办？张素丽说：“试试呗，一点儿一点儿弄。”整整一个下午，通过不断地摸索和尝试，这个之前从未见过的“洋物件”终于被张素丽完整地拆开了。凭着良好的手感，张素丽找到肉眼难以发现的微小损伤并给予修复，为企业省去了昂贵的返修费用。

2010 年，“张素丽技能大师工作室”在中国中车洛阳机车有限公司成立，这是全国首批 50 个技能大师工作室之一。培养更多大国工匠，让工匠精神发扬传承，成了张素丽孜孜追求的新目标。在张素丽的带领下，工作室的成员们攻克了 HXD1 型电力机车轮对齿轮箱漏油、轮对轴承在线厂外报警、港铁探伤车车体制造、宝工转向架制造组装、广州地铁轨检车落成等46项技术质量难关。如今，工作室已累计带徒75人，其中14人取得高级技师证书，17人取得技师证书，44人取得高级工证书。

她本人也先后荣获全国技术能手、全国三八红旗手、中华技能大奖、“全国五一劳动奖章”、全国劳动模范等荣誉称号，并受邀参加了2019年新中国成立70周年在天安门广场举行观礼活动和2021年中国共产党成立100周年天安门广场庆祝活动。

马玉璞

马玉璞同志政治坚定，作风扎实，廉洁自律，在职工群众中有很高的威信。主要事迹有：

一、建立“一所两制”的管理模式，推动传统军工研究所走向国内领先、国际一流的高科技产业集团

实施“一所两制”，对军工科研和科技产业进行分线管理，大力推进科技成果转化和高新技术产业化，极大地促进了军民融合式发展，使七二五所从一个传统的军工材料研究所转变为国内领先、国际一流的高科技产业集团。目前全所拥有9个研究室、2个研发中心、13个高科技产业公司（其中1个在创业板上市，5个为上市公司子公司），成为国内科研院所发展科技产业的新标杆。七二五所作为海军材料技术支撑单位，为我国所有在役、在建的舰船装备提供军工科研和军品供货服务，并出色地完成了包括辽宁号航母、

“蛟龙”号载人深潜器等军工科研任务，为海军装备建设做出重要贡献。总收入从 2005 年的 10 亿元增长到 2014 年的 75 亿元，利润总额从 1 亿元增长到 7 亿元。2010—2014 年，全所分别实现收入 40 亿、51 亿、60 亿、65 亿、75 亿元，分别实现企业增加值 13.70 亿、18.10 亿、16.80 亿、18.20 亿、20.30 亿元，分别上缴税收 4.30 亿、3.90 亿、4.00 亿、4.20 亿、5.60 亿元。连续 9 年入选河南省百强企业，2011 年以排名第一获得河南省省长质量奖，2012 年获得全国推进卓越绩效模式先进企业、中国制造业十大创新企业称号，2013 年获得中国质量奖提名奖，树立了我国科研院所发展科技产业的典范。

二、坚持自主创新，唱响“中国创造”

马玉璞同志坚持创新驱动，着力建设以企业为主体的科技创新体系，使产业公司成为科研创新的决策主体、研发经费投入的主体、科研组织和成果转化的主体，不断强化企业的自主创新能力，持续增强企业的核心竞争力，形成了“生产销售一代、研制注册一代、预先研究一代”的研发模式。在经费投入上，以自主投入为主、国家投入为辅。“十二五”以来，每年自主投入在 2 亿元以上，占科研总投入的 60% 以上。2014 年全所自主投入科研经费 3.30 亿元，占总投入的 73%。“十二五”期间，全所每年转化应用新成果新技术 100 项左右，产生经济效益 10 多亿元。以“天宫视野”从全球寻找人才，先后从英国、美国、中国台湾地区等引进了多名专业领头人。其中 2 人入选国家“千人计划”。七二五所有 300 多项科研成果填补国内空白或达到国际先进水平，申请专利 1300 多项，发明专利达 80%，500 多项新成果新技术转化应用到国民经济多个领域。七二五所在核心专业领域主编了国家标准及国家军用标准160多项，并代表我国参与国际海事组织船舶涂料新标准、国际船级社高强钢止裂性能评价等多项国际标准，是全国10多个标准化技术委员会主任或委员单位。七二五所各产业板块的主导产品在细分市场均处于领先地位或第一方阵：精铸高尔夫球头占全球市场的1/3，2MW风电叶片占国内市场的1/3，高铁桥梁支座占国内市场的1/3，船舶压载水管理系统销量全球前三，心脏支架占国内市场的1/3。七二五所连续6年在中国船舶重工集团公司科技创新评比中名列研究院所第一。

三、构建和谐研究所，履行社会责任

马玉璞同志坚持把七二五所打造成为全体员工“成就事业、享受生活”的和谐发展平台，为每一名员工提供发展空间和通道。坚持做好离退休老同志工作，请老同志代表参加全所工作会议，每年交流座谈1—2次，征求意见，解决他们遇到的困难，发挥他们的作用，在职职工、离退休职工关系和谐。坚持送温暖，维护员工切身利益，不断提升员工幸福指数。做好帮扶工作，开展对口扶贫，为农民建设饮水工程和新农村书屋。注重以科技创新推动环境保护，把生态文明融入企业发展过程中。马玉璞同志被河南省国防邮电工会授予“职工之友”称号。

七二五所获得工商AAA级信用，获得国家国资委效能监察和中船重工集团公司廉政建设先进单位，中船重工集团公司召开现场会进行推广先进经验。党、政、工、团均获全国荣誉，主要有：全国文明单位、国有企业“四好”领导班子先进集体，中央企业先进集体，中央企业先进党组织，全国模范职工之家，全国五四红旗团委等。

四、履行材料专家职责，投身海军武器装备建设

马玉璞从事军工科研30多年，先后承担30多项国家重点军工科研课题，在我国首艘航母建设改造中承担相应工作，为海军武器装备发展作出了自己的贡献，获得省部级科技成果10项；担任解放军原总装备部隐身技术专业组成员及国防成果奖评审委员等10多项学术职务，参与国防装备建设发展规划的制订，是全国先进材料学科学术带头人之一。

张　慧

张慧，女，汉族，1980年生，中共党员，河南省鹤壁市人，2002年7月经招警考试合格后入警，2007年1月加入中国共产党，在职研究生学历，现为鹤壁市公安局治安管理支队民警。她先后获得："全国先进工作者""全国巾帼建功标兵""全国三八红旗手""全国公安系统二级英雄模范""全国公安机关爱民模范"等多项荣誉，荣立个人二等功两次，曾多次受到习近平总书记等党和国家领导人的亲切接见。

张慧同志从警20年，其中整整15年一直工作在基层派出所，干遍了派出所的业务岗位，办过案、出过警，做过窗口户籍警，还当了8年社区民警。因患系统性红斑狼疮自2017年从社区民警岗位先后转岗至鹤壁市公安局党风政风监督室、治安管理支队工作。但无论岗位如何调整，她服务群众的初心没有变，爱岗敬业、忠诚

履职的信念没有变，始终坚持把群众的事儿放在心上，初心不忘、矢志不渝、牢记使命、全情为民。20 年来，她用实际行动践行了公安本色，诠释了劳模精神。

一、爱岗敬业、争创一流，坚守入党从警之志

扎根基层派出所的 15 年中，张慧始终坚持全心全意服务辖区群众，以日常工作践行党的群众路线，打造民生警务。提出“两满意标准”——让群众“分内事对结果满意，分外事对服务满意”，为群众提供各类咨询及代办 3000 余人次，解决难事难题 180 余件。她坚持做服务群众的守护人：在“内保培训班”上，为全市各中小学校安保副校长进行防范专题讲座，专门开展面向学生的法制讲座与防范知识专题教育 160 余场，教育学生 30000 多人次。编写“校园安防课件”免费给全市 90 多所中小学使用，制作防范知识光盘免费对辖区学校幼儿园进行发放，从而有效地预防了青少年违法犯罪、减少了校园安全事故的发生。她在重点人员管控矛盾纠纷化解上，坚持“传统 + 创新”及时化解，不留隐患。“传统”就是她始终牢记党员民警的身份，真诚对待辖区群众，问题不上交，积极化解矛盾纠纷，做好人员管控工作，坚持“一份责任心，一个好脾气，一副热心肠”，“创新”则是她在管控化解过程中将心理技巧运用其中。张慧利用业余时间，学习心理咨询师课程，考取心理咨询师三级执业资格，从心理状态上、从相处交流上开解群众 200 余人次，有效地化解矛盾纠纷，做辖区群众“暖心人、贴心人”。在基层工作中，张慧总结了自己的“5+1”工作法，“5”指的就是群众工作“五项要求”：真诚、实在、到位、有效、持久，“1”指的是“一个态度”，即对工作负责、对群众热忱。做到情系群众把小事办好，

碰到群众的急事难事，就得坚持：急必解、困必帮。2014 年 7 月，一位叫张利的江西姑娘在网上发帖求助，希望能帮她 96 岁的姥姥找到失散 30 多年的外孙、外孙女。称姥姥当年改嫁，从湖南到江西峡江定居。而姥姥在湖南还有一个女儿，后来嫁到鹤壁，1983 年因病去世，留下 5 个孩子在鹤壁，两男三女，如今也四五十岁了，孩子们在 1984 年给姥姥写过一封信后，就再也没了消息。从 1984 年到 2014 年，从江西峡江到河南鹤壁，横亘其间的是 30 年的光阴、2000 公里的路程，要尽快实现姥姥的夙愿，谈何容易！张慧接到求助后，通过网络多次与张利进行沟通，可有价值的线索太少了！除了在 1984 年收到过孩子们从鹤壁寄往江西的一封信，通过信中内容，知道孩子们当时都在鹤壁，剩下的只有几个不完全确认的名字。但张慧丝毫没有气馁，更没有放弃！将心比心，她能理解风烛之年的老人寻找亲人的急切心情！

她与张利反复沟通、利用业余时间对线索一一核实查证，从大量的户籍信息、个人信息中去寻找每一个可能。功夫不负有心人，经过长达 20 多天的奔波、忙碌，张慧终于确定了当事人的相关信息，联系上了老人的外孙呼建喜，让中断 30 年的亲人情缘，重新联结起来！当张利把姥姥与失散多年的外孙和外孙女相认时的照片发给张慧的时候，她也被照片上那暖暖的亲情所感染！她付出多少老人不用知道，老人家只要在有生之年能够得到骨肉团圆的满足感，了却老人家风烛之年仅存余愿对她而言就足够了。

二、淡泊名利、甘于奉献，不忘服务群众初心

张慧同志始终坚持把群众的事当自己的事办，把群众的小事当大事办，真诚服务，随着社区工作的积累，为了能更好地为群众办

事，她总结出“两满意标准”：“让群众分内事对结果满意，分外事对服务满意”较好解决、服务群众“最后一公里”问题。在社区工作中推出延伸服务：“民警帮您问”，利用社区民警在公安机关最基层工作，掌握较多信息资源的优势，为前来办事、咨询的群众提供代问、代办服务，在办好分内业务的同时，对于分外的事不是一推了之，而是以耐心的态度加以解释，为群众说清该怎么办、到哪办、找谁办。尽可能打电话联系好人，让群众直接过去就能办，极大地方便了辖区群众。为群众提供各类咨询及代办 3000 余人次，解决难事难题 180 余件。

她与辖区老上访户高姐一家至今结缘已 12 年，从上访敌视、到认可息访、再到胜似家人，帮办低保、日常帮扶、走访谈心。为了帮助高姐有自闭症倾向的儿子，她考取心理咨询执业资格，从心理疏导到帮扶生活，她对高姐一家细致的关怀与帮扶从未因岗位的改变而中断，她时常会从心理上开导他们母子使他们学会交流。开学了，她给孩子送去书包，给他讲做人的道理。随着孩子升学，她与孩子所在的小学、中学做好沟通，让校方多给孩子一些关爱。患上慢性病系统性红斑狼疮后，张慧同志离开了社区岗位，可是她却没有放弃对高姐一家的关心与帮助。她在做好新岗位本职工作的同时，坚持着对高姐一家的帮扶。节假日她带去慰问品，为孩子送去新衣，跟高姐谈心聊天帮她做心理疏导，可高姐的心病还是孩子，当初的小不点儿现在已经是 19 岁的大小伙子，可高姐发愁的是，孩子不与社会沟通不与父母交流，除了上学就是窝在家里打手机游戏，除了吃饭不出房门，跟父母一天也说不了几句话。张慧与孩子交谈，为他做心理疏导，拉他走出房门，问他：孩子，记得阿姨吗？孩子说：记得。声音又低又小。张慧又问他：阿姨买给你的那些衣服合适吗？你喜欢吗？孩子点点头说，合适、喜欢！声音比喃喃自语大不了多少。比她还高半头的小伙子，只会低着头，偶尔露出一点儿怯生生的微笑，快到让你抓不住，就急切地又收了回去，给人最直接的印象就是胆怯、自卑、缺乏信心。他给孩子讲怎样微笑、怎样说话、怎样安放视线与手脚、怎样交流。她问：孩子，你为什么不与人交流、不与社会接触，是不知道怎么做还是不敢啊？孩子低着头小声说：阿姨，我害怕。看着孩子、看着高姐、看着这个家，张慧作为一个母亲，这一刻，她心酸极了。高姐这个家不能散啊！为了让孩子能够获得正常的沟通能力，张慧和孩子约定，到了孩子放暑假时请公休带他做社会实践，提高他沟通的能力与信心。他们加了微信，张慧在微信上与孩子保持着交流与沟通，孩子在改变，微信名从空白换成了天道酬勤；孩子是好孩子，他也有上进心，有向上向好的愿望，缺少的是随时随地有人能拉上一把。孩子放假了，她请公休假陪孩子去做社会实践，只为让孩子获得正常的沟通能力，提高沟通信心。她请好公休假，与星动感健身中心负责人沟通，给孩子提供一个做营销推广方面的社会实践机会，接受相关的培训。孩子情况特殊，从应聘环节她就提前做好安排，她陪着他在街头与行人沟通交流。让张慧欣慰的是，孩子知道她是红斑狼疮患者，担心她被阳光晒到，走得远了担心她被累到，她说，孩子没事儿，阿姨裹严点打上伞就行了，平时阿姨也是要上班、上街的啊。跑了两天，看到她腿上因为劳累，出现皮损冒出的出血点，孩子很内疚，自责地说：阿姨，对不起。多好的孩子啊，心存善良。让她更加感动的是，很多市民朋友对孩子的鼓励，会耐心地听完孩子磕磕巴巴的介绍，鼓励孩子加油，也会对她说，你放手让他自己来，多锻炼锻炼就好了！健身中心的负责人从来没有说过让孩子来锻炼会给中心带来影响，而是说，很愿意能去多帮帮孩子，只要孩子愿意随时都可以，中心会帮孩子进行培训、会给他适时的鼓励、会安排活泼开朗的小伙伴儿多带他一起。张慧的公休假期结束了，孩子的路还很长，她惊喜地看着孩子从最初的不敢抬头、不敢张口，到主动搭话、进行介绍，张慧高兴于孩子的每一点进步与成长。2021 年，孩子大专毕业后向往部队生活想去当兵，却因为体检问题没能如愿。张慧宽慰高姐两口子，鼓励孩子别灰心，帮着他们分析失利原因和下一步的努力方向，还与区武装部的同志沟通，希望能给孩子更多的指导与帮助。2022 年 3 月孩子光荣入伍，张慧继续与孩子保持联系，鼓励孩子适应部队生活，在部队的锻炼中不断成长。

三、担当尽责、爱岗奉献，关键时刻顶得上

2021 年 7 月下旬，鹤壁连遭极端强降雨，严重内涝和上游泄洪使两县防汛救灾形势异常严峻。当时张慧在近一年时间里住院六次，年初还做了胸腺瘤手术，4 月份出院后身体状况一直在恢复中，可是不论汛期的工作备勤还是灾后走访，她始终坚持参加，不落一天。她每天在单位工作备勤到半夜，回家再熬好第二天一天的中药。8 月 27 日下午，市局拉响紧急集合铃，两县灾区紧急支援，张慧同备勤的同志们一道顶上了防汛救灾一线。颇有经验的她，带上药品与雨衣做好通宵执勤的准备，克服疲乏、气温潮热、蚊虫叮咬，与大家一道空着肚子坚持做好执勤工作，在大堤上坚持执勤 6 个多小时，忘了自己是个出院不久的病号。上了大堤到了防汛一线，就只是一个党员民警，关键时刻就要冲得出、顶得上。在防汛救灾期间，张慧还利用好自己“网络大 V”身份，积极在微博微信上转发防汛救灾、捐助方式、现场情况等信息，推送汛期灾后反诈防骗知

识近百条，更好地服务防汛救灾工作，做好舆论宣传引导工作。

作为一名党员民警，张慧始终坚持岗位在变，忠诚履职、一心为民的初心不变，爱岗尽责、敬业奉献的担当不变，努力做到人民警察为人民！在以后的工作中，不管什么样的任务，不管什么样的工作岗位，张慧将会始终坚守一个党员民警的本色，时刻牢记党的宗旨、公安工作要求，立足本职岗位努力工作，对党绝对忠诚、对事业无限挚爱、对群众真诚无私，做合格党员、存劳模本色！

史世领

史世领同志现任刘庄村党委书记、村委会主任、刘庄村办集体企业河南新乡华星药厂党总支书记、河南新乡华星生物药业有限公司总经理（目前该有限公司处于筹备征地阶段）。刘庄村办企业长期为国家和社会作出了积极的贡献，2010 年以来累计上缴国家税金 13955 万元，解决周边群众劳动就业 3000 余人。

一是牢固树立科学发展观，积极探索集体经济发展的有效实现形式。坚持走新型工业化道路，努力在转变经济发展方式上取得新突破。村办集体企业新乡华星药厂始建于 1985 年，当年建成并投产，经历了从小到大，从大到强的发展历程，并适时创新，勇于攀登，超越自我，永不满足，目前固定资产达 15 亿元，无论是品种和规模都具有弹性双向拓展功能，是国内最大的肌苷生产企业和全球最大的抗生素原料药生产基地之一，产品出口到欧美、印度等数十个国家，出口总量在全国同类产品中名列前茅。核心工段和关键部位全部采用国际一流的先进装备，生产过程大规模实施计算机在线控制，拥有一支“高精尖”人才研发队伍。华星药厂发挥自身优势，带动周边乡村加快发展步伐。采取不同形式，吸纳了周围3000多名剩余劳动力就业，并利用企业上下产业链的关系，带动周边乡村上项目、办企业，实现了优势互补，共同发展。正在筹备的河南新乡华星生物药业有限公司围绕新兴生物医药原始性创新积极探索研发，将为刘庄转型发展产生深刻影响。

二是依法治村，以德治村，刘庄村曾先后荣获全国先进基层党组织、全国文明村镇。坚持完善各种规章制度，培育新型农民，开展普法教育，使职工村民学法知法守法；开展公民道德、社会主义核心价值观教育，推行家庭民主管理，实现家庭和美、邻里和睦、人际和谐，党风正、村风好、民风淳在刘庄得到了充分的体现。

三是关注民生，始终坚持发展成果由广大人民群众共享，村集体建立健全村民职工退休养老保障制度、医疗保障制度等社会保障体系。村内退休人员除享受40多项公共福利外，退休党员和60岁以上退休村民年退休金为9600元，其他退休人员年退休金为8400元，未成年人的生活补助又有新的增加。全村群众由集体出资全部参加新型农村合作医疗，村民除享受国家的各项优惠政策外，集体在此基础上全部报销，基本实现了老有所养、学有所教、病有所医、住有所居、劳有所得、人尽其能。同时重视基础教育，投资2600万元建设从幼教到高中的现代化教育园区；注重在岗教育，举办各种专业培训班，长短结合；开展群众性的健身娱乐活动。村集体投资2.30亿元，规划建设400套第三代、每户472平方米，人均120平方米，配有中央空调、信息网、路网、电网、轻音乐、集中供热供气、供水排水、生活废水处理、休闲健身广场、中心花园、安保全天候监视系统等设施完备的现代化、智能化、花园式农民别墅，全村村民全部入住，使群众真正达到既富裕又幸福。2014 年村民年人均可支配收入达 3.50 万元。

四是抓党建，强化政治保障。工作中，主要从三个方面抓好党的建设。一是把班子建强。始终把班子建设置于重要位置，开展了“五好三有”党支部创建活动。坚持抓学习不放松，村党委每周进行一次集中学习，建设学习型党组织。坚持发扬民主，重大问题必须经过集体讨论，大多数群众同意的事就坚决办，大多数群众有意见的，坚决不办。加强作风建设，严格要求自己，处处走在前、干在先，立标杆、树形象，在党员干部中实行“五免职”“五带头”，使广大党员干部牢固树立正确的世界观、人生观、价值观。二是把队伍带正。在党员中开展了争做“五讲三立”优秀共产党员活动，坚持每月召开一次组织生活会，两个月上一次党课，半年举办一次培训班。修订完善了党员培训、民主生活会等 240 多项制度，每名党员联系 2—4 户，定期或不定期到联系户家里走访，及时了解群众的意见和建议。村党委每年对党员进行 1—2 次群众评议，对评议出的优秀党员进行表彰奖励，形成了创先争优的浓厚氛围，使党员干部永葆先进性。三是把群众带好。坚持开展以评选劳动模范、“五好”文明家庭、好婆媳、妇女标兵等为主要内容的精神文明系列创建活动。对评选出来的先进人物在精神、物质等方面给予奖励。每年坚持组织 300—500 名党员群众到先进地区学习考察，激发党员群众干事创业的热情。

史世领同志曾荣获全国“五好”文明家庭、国家星火示范奖、全国优秀党务工作者、全国劳动模范、河南省优秀共产党员、河南省明星乡镇企业家等荣誉称号。

孟祥忠

孟祥忠，航空工业新航一名普通的钳工，33 年的军工生涯使他磨炼出精如玉、细如丝，匠心独运、追求极致的工作品质。从一个稚嫩懵懂的技校毕业生，到航空工业钳工首席技能专家、中原大工匠、中国质量工匠、全国技术能手、全国劳动模范、航空工业优秀共产党员、“孟祥忠班组”领头人，他用不懈的追求，与型号同成长，与航空共腾飞，在生产一线生动地诠释着“忠诚奉献 逐梦蓝天”的航空报国精神。

一、精雕细琢练绝技，匠心独运铸国器

在中国航空工业发展历程中，时时面临着国外技术封锁与遏制。当中国航空工业向“20 时代”挺进的时候，需要自主解决的技术难题就越来越多，孟祥忠不信邪，不服输，始终坚信只有拿下“硬骨头”才能成就“真把式”。每当别人在困难加工任务面前犹豫时，他就主动上前。经过长期的磨炼，他掌握了在奇形怪状的毛坯上查找基准，在飞机专用高温合金、复合材料等加工难度非常大的材料上钻孔、加工螺纹，以及比玻璃镜面要求还要高的平面与孔的研磨技术，练就了专揽“瓷器活”的“金刚钻”。

航空工业新航是中国航空机载设备重点企业，为各型军机、神舟、天宫、航母等国家重点项目工程配套产品 3600 余项。伺服阀在航空航天领域应用广泛，而“巴统”、《瓦森纳协定》明确提出对中国技术禁运。滑阀偶合件是伺服阀实现产品功能的关键

零部件。国家某重点型号余度转换阀主要有 7 组滑阀偶合件，滑阀直径从 φ4.78mm 到 φ16.20mm，偶合件配合间隙要求满足 0.004 ~ 0.006mm，配合面圆柱度要求 0.001mm，表面粗糙度要求 Ra0.1，工作压力高达 28MPa，在国内尚属首例。偶合件配合阀套和阀芯，按设计要求零件圆柱度公差仅为 0.001mm、零件配合后零件间隙为 0.003mm，通俗地说就是要达到一根头发丝直径的七十分之一。由于这类精密加工技术根本无处可查、没法借鉴，很多人都打了退堂鼓，孟祥忠自告奋勇挑起了大梁。他从研究分析该偶合件的结构特点入手，打破传统零部件设计加工的思维模式，采用“反推法”进行设计加工，即变精加工到半精加工再到粗加工。他从研磨设备到研磨工具的设计、从研磨余量的确定到研磨膏品种粒度的选定、从粗加工研磨到精加工研磨抛光、从研磨操作手法到研磨后的清洗等入手，一步步破解技术、操作和测量中的难题。为了获得精准试验数据，他在试验仪器旁一守就是三天三夜（一个试验周期）。然后依据试验数据、零件状态等，调整加工参数，再蹲守再调整，仅试验数据就记录了三本，共 20000 多组。经过反复试验、摸索测量，他逐渐找到了保证加工精度的办法，终于完成了产品的图纸编制和加工任务。0.001mm 的精度，远远超过了当时企业最精密检测器具的测量精度，同时也填补了新航在此项加工技术领域里的一项空白，推进产品结构上了一个新的大台阶。目前这一技术已被广泛应用到了航空、航天、高铁、工程机械等伺服阀产品的生产中，为中国制造全面提升提供了有力支持。

二、潜心钻研屡突破，最难零件我来干

“如切如磋，如琢如磨。”正是他千百次磨炼、下手如有神、独

具匠心的现实写照。作为一线工人，孟祥忠勤动脑、善总结，将个人技能心得总结为技术成果。他获得个人专利 6 项（两项发明专利正在公示阶段），全国、省级、市级创新成果 40 多项，先后编写《机加件光饰工艺规范》《插板类产品壳体划线工艺规范》及大量标准作业指导书等，填补企业多项加工工艺空白。他累计自制工装 800 余套，技术革新几百项，废旧刀具工装再利用 2000 余件。当年青涩稚嫩的小孟如今已经成为大家心目中响当当的“老孟”，成了人人称赞的技术大拿，大家由衷赞叹“在新航，钳工的任何难题到孟祥忠这儿，基本就是到头儿了。”

三、传承引领作表率，同心共筑强国梦

作为军工战线上的技能带头人、班组长，孟祥忠言传身教带领出一支善于攻关、能打硬仗的技术工人队伍。以他名字命名的“孟祥忠班组”获得航空工业“六型示范班组”“全国工人先锋号”等多项荣誉称号，班组 22 名职工中已有高级技师 6 名，技师 5 名，成为新航技能水平最高的班组。他领衔的“孟祥忠劳模创新工作室”，累计完成创新改善项目 653 项，申报专利 22 项，培训员工 3000 余课时、1800 余人次。孟祥忠劳模创新工作室，不单单是企业技术创新的“孵化器”、培养高技能人才的“练兵场”，更成为全行业的共享平台。从 2019 年开始，孟祥忠积极探索建立劳模工匠工作室联盟，打破地域和行业界限，把河南省内有影响力的劳模工匠创新工作室有效聚合起来，围绕生产技术难题共同开展攻关，不断放大创新的“乘法”和“倍增”效应。

荣誉不是功劳簿，责任就是进军号。近年来，孟祥忠先后担任河南省总工会兼职副主席、河南省职工技协理事长，为河南省职工

队伍的成长出谋划策；作为全国劳动模范代表参加“中华人民共和国成立70周年系列庆典活动”“庆祝中国共产党成立100周年大会”；作为河南省职工宣讲团成员，带头宣讲习近平新时代中国特色社会主义思想和党的十九大精神，弘扬劳模精神、劳动精神、工匠精神；参加河南电视台《对话中原》等节目，以嘉宾身份讲述个人成长心路历程，身临其境阐释职业技术人才应有所为、大有可为，主动融入国家民族伟大事业的历史使命和责任担当，成为河南省“劳动光荣 创造最美”的优秀代言人。孟祥忠作为河南多所院校客座教授、全国总工会中工云课堂讲师，始终不忘初心，以质朴的工人品质传授绝招绝技，不断发挥着自己的聪明才智，传承和发扬着航空人创新超越、敬业奉献的优秀品格。

郭爱萍

年近40的郭爱萍给人以干练、亲和的印象。一谈到工作，她总有说不完的话。从事驾驶员工作10多年，她把10米车厢作为实现人生价值的舞台、传播精神文明的阵地。她被乘客誉为“微笑天使”，先后荣获先进生产者、生产标兵、优秀机动车驾驶员、文明公交驾驶员、“五一”巾帼奖和市“三八”红旗手、全国建设系统劳动模范、焦作十佳爱岗敬业道德模范、“身边的榜样”等荣誉称号。在2011年2月，她被中华全国总工会授予“全国五一巾帼标兵”的称号；同年12月，她又用实际行动践行着“三平精神”，经过推选，获得了荣誉称号，被《焦作日报》、焦作人民广播电台、焦作电视台等多家媒体进行宣传。她在2013年再次入选为“雷锋精神在中原，先进典型在身边”身边榜样候选人；2013 年 4 月被焦作市人民政府授予“2008 至 2012 年度焦作市劳动模范”荣誉称号；2014 年 4 月被河南省人民政府授予“河南省劳动模范”称号。

一、爱岗敬业　精益求精

“干一行、爱一行、精一行”是郭爱萍上班第一天就给自己定的工作目标，也是她工作中始终坚守的信念。求精意念极强的她工作率、安全运行率在路队中遥遥领先。每月她都出满勤、干满点，超额完成营运指标，多次成为生产标兵。每逢重大节日，人力运力紧缺的时候，她都会放弃和家人团聚，主动请缨、听从安排、加班加点，确保线路运营秩序稳定、广大乘客满意而归。

为了及时发现问题，郭爱萍上班时总是随身携带一个笔记本，记下行驶途中的故障现象，下班后再去请教师傅们；宁可耽误回家的时间也争取把小问题当天解决，不把故障车留给对班驾驶员。车辆的每一次保养、每一个机件的维修等一些简单的事情也都是她及时反馈给修理工师傅的。郭爱萍是个有心人，在修理师傅修车时，她会经常在车辆的周围观察，并反复问车辆部件的名称和简单的维修方法。在郭爱萍的心里，车子就是自己的孩子，需要多加关心和呵护。就是这样的一股韧劲，使得郭爱萍的车辆维护技能也有了明显提高。

二、立足岗位　奉献真诚

鲜花、掌声、赞扬声纷纷围绕着郭爱萍，但在她看来，这都是大家对她工作的鼓励,鼓励她干出更好的成绩。为了不让大家失望，她处处留心，不仅能服务好乘客，还体贴共同奋战的同事们、关心集体的利益。她荣获市级“劳动模范”光荣称号后，用劳动模范奖金购买了皮手套、洗车刷，发给第二分公司每一位驾驶员，还给调度点配备了脱水桶，以便职工能快速地拧干拖把，方便打扫。“用力去做，只能达到称职；用心去做，才能达到优秀”是郭爱萍最爱说的一句话。

针对乘客这个复杂的服务群体，结合工作实际和自己掌握的一些心理学知识，她采取因人而异的沟通方式，有针对性地灵活运用服务用语。在2014年她又认识了一位新乘客智障儿童乐乐。对待这位特殊乘客，她付出了更多的爱心和关照。在她的带动下，整个路队的驾驶员都和小乐乐交上了朋友，做起他的“护花使者”。乐乐奶奶为了感谢大家对乐乐的关心，写了长达7页的感谢信并亲自送到了路队。随后，《东方今报》和《焦作晚报》对她以及路队驾驶员齐心照顾乐乐的事迹进行了报道。

2014年5月15日，《焦作晚报》一篇名为《这个闺女服务态度好得很　公交车女司机热心服务被乘客赞最美公交姐》的文章，对郭爱萍服务老人的事迹进行了报道；6月24日，《焦作日报》第三版对郭爱萍多年来诚心服务乘客的事迹进行了报道。同时，近两年，网络上也多次刊登了她文明服务的事迹，如《向28路公交司机致敬》《美丽的28路女司机》等都是对她优质服务工作的肯定。她的礼让斑马线事迹被焦作各大媒体报道，她的文明举动得到了广大市民、乘客的一致认可。在同年的六月，总公司也对她的突出表现进行了表彰，并呼吁全体公交人向她学习。

三、锐意创新　引领新风

为了使模范、先进的行动激励更多职工，2014年焦作市公共交通总公司第二分公司在总公司工会的大力支持下，创建了“郭爱萍劳模创新工作室”。自工作室成立以来，郭爱萍深深感受到了肩上的重大责任，她变压力为动力，紧紧围绕工作室的创建宗旨，充分发挥劳模先进的示范激励作用，引领广大职工立足本职岗位，解决工作中的难点、热点问题，开展服务、安全、技术、业务创新活动，将工作室搭建成攻坚克难生力军展示才能的舞台，培养了更多先进人才，为打造优秀公交、创建美丽焦作贡献正能量。

创新工作室分为三个创新小组，郭爱萍利用自己对服务、安全、技术三方面的了解，多次与各小组组长进行深入探讨、研究，力争将这三项工作提升一个新境界。为了使工作室的创新工作更贴近生产实际、创造出更有价值的成果，郭爱萍还提出“创新课题要求实、推进速度要求严”的创新原则。

在服务工作上，她就结合自身的服务经验，总结出“十心”“六点”服务方法。从模范做好自身服务，到帮助职工开展服务工作，从转变职工服务意识，再到提高职工的服务水平，她一步接一步地将自己对服务的认识融入职工的心里，解开了大家对服务工作的误解，解决了许多职工在服务工作中的难题，提高了大家处理服务纠纷的能力。她还和工作室成员利用业余时间一同深入各社区，广泛征集市民对公交的建议和意见，并对市民提出的问题分门别类地进行规整，与公司结合制定可实施的措施和解答乘客的咨询。她和技术小组成员一同，从规范驾驶员操作和提升修理工维修水平入手，深入车间，汇总修理工维修中发现的因操作不当造成的问题；再通过跟车调查等举措，及时与驾驶员沟通并现场纠正不规范的操作行为，降低油耗。她通过近一年的工作，为公司节约燃油费近 17 万元。

在工作室成立的短短一年时间内，她赢得了 9 面锦旗、57 篇先进人物事迹报道、205 封表扬信……为乘客找回各类现金、物品折合人民币 15.30 万元，营运收入同比增长 3.58%，客流量同比增长 4.04%。

卢建强

卢建强同志，1975 年 6 月出生，中共党员，中国石化集团公司技能大师、中原油田采油专业首席技师。2006 年获河南省第四届青年科技创新杰出奖；2008 年获河南省青年五四奖章、河南省技术创新能手、中国石化技术能手、中国石化青年杰出创新创效奖、中国石化劳动模范等称号；2010 年获全国技术能手称号；2013 年获中央企业劳动模范称号，享受国务院政府特殊津贴。参加工作以来，他不懈学习、持续创新，解决了大量油田生产难题，创造了显著的经济效益和社会效益，先后获得 60 多项处级及以上荣誉称号，被誉为油田新时代的“金牌”工人。

一、扎根石油，学习成就梦想

1994 年 7 月，卢建强在中原油田采油技校毕业并参加工作，身为“油二代”，受家庭熏陶，当一名石油工人使他倍感自豪。他的父亲是一名“老石油”，从玉门会战到逐鹿中原，一干就是 40 年，精通采油、地质、电气焊，谙熟设备操作与维修等“十八般武艺”，1992 年取得国家首批采油高级技师职业资格。初出茅庐的卢建强以父亲为榜样，立志扎根石油，苦练技术，有朝一日超越父辈的辉煌成为他心中最大的“石油梦想”。针对理论和实际操作匮乏等劣势，强烈的求知欲促使他干中学、学中干。他工作之余经常跑书店购买采油、注水等专业书籍，并到兄弟单位工地学习观摩，请教同行；多年来共涉览各类专业书籍150多套，读书笔记120万字。他在学习中坚持理论与实践、个人自学与外出培训、勤学与苦练相结合，逐渐总结出了“看、听、练、研”四字学习法，实现了技能与学历双提升，先后取得采油工、注水泵工、采油地质工、水质化验工等职业资格证书，还取得了西安石油大学、北京石油大学安全工程大专与本科学历。2001年以来，他连续4年成为采油四厂工人技术比武注水泵工第一名；2006年他又荣获中原油田第八届工人技术比武注水泵工第一名。他还先后在《石油机械》《石油技术监督》等刊物发表专业论文19篇。

二、爱岗敬业，奉献诠释责任

独木不成林，百花才是春。为使更多青工成才，卢建强甘当人梯。他将自己多年积累的知识和经验毫无保留地传给身边的同事和徒弟，义务举办培训班，主动做好传帮带。他每年授课150多学时，先后与42名青工结成师徒对子，培养出26名技师、高级技师，12名油田及省部级技术能手，其中8人在省部级技能竞赛中获奖。在担任中原油田53号站站长期间，他创新管理模式、强化激励措施，打造了一支锐意进取、勇于创新的优秀团队。站上17名职工全部取得大专及以上毕业证书，人人持有采油工证、注水泵工证、水质化验工证这3证；该站先后荣获全国中央企业“学习型红旗班组标杆”、河南省“工人先锋号”和“青年文明号”等30余项荣誉。2009年，油田成立了“卢建强创新工作室”。带领徒弟们一起创新，成为他工作生活中的一种乐趣、一种享受。一人进百步，不如百人进一步。2010年年初,他率先提出并创建了中国石化首家技师工作站,制定工作制度和管理流程，与每名进站技师签订目标责任书，带领技师攻关克难，开启了技术工人的创新引擎。4 年来，他带领技师工作站先后解决现场技术难题 1100 项，取得厂级及以上技术创新成果 620 余项，获得国家专利 72 项；他所在的采油四厂连年完成油田各项生产经营指标。技师工作站和创新工作室管理运行模式已在各采油厂、中原油田及中国石化得到逐步推广，工作站先后被授予国家级“技能大师工作室”、全国能源化学系统“劳模创新工作室示范点”、河南省“职工学习工作室示范点”等多项荣誉称号。

三、立足岗位，创新彰显价值

创新是企业生存的灵魂、发展的动力。为把知识转化为解决实际问题的本领，卢建强凭着一股永不畏难的钻劲、永不服输的拼劲，学用结合、刻苦钻研，

他先后主持、参与完成技术革新成果 100 余项，提出合理化建议 300 余条，解决现场技术难题 320 项，获得油田及省部级以上创新成果 33 项，获得国家实用新型专利、发明专利 66 项，其中有 40 余项成果在油田推广应用，累计创造经济效益过亿元。他主持攻关的“延长柱塞泵泵阀使用寿命”课题，研制出新式泵阀，使柱塞泵泵阀检修期由 220 小时延长到 710 小时，该项成果获国家级、石油工业质协和油田 QC 成果一等奖，多家泵厂纷纷按图生产制造，该型泵阀在全国各大油田得到广泛应用；主持研制的高压注水站安全监控系统，使操作人员在值班室就可以对设备进行 24 小时全天候监控，被纳入应急管理部 2007 年度安全生产科技发展计划，该成果获河南省科技进步二等奖和国家专利；主持完成的“输油干线

温度控制合格率”项目，研制出水套炉自励式燃烧器，有效解决了原油集输过程中温度波动的技术难题，在油田推广使用后，年节约天然气 3000 万立方米，实现了节能降耗，该成果获国家级、石油工业质协和油田 QC 成果一等奖。多年来，卢建强的事迹被刊登在《工人日报》《河南日报》《中国石化报》《中国培训》等多家报纸杂志上。

郭爱玲

郭爱玲同志从警 26 年来，扎根基层、爱岗敬业，把为民、安民、帮民、便民、助民作为自己的神圣使命，用爱心谱写了一曲曲动人的乐章。2014 年 10 月，她在人民大会堂受到习近平总书记、李克强总理等党和国家领导人的亲切接见。2017 年 2 月，她总结的“望闻问切”工作法，在河南省公安警务创新博览会上进行展出，并在全省推广。

一、用心为民　迎难而上

波头集社区位于濮阳市中心区域，辖区现有人口 1097 户，3206 人，商业网点 864 家，市场摊位 632 个，出租房屋 1422 间，人均日流量两万多人，社区治安状况复杂。郭爱玲不分节假日，只要有空闲时间，就深入辖区，认真摸排情况，准确掌握了众多一手资料。同时她还组织并发动群众，成立居民调解委员会，由村里德高望重的群众和信誉度高的商户担任调解员。在她的悉心指导下，调解委员会把很多邻里矛盾消除在萌芽状态。多年来辖区无一起民转刑案件。

2017 年 10 月 9 日，郭爱玲在波头集商贸城走访时，发现编制毛线店铺门口挂上了处理毛线的牌子，当时正是毛线编制的旺季，店主处理毛线不合常理。她就找店主了解情况。原来，店主左青梅 9 月底刚进 5 万元毛线，而房东段红艳却要收回房子，限左 15 天之内搬走。她了解完情况马上做段红艳的工作，经过耐心工作，段红艳最终同意给左青梅宽限两个月时间。左青梅什么也没说，却于第二天一大早给郭爱玲送来了连夜编织的一副厚厚的毛线手套。

二、用心安民　闻警而动

在摸清辖区情况的基础上，郭爱玲督促波头集村委会投资 11 万元，安装监控系统，使社会治安有了技术保障。她创新成立了“波头集流动人口服务管理站”，总结出了“健全组织、调动群众、抓好两头、管好中间”的流动人口动态管理办法，较好地稳定了流动人口的思想，压低了各类安全隐患系数。她还利用网上警务室发布警情播报、民警提示，并联系辖区群众建立了 QQ 群、微信群，使群众不管在何时何地都能与她沟通交流。同时，为动态掌握社区治安信息，她发展各类信息员 122 名，为她提供社区内方方面面的情报信息。她利用情报信息抓获网上逃犯 4 名，破获案件 196 起，抓获各类违法犯罪人员 42 名，让犯罪分子闻风丧胆。不法分子不敢在波头集作案，波头集社区实现了“零发案”。

三、用心帮民　与民结亲

郭爱玲每天最重要的事就是“走街串巷”“登门入户”，和群众交朋友、唠家常，以便及时了解谁家有困难需要帮助，谁家有问题需要解决。她先后与136名困难群众结成了帮扶对子，解决群众实际问题450余件，为群众代办各类手续11102人次。辖区群众都把她当成亲人。

波头集有个老太太叫胡美云，她唯一的儿子因车祸身亡，老伴也撒手而去。这个家，只剩下老太太、儿媳及两个小孙女，生活十分困难。郭爱玲就把胡大娘一家当成重点帮扶对象，有事没事就到她家看看。她把胡大娘一家当家人照顾，夏天送去电风扇、灭蚊剂，冬天送去电热毯,每逢节日都送去节日必需用品。胡大娘逢人就说："俺家的事都是爱玲操心，她就是俺闺女。""波头集的闺女"也成了她的代名词。

四、用心便民　与民同乐

郭爱玲在走访中发现村里出现了十几张麻将桌，有人在打、有人在看。同时，她也了解到，群众并不想打麻将，但没有活动场地，业余生活单调，实在没事可干。于是，她就带上群众代表，先后与村委会沟通协调20余次，终于争取到了几间空房，建立了图书室、娱乐室，为居民搭建了一个全民互动的学习、娱乐平台；她还督促村委会购置了健身器材，保障居民的健身活动。郭爱玲还和村委一起，筹集资金，配备锣、鼓、音响等设备，打造出了功能健全、实用高效的文化活动中心。她积极融入群众的文化生活，和锣鼓队的群众一起学习乐器，并组织村里有文化特长的能人，共同创作、编排精品节目，丰富群众的精神文化生活。在此基础上她还带领群众组建了秧歌队、晨练队等，广泛开展文明向上的各种活动。为辖区居民送上了丰富的精神食粮，提升了群众生活的幸福指数。

五、用心助民　共抗疫情

自新冠疫情防控工作开展以来，郭爱玲与辖区居委会一起对整个波头集进行了严格的封闭管理：排查登记、检查体温、限制出行。她自己冒着严寒，在夜晚卡点值勤；同时，她还利用广播大喇叭、微信群进行疫情防控知识宣传。对于居家隔离的居民，她按时为其送去必要的生活物资，安抚好情绪；对于商户，她耐心劝说，让所有商户都按规定关门停业。在做好疫情防控工作的同时，她从微薄的工资中节省出 5000 元捐给了濮阳市红十字会，还购买了 2000 多元的消毒用品用于波头集辖区消毒；在她的带领下辖区群众纷纷为疫情防控捐款捐物。辖区疫情防控工作有序开展、无病例，辖区群众和谐稳定、没有一件纠纷，她的工作得到了上级领导的充分肯定和群众的一致好评。

郭春鹏

2015 年度“全国先进工作者”郭春鹏，是方城县一位普普通通的小学教师。17 年间，他用实际行动践行着人民教师的神圣使命，诠释着爱岗敬业、无私奉献的精神真谛。7 月以来，中共南阳市委在全市开展了向郭春鹏学习的活动，掀起学先进、比贡献、促发展的热潮。

1997 年，郭春鹏从南阳五师毕业后，便放弃留在县城工作的机会，主动申请回到师资匮乏的家乡杨楼镇任教师。1998 年，他在更换学校旗杆拉线时，不幸摔成脊椎粉碎性骨折，下肢几乎瘫痪，生活难以自理。他以顽强的毅力和执着的坚守，坚持锻炼两年，拖着残躯病体重回讲台教学，忍着大小便失禁的折磨备课讲课。校舍不够用，新生没地方安置，他把家腾出来当教室，带着妻子和未满月的女儿住进废弃多年、四面透风的小屋。不幸患上尿毒症后，为了坚守岗位，他冒着风险在家自行导尿；接受造瘘手术后，为了能够奋战在教学一线，他委婉回绝了学校安排的清闲工作，忍着剧痛再次站上讲台，插着引流袋坚持上课。17 年来，他一边到外地进行手术，一边以常人难以想象的毅力，拼尽全力坚守在教师的岗位上。

郭春鹏家境贫寒，为了治病和还债，他和妻子省吃俭用。但当看到贫困失学的孩子和孤寡无助的老人，他还要挤出一些钱或物资助他们。17 年来，郭春鹏先后获得"南阳市课改先进个人""河南省优秀教师""全国岗位学雷锋标兵""全国先进工作者"等荣誉称号。他说："我付出也收获着，清贫也充实着。我只希望，用平凡的坚守书写无悔人生。"

田双印

时间之河川流不息，30 多年后，龙门水文站"守门人"田双印的治黄人生悄悄和父亲发生了重合与叠加。那一刻，他终于读懂了父亲的"黄河魂"。田双印在内心深处与儿时缺少父爱的自己和解，继而敞开怀抱，接纳被时光印证的父亲的守河初心，也握紧了手中传承不断的治黄接力棒……

田双印，1986 年参加工作；多年来，他恪尽职守，驻扎水文一线，是“全国先进工作者”荣誉获得者，也是全河职工学习的榜样模范。

田双印驻守多年的黄委三门峡库区水文水资源局龙门水文站，是全河唯一一座建在悬崖上的水文站。这里是神话“鲤鱼跃龙门”之地，两岸山势高耸、峭壁夹峙，他和同事只能乘着晃悠悠的水文吊厢出行，与外界的联系维系在一根横越黄河的钢索之上。

虽则环境清苦，田双印却甘于坚守。因为传承自父辈的信念，让他真正理解了这份职业的重要与光荣。他说自己是守在龙门峡谷的守门人，坚守的人生价值就是“把脉江河苦与乐，守护国家安与平”。

是什么支撑田双印在悬崖小站上尽责孤守？是什么人启迪了他最初的治黄人生？很少有人知道，田双印踏上水文之路，一开始竟是因为和父亲“较劲”。

父亲是位“老水文”，在田双印的记忆里，只有在春节或者秋收、芒种的时候才能见到这个最熟悉的陌生人；一年到头相处十天八天，父亲就又要回到工作岗位。儿时的他心中有不解，也有埋怨。1986 年，不满 20 岁的田双印也成为了一名黄河水文人，他说：“选择水文工作，就是因为自己憋着一股劲儿，要证明给父亲看，在同样的工作岗位上，我是可以兼顾工作和家庭的。”他要做一个和父亲不一样的人。

带着改变的念头，田双印踏上父亲走过的水文路，这一走就是 30 多年。

这 30 余年，他辗转甘谷、龙门、三门峡、河津、潼关等多个水文站，经历过大洪水中的风雨搏斗，也品尝了与家人常年分离的牵挂与心酸。

“年初，我们要备汛，汛前准备任务繁重，一旦准备不周，会对汛期测报造成极大影响，所以不敢擅离。进入汛期后，又需要做到水情24小时值班，一刻都离不了人。黄河一年四汛相连，我只能找汛情平稳的时候，偶尔回家几天。我们也想家、想父母，但是我们离不开大河和峡谷，因为我们的职业在这里，我们的责任就在这里。”现在的田双印，从不在站上摆放家人的照片，因为每年能见家人的次数很少，放了照片怕徒增伤感，他说这叫“眼不见，心不念”。

对于这些付出，田双印说自己有些遗憾，但并不后悔，也没有委屈。因为父亲日记上的一句话一直在陪伴着他、激励着他：越是艰苦的地方越是锻炼人，越是要看到光明和光荣。

田双印与父亲的和解，在20多年前。那一年，父亲去世，田双印拿到老人留下的一只木箱。掀开箱盖的他，看到了封印在时光里父亲的艰辛与伟大：父亲田金锁生前的工作照片、工作日记、家人信件，还有厚厚一叠献身黄河的荣誉证书……箱子里整齐码放着一位老水文人波澜起伏的人生。

“田金锁同志：您为治理黄河辛勤工作三十年，在人民治黄四十周年之际，为表彰您的业绩，特发此证。”田双印常常抚摸着平整的荣誉证书，回想儿时父亲的音容笑貌。小时候父亲从未与他提及这些荣誉和成就，他也不曾想到，自己心中埋怨多年的父亲，原来如此可敬。

“小时候父亲会往家里写信，母亲经常把信看好几遍。母亲一看信，我就知道她想父亲了。”田双印看着满满一箱子的回忆，这里面承载的都是父亲的青春岁月。

多年后，田双印才恍然发觉，一心想要改变的自己竟然变得和父亲当年一样，一年难得回几次家、桌上不敢摆家人的照片。

当田双印变成和父亲一样的人时，他才终于理解了父亲。正如父亲日记中所言，田双印在最艰苦的地方得到历练，他找到了黄河水文精神的根，也看到了父亲看到过的“光明和光荣”。

从1986年子承父业至今，田双印受父亲影响，三十年如一日坚守初心，从思想上、行动上严格要求自己，力求干一行爱一行，全力保证负责的水文数据测得到、测得准、报得出、报得快，努力把自己本职内的事情干好。

“把本职工作干好”几个字，说着轻松，坚持却难。田双印遗传了水文“基因”，老一代黄河水文人吃苦耐劳、甘于奉献的精神在他身上得到传承和发扬。寒暑交替，他始终坚守在治黄一线，从一名普通工人成长为技能型、知识型高级技师，从仅有初中学历的普通职工走上了水文站站长岗位。

1992年8月，龙门水文站发生了30年一遇的洪水。那天22时许，水位突然急剧上涨，脚下是翻滚的波涛，耳边是巨浪在峡谷里的轰鸣；在如此惊心动魄的环境里，23岁的田双印和同事一起奋战了一夜。在整个洪水过程中，当时身为测验组组长的田双印带领几个职工，站在那悬在半空摇晃不止的吊箱上，共同完成了5次流量测验和4次输沙率测验，完整控制了这次洪水的水沙过程。那一夜，他犹如经历了一次涅槃，从此不再畏惧洪水。

2012年汛期，黄河中游持续出现大流量洪水，使潼关水文站的职工与洪水搏斗两个月之久。时任站长助理的田双印分管安全生产，每天都要带领职工在测船上奋战。那段时间，测船每天都要在惊涛骇浪中出入，多次遇到可怕的涟子水。涟子水像搓衣板一样的一波波洪水袭来，来回颠簸，极易翻船。好在测验人员和船工齐心协力、密切配合，凭着过硬的业务技术和长期养成的安全意识，在圆满完成相继 4 场洪峰测报任务的同时，没有发生任何事故。那两个多月里，田双印没有离开潼关水文站一天，没有缺席一次出船测验。

这样的事迹还有很多很多……每一个汛期、每一次大洪水，田双印都像“定海神针”一样，坚守在他的岗位上。

30 多年了，田双印除白天认真完成工作任务外，晚上还要发奋学习。在他宿舍的书桌上，整齐摆放着水文业务书籍，每一本都被翻得起了毛边儿。因为对水文测验规范记得准确牢靠，他被大家称为“水文活规范”。

经过多年平凡岗位上的钻研打磨、搏风击浪，田双印先后被授予全国先进工作者、黄委劳动模范、全河技术能手、全国水利技术能手、河南省技术能手等荣誉，大大小小 30 多本荣誉证书和奖杯、勋章令人瞩目。

但是，和父亲一样，他默默收藏这些荣誉，没有在外摆出一个。他说：“过去的荣誉过了就过了。”鲜花和掌声来自外界，内心的平静和坚守，却需要日日擦亮。

在父辈精神的引领下，田双印做到了面对工作精益求精，面对困难勇于担当，为人处世谦逊宽厚。现在，他更用自己的模范事迹带动着新一代黄河水文人的进步，传承着闪耀百年的黄河水文精神。

近年，田双印先后与多名青年职工签订“师带徒”协议，积极发挥传帮带作用，为每个徒弟量身定制详细的学习计划，一丝不苟地指导他们学习水文业务理论。为了确保准确传授水文技艺，他反复咀嚼《水文测验实用手册》，认真做笔记，细心记录进度。对水文业务的方方面面、大事小情，他总是鼓励徒弟“多看看学学对你们有好处”。

在田双印的指导下，徒弟姚毓洲在第五届水文勘测工技能竞赛获得第七名。他说，师傅顶着炎炎烈日召集同事陪他一遍遍校测水准点，耐心纠正他的错误，悉心教他测量技巧，使他的测量技能短时间内得到了较大的提升。在教授内业计算时，田双印总是细心寻找典型例题，结合日常工作能接触到的知识，耐心讲解、与学生反复讨论。

近年，田双印子承父业扎根基层水文站，几十年如一日默默无闻、甘于奉献的动人故事，在大河上下广为流传，激励引领着更多黄河职工为建设造福人民的幸福河而奋斗。

守黄河安澜，护国泰民安。这是两代黄河人大爱无言的传承，这是一群水文人无悔的担当，他们在大风大浪中用一腔英雄气书写一段黄河情，他们在薪火赓续中印证着自己的“黄河魂”！

薛　荣

“习近平总书记指出：‘新时代是奋斗者的时代。’我一定牢记习近平总书记的指示，做坚定者、奋进者、搏击者。在这个闪闪发光的时代，做一个闪闪发光的自己，做一个新时代的领跑者。”河南圆方物业管理有限公司党委书记、总裁薛荣如是说。

薛荣，中共党员，先后荣获全国优秀党务工作者、改革开放40年杰出民营企业家、河南省劳动模范等上百项殊荣，曾7次受到习近平总书记亲切接见。她以莫大的劳动热情、无限的智慧和创造力，在推动社会发展和时代进步中充分展现当代企业家的崭新风貌，是奋进新时代的实干家。

1994年5月，薛荣带领16名下岗工人成立圆方美洁公司。她在企业经营管理中引入8S、卓越绩效、标准化、积分制考核等先进管理方法，从做专做精到做大做强。如今日方美洁公司已发展成为拥有10家子公司、38家分公司，2019年实现产值6.90亿元，连续三年实现25%的递增，全国行业领先的知名企业。她的创业事迹被广为流传，被媒体称为“保洁女王”“家政皇后”“网红薛书记”。

薛荣致力于打造一支高素质的管理团队和员工队伍，2002年成立党组织，2003年先后成立了工会、社工中心等群团组织；创办《圆方文化》月刊，开通企业网站，开展丰富多彩的文体活动，凝聚广大员工，确保企业持续发展。集团先后荣获“全国和谐劳动关系模范企业”“全国会员评议职工之家示范单位”“全国职工教育培训示范点”等荣誉。

薛荣将“创新”视为一个企业的根，她常说：“做领跑者累，做跟随者更累，因为你不知道领跑者何时停下，何时上路，规则如何制定。我们要抖擞精神，勇做领跑者。”为强化党建对服务创新的引领作用，她创立了“薛书记有约工作室”、探索总结了“一三四六党建工作法”、她探索创新出台圆方党建六项基础制度、探索创新“三会一课两培训”、非公党建＋“三个五”的工作模式和圆方工会“1+4个5”工作模式；她创新微党课、每日语音播报等，把信息化和党建工作制度落实有机结合；公司每年定期开展“十大先进工作法”PK评选活动，评选出的“六课教育法”先进工作法，成功为企业发展增力增效增值。

她在企业建设近1000平方米的职工服务中心，开设职工红色书屋，对职工定期开展征文、读书分享会、学习强国分享、专题知识讲座、摄影比赛、诗歌朗诵等活动，让文化“火”起来，让书屋“活”起来；提炼出“安康杯”安全知识竞赛、保安会操比赛、家政保洁技能竞赛、职工趣味运动会等经典活动，让职工“动”起来，让凝聚力“强”起来。为充分发挥劳模示范带头作用，她率先在集团成立薛荣劳模创新工作室，并协助成立雷勇劳模创新工作室。围绕生产经营开展技术创新和攻关活动，开创圆方职工创业就业平台，帮助数名公司优秀职工和社会群众成功成才。每年投入各项活动资金超过 30 万元。

薛荣坚持办好企业回报社会、反哺社会，使 200 多名妇女儿童得到帮扶救助。她成立圆方残障人发展促进会、圆方社工服务中心，实施残障人“圆梦大行动”，以帮助残障人创业等。她先后收养了十几名孤残儿童，进行了全方位的帮扶和培养。10 年来她累计组织开展帮扶助残圆梦活动 750 多次，使 4 万多人得到了帮扶救助。残疾会员亲切地称她为“薛妈妈”。

薛荣响应中央精准扶贫号召，奔赴贫困县实施扶贫。在进村入户实地调研并多次与村镇干部群众座谈的基础上，确定了精准扶贫星空计划。其要义是通过提供免费的技术培训，以期达到“就业一个人，幸福两个家，点亮一片星空”的扶贫效果。“星空计划”实施以来，薛荣带团队在全国各地共讲授 512 场党课，开展家政技能培训 186 期，培训 12870 人，安置就业 10296 人。

至 2020 年 1 月，薛荣每天坚持用一分钟与党建有关的微语和文字进行“薛书记今日播报”2406 期，抖音讲党史 426 期。2017 年 2 月，薛荣在花椒直播平台注册成为网络主播。每晚 7：30 至 9：00，她都以直播课堂的形式，向网友讲述圆方创业故事、党建和工作法等精彩课程。薛书记利用网络新媒体开创党课教育的新平台，受到多家媒体的高度评价，被誉为“网红书记”。参加党的十九大后，薛荣开启对十九大精神、习近平新时代中国特色社会主义思想的激情宣讲。至 2020 年 1 月，她受邀到全国各地共进行 359 场宣讲，受众 20 多万人次，创造了时间最短、场数最多、人数最多的全国纪录。

薛荣还曾带领圆方赈灾突击队第一时间出现在汶川、雅安、玉树地震前线慰问并捐款捐物。圆方物业医疗业态的服务占公司主营业务的 30% 以上，服务一百余家医院。2003 年非典期间，薛荣带领 2000 余名员工到非典病房做保洁。2020 年春节期间，面对肆虐的新型冠状病毒肺炎疫情，她第一时间递交请战书，主动请缨到郑大一附院隔离病房工作，因年龄大未获批准后，她另择险途冲锋一线，以“危急时刻能豁出来”的圆方共产党员的大无畏精神，冒着被感染的危险，大年三十出发，一直奔走在抗击疫情前沿。她先后去了湖北、北京、山东、陕西等四省市 36 家新冠病毒感染肺炎诊治定点医院，培训指导进入发热门诊、隔离病房的保洁员，慰问一线员工，并亲率圆方党员突击队奔赴北京 301 医院和湖北十堰人民医院支援一线发热病房的卫生保洁工作，为一线职工送去各类保障物资已累计超过 50 万元。

在薛荣的影响下，圆方公司内部已经形成了争做劳模当标兵的文化氛围。而薛荣的目标是做劳模中的劳模，当标兵们的标兵。乘风破浪潮头立，手把红旗旗不湿。站在新时代的新起点上，薛荣同志将带领圆方人不忘初心、笃定前行，为新时代中国特色社会主义建设贡献自己的力量，贡献圆方人的力量。

孙振川

孙振川，男，1972年1月出生，中共党员，硕士，教授级高级工程师，国务院政府特殊津贴专家，住建部绿色施工专家委员会委员、中国科协九大代表、河南省建筑业优秀总工程师，河南省学术技术带头人，盾构及掘进技术国家重点实验室国家级科研创新团队核心成员；长期工作在我国地下空间领域科研与施工一线，是中国地下空间创新发展的驱动者；带领科研团队攻坚克险，主持修建了我国首座大断面海底隧道——厦门翔安隧道；承担的“跨江越海大断面暗挖隧道修建关键技术与应用”获2016年度国家科技进步二等奖；牵头建成的盾构及掘进技术国家重点实验室。近年先后荣获全国工人先锋号、全国专业技术人才先进集体、全国五一劳动奖状、全国职工职业道德建设标兵单位、中国专利奖、国家科技进步奖等多项国家级荣誉，在科技部首轮5年企业国家重点实验室评估中获评优秀(河南省唯一)；主持研制的盾构TBM工程大数据云平台，成功为盾构TBM工程提供实时预警，防范化解了盾构TBM施工重大风险，逐步实现了盾构TBM智能化选型、设计与智慧掘进，极大提高了行业智能化水平；创新研发了具有自主知识产权的新型盾构与新型TBM等高端装备，推动了我国盾构TBM等高端装备先进制造业迈入国际领先行列，为川藏铁路、大瑞铁路高黎贡山等艰险复杂的隧道建设提供了技术支撑与保障。

一、攻艰克险 科研硕果铸精品

2005年，筹划10年的我国首座大断面海底隧道——厦门翔安隧道开建，这是一项规模宏大的跨海工程，地质条件异常复杂，施工风险世界罕见，当时有能力修建海底隧道的国家屈指可数，我国从没有人有修建此类工程的经验。这项集技术性、风险性和挑战性于一身的工程项目技术负责人就是孙振川。他顶着巨大压力，带领项目施工人员日夜坚守施工现场，大胆开拓、小心验证，锲而不舍进行研究实验与技术创新，成功攻克了陆域全强风化地段大断面浅埋暗挖施工、浅滩段透水砂层施工、海底风化深槽施工三大技术难关，解决多个“世界性难题”，防范化解了海底隧道修建的重大风险，创造了“海底奇迹”。依靠自主创新，翔安海底隧道施工技术达世界领先水平，被交通运输部确定为全国三大样板工程之一。孙振川团队在建设过程中不断进行技术优化、创新，构建了跨江越海隧道设计施工理论与方法等关键技术体系，填补多项国内外技术空白，其成果先后荣获河南省科技进步一等奖、福建省科学技术二等奖、中施协科学技术奖特等奖、中国中铁青年创新一等奖、2016年度国家科技进步二等奖等多项技术奖励，为青岛胶州湾、汕头海湾等9座总长50.9km的跨江越海隧道提供了技术支撑，节约投资约15.6亿元。孙振川个人被厦门市授予“突出贡献个人”、厦门市五一劳动奖章、福建省劳动模范等荣誉称号。

二、开拓创新 智能盾构谱新篇

荣誉不是终点，科研没有止境，孙振川没有停下前进脚步，作为盾构及掘进技术国家重点实验室主要牵头人，再一次在科研道路上整装出发，担负起新的使命，将目光投向最前沿的科技——大数据与人工智能，将信息技术与盾构技术相结合，带来了盾构技术的革命性变革。牵头组建了“盾构TBM工程大数据云平台开发及应用”科研团队，研制了集智能监控、数据分析、协同管理及大数据应用于一体的盾构 TBM 工程大数据云平台和手机 APP，让盾构 TBM 与信息技术“牵手”，逐步实现了盾构 TBM 智能化选型设计、智慧化作业。目前，已接入包括以色列、马来西亚等国内外盾构 TBM 施工线路 200 多条，预测并防范化解重大风险 1500 多次，纠正不当施工行为 800 余次，创造经济效益约 2.54 亿元，大大提升了盾构 TBM 的风险管控及智能化水平，推进了盾构 TBM 技术智能化发展。成果先后获工信部大数据示范试点项目、百家大数据优秀案例、河南省科技进步二等奖等多项荣誉。

三、拼搏奉献　中国制造展风采

为解决日益严重的“城市病”、改善交通拥堵，孙振川带领团队指导高端装备制造企业突破了超大、异型盾构等诸多国际难题，指导并参与研制出世界首台超大断面矩形盾构、世界首台马蹄形盾构，突破了超大异形全断面开挖、异形多曲率管片拼装等难题，成果获河南省科技进步一等奖。依托承担的中国中铁科技项目，指导并参与研制了世界最大断面矩形盾构（10.42m × 7.57m）；依托承担的 863、973 等项目（课题），牵头联合研制了国产最大直径（Φ9.03m）TBM、国产最大直径（Φ15.80m）泥水盾构，推动了我国盾构 TBM 等高端装备先进制造业迈入了国际领先行列，促进了国产盾构市场占有率从 2012 年不足 25% 发展到如今的 95% 以上，产品遍布国内各省、自治区、直辖市，产量位居中国第一，并成功进入意大利、丹麦、法国、以色列、马来西亚等 18 个国家和地区。为建设并提升行业从业人员的业务知识、技能水平与能力，孙振川所带领的团队近 5 年主办全国盾构从业人员技术培训班 21 期，为国家培训知识型、技能型人才 2600 余人；团队成功入选国家重点领域创新团队，先后获全国工人先锋号、全国专业技术人才先进集体、全国五一劳动奖状、全国职工职业道德建设标兵单位、国家专利奖、科技进步奖等多项国家级荣誉与奖励；孙振川个人近 5 年先后获国家科技进步二等奖 1 项，省部级科技进步奖 20 余项，省部级工法 10 余项，发明专利 26 项，发表论文论著 20 余篇；被聘为住房和城乡建设部绿色专家委员会委员、中国爆破行业专家库专家、中国中铁专家；2016 年当选第九届中国科协代表。

习近平总书记在河南考察时强调："要加强自主创新，发展高端制造、智能制造，把我国制造业和实体经济搞上去，推动我国经济由量大转向质强。"作为新时代中国地下空间创新发展的驱动者，孙振川始终牢记总书记的嘱托，扛起推动中国地下空间及先进制造业创新发展的责任和担当，为实现伟大的"中国梦"贡献力量。

曹瑞娟

以梦想坚守平凡，以奉献创造人生。26 年来，曹瑞娟初心不改，把青春年华都奉献给了她热爱的公交事业，始终践行着"听党话、跟党走，做党的好女儿，做乘客贴心人"的誓言和初心。她倾洒真情为乘客，不断充实着优质服务、乘客满意的服务内涵，践行公交人快乐、忘我、敬业、奉献的理念，是创新服务、无私奉献的楷模。她创建“三动工作法”，用细节打造温馨温暖车厢，200多本意见簿满满的赞美是对她最好的褒奖，她是用真诚谱写奉献华章的典范。她带领着曹瑞娟志愿服务队、曹瑞娟劳模工作室，驾驶着党代表流动车厢，弘扬着爱的精神，践行着责任和担当，是弘扬大爱和文明的使者。她身份普通、岗位平凡，却在平凡岗位上将责任和使命化作了坚守和前行的动力，用行动在十米车厢里演绎了爱岗敬业、无私奉献的人生，用爱和温暖随着车厢她的事迹传遍郑州大街小巷，传到每一名乘客的心里。她是全国“五一劳动奖章”获得者，是全国“三八红旗手”、是感动河南交通十大人物、河南省优秀共产党员，也是郑州市“十大杰出女性”，她的事迹被国家省市媒体多次报道，她是郑州的五星级明星车长、是公交人学习的榜样。“十米车厢，爱心涌动，充满真情；十米车厢，搭起舞台，演绎人生。日出日落，付出的是一腔热忱；人来人往，留下的是无限感动。她像一朵丁香花，绽放在每个乘客心中。”

一、倾洒真情为乘客，细节打造显特色

27年来，曹瑞娟将青春年华奉献给了深爱的公交事业，践行着党员的初心。她总结出“三动”工作法，即心动、手动、口动。心动，就是以真心、诚心、耐心换取乘客对自己工作的支持和理解；手动，就是根据不同的节日，打扮相宜的车厢环境，用双手扮靓车厢，形成自己独特的车厢文化；口动，就是每一句话都要能温暖乘客的心，把乘客当作自己的亲人，想乘客之所想、急乘客之所急。她坚持了十几年行车无违章、无事故、无投诉。

曹瑞娟还是个“百事通”。为方便乘客换乘，她经常下班后骑车沿着60路的走向，熟记每个站点的换乘线路以及周围的车站、

商场、公司、菜市场、宾馆等，以便准确为乘客指路。为给乘客创造一个温馨舒适的乘车环境，她在工作中始终做到五净一亮，垃圾篓一趟一清。她用国旗、党旗、鲜花、绢花、剪纸、中国结等中国特有的节日元素布置不同的主题车厢，浪漫温馨的氛围把车厢变成了流动的家、文化宣传的长廊。遇到上车不方便的老年人、残疾人，她主动下车搀扶，并提醒其他乘客让座。一些乘客被她的热情服务打动，还会主动帮忙搀扶。好车长、文明乘客共同构成了60路公交特有的车厢文化。

二、践行群众路线，传播文明形象

曹瑞娟通过平凡的小事感动着乘客、感动着身边人，同时也影响着这个集体。她胸怀全局、信念坚定，始终用党员标准要求自己，牢固树立“四个意识”，团结带领线路上的同志们把真心和真情倾注于广大乘客，提高了乘客满意率，凡是坐过60路公交的乘客无不对郑州公交竖起大拇指。

2016的12月5日，郑州公交曹瑞娟志愿服务队正式注册成立，现有成员462名，服务队下设有老兵突击队、青年突击队、赵杨徐维修队、学雷锋志愿服务队等，年均组织服务活动百余次。2019年9月第十一届全国少数民族传统运动会曹瑞娟代表郑州公交担任火炬手，她用自己的实际行动传播着新时代公交人的良好职业风尚和健康向上的精神风貌。

三、履行党员义务，感动温暖身边人

曹瑞娟不断丰富60路线路党支部的组织生活内容，时刻以党员的标准来要求自己。她团结同事、热心助人；无论谁有困难，她都会无私的帮助。

为更好地行使党代表职责，她结合本职工作，利用自身优势，成立了党代表工作室和流动工作车，在公交车上搭起党和人民的连心桥。她深入社区、学校、企事业单位，收集各种意见和建议，倾听群众心声。

在新冠病毒防控期间，曹瑞娟始终坚守一线、践行“疫情不灭、我们不退”的誓言；面对父亲突然过世噩耗，处理好后事后，她第一时间返回岗位，请战加入战“疫”第一线。她每天总是第一个赶到场站，熟练地配好消毒液，对公交场区、站台、车辆进行消毒；主动协助社区做好小区疫情防控工作，积极组织了小区疫情防控党员突击队并担任队长。带领社区党员对小区进行消毒，帮助小区居民购买生活必需品、清倒垃圾。当小区防疫物品不足时，曹瑞娟多方联系，出资买来消毒液和口罩，捐献给社区，又通过河南省妇女儿童基金会为防抗疫情捐赠善款。“我是一名党员车长，岗位虽平凡，但我也要竭尽全力把工作做到极致，同时让这种想法去影响更多的同事，让更多人争做‘出彩郑州人’，这样才能无愧于党，无愧于人民！”曹瑞娟的回答铿锵有力。

在曹瑞娟身上，我们看到了公交人吃苦耐劳，踏实肯干，助人为乐，诚恳热情的优秀品质。

李会东

2007 年参加工作以来，李会东同志一直在郑纺机通用事业部、郑州恒天重型装备有限公司机加工部做钳工工作，现担任机加工部专项组班长。多年来,他参加各类职工技术比武并取得了斐然成绩,树立了技术工人学习技术的榜样。他参加企业多项生产攻关工作,充分发挥劳模工匠精神,展示了新时期一个优秀的80后青年员工的精神风貌。

几年前在加工某军品托架本体时,由于工件结构的原因,加工中心的刀具要伸到一个箱体结构的内部加工,李会东主动请缨,带着徒弟小心翼翼地干了起来;他们最终克服了重重困难,利用平面延伸技术与扎实的基本功,手工完成了这项艰巨的工作任务,保证了各项精度要求。托架本体在公司累计销售额已达1.2亿元人民币。

以李会东命名的“李会东劳模创新工作室”成立于2015年11月,目前发展创新成员共49人。2015年以来,李会东创新工作室工作在公司工会的指导下,在解决生产难题和生产瓶颈的过程中,起到了关键作用。期间他积极吸收勤学习、善钻研的优秀人才加入创新工作室团队,始终坚持注重发挥劳模及各类先进人物的引领作用,立足本公司现有条件、生产工艺、生产现场,充分调动工作室全体成员的积极性,围绕生产工作中的难点、热点问题,组织实施技术创新、技术攻关工作,积极开展创新攻关、小改小革、技能培训工作,充分发挥劳模创新工作室的创新引领作用,目前完成技术创新成果68项,获得集团公司一、二、三等奖共计43项,达到节能降耗、提高生产效率、提高生产质量的效果,累计节约成本600余万元。他申报国家专利8项,其中2项为发明专利;完成QC小组2项。2018年4月,李会东劳模创新工作室被郑州市总工会授予“郑州市示范性劳模创新工作室”;2019年6月被河南省总工会授予“河南省示范性劳模和工匠人才创新工作室”。

李会东劳模工作室是公司各类技术人才、技术比武精英的聚集地，它不但在公司起到攻坚克难、技术攻关的作用，同时还肩负着技术传承、技术培训的使命。根据工作室工作计划安排，各工种技术精英不定期为公司年轻的、技术水平较差的员工培训专业技术知识、传授先进技术经验，2019 年累计培训员工 400 余人次，培养出一批年轻优秀骨干。在参加技术比武方面，工作室积极关注掌握各类技术比武信息，鼓励身边技术能手参加公司级、省市级、国家级各类技术比武，积极做好赛前对选手的技术指导、理论辅导以及心理疏导等一系列服务措施，使一大批年轻技工在和同行业选手激烈角逐中找到了横向差距、得到了磨炼。新冠肺炎疫情发生后，公司于 2 月 12 日接到工信部、国务院国资委下达的医用防护服压条机紧急调拨指令。在无图纸、无技术资料及供应链极度不畅的艰难情况下，公司迅速组成以李会东为主要代表的劳模工匠先进群体攻关突击队。他们充分发挥劳模工匠精神，加班加点、24 小时连轴转，仅用 8 天就研发生产出首批 10 台医用防护服压条机设备样机，在 60 天内完成 700 余台压条机的出产任务，有力保障了抗疫一线对医用防护服产能产量的需求，受到国务院应对新冠肺炎疫情联防联控机制物资保障组特派员、国家工信部、国务院国资委的高度评价。

何　昕

何昕，男，汉族，1969 年 1 月出生，本科，经济师。2013 年 3 月加入中国民主建国会，政协郑州市惠济区第二届、第三届常委，郑州市第十五届人大代表，民建河南省委农业与资源环境委员会副主任。现任河南蜜乐源养蜂专业合作社理事长，河南省蜂产业技术创新联盟发起人、河南省农副土特产品流通协会副会长、中国蜂产品协会常务理事。2019 年被授予河南省劳动模范。

作为一名合作社带头人，何昕一心扑在蜂产业发展的事业中，三十年如一日，无怨无悔。养蜂业是生态环保型产业，是绿色产业，发展养蜂业为农作物授粉的同时，还可以帮山区农户增收脱贫。何昕从标准化、规模化及小农户面对大市场的初心开始，与 54 名养蜂户发起成立河南蜜乐源养蜂专业合作社，吸收近 500 家贫困养蜂户加入，辐射带动了周边 2000 多农户发展养蜂，以“统一标准、统一供应生产资料和采购、品牌包装和销售、统一利润分红”的模式，解决了小农户面向大市场的难题，增加了社员收入，带动了农村就业，2012 年被农业农村部授予“全国农民合作社示范社”。加入合作社的社员收入比未入社社员高 30%，加入合作社的农民年人均销售收入是当地农民的 2 倍以上。

他心系贫困蜂农，时刻想着帮扶更多的人发展养蜂扶贫，他走访全省 100 多个县，对河南蜜蜂养殖量、从业人数及蜜源植物进行调查，对“三山一滩”区域农户开展免费养蜂技术培训，累计培训蜂农 3000 多人次。

他还多次赴卢氏县对接蜂产业帮贫脱贫，得到卢氏县委、县政府重视，成立了蜂产业发展领导小组。2018 年何昕与郑州大学发起蜂产业技术创新战略联盟，吸收卢氏县 10 家养蜂合作社，共同开展蜂产业精准扶贫，并与当地合作社签订产品收购协议。

他刻苦钻研，注重科技创新，关注蜂产品质量安全，积极转变养蜂业发展方式，多次呼吁修订《蜂蜜国家标准》，打击假冒伪劣蜂蜜，维护消费者利益和蜂农权益。他在《中国蜂业》《蜜蜂》杂志等国家级专业期刊上发表多篇论文，其中《中国养蜂业之痛》《蜂产品溯源体系建设》等获优秀论文奖。何昕出版了《蜂产品与健康美容》《蜜蜂养殖及其利用》，将自身的工作经验编著成书，传授科学养蜂技术。工作之余，何昕还走进电视台及广播电台直播间讲授养蜂技术及蜂业知识，取得良好的社会效益。

2020 年 2 月，受疫情影响，北方大部分去云南越冬的蜂农转场放蜂遇到困难。何昕接到求助电话后，连夜撰写《关于蜂农转场遇阻情况的紧急反映》，问题得到重视。

何昕重视科技创新与研发，依托河南科技学院成立了郑州市蜂业工程研究中心，依托郑州大学成立了河南蜂产业科技创新联盟，对全省蜂行业存在的共性问题进行研发。《蜜蜂标准化养殖及成熟蜂蜜生产技术》获河南省科普成果一等奖，在全国蜂业界影响巨大。他被中国蜂产品协会吸收为常务理事，并被评为“中国蜂产品协会优秀会员”“蜂耘三十年杰出合作社理事长”，在行业中享有较高威信，深受蜂农信赖。

在“三山一滩”发展养蜂扶贫事业中，何昕免费为贫困蜂农送蜂箱、送技术，并采取定向采购等方式进行产业帮扶，对交通不便的老龄养蜂人采取“一站式”服务。合作社成立以来累计为蜂农免费提供 20 多万元的生产资料及蜂箱、蜂具，助其建立标准化养蜂场。

2012 年他走进联合国开封“SOS”儿童村，看望“SOS”儿童村孤儿；2012 年以来，他多次慰问全国道德模范、革命功臣李文祥；2014 年，他到河南省军区第三干休所慰问抗战老兵，并积极参加“珍惜鲜血换来的和平”大型抗战胜利 69 周年纪念活动。

2019 年，他向河南省慈善总会捐物 3 万元；新冠肺炎疫情期间，他积极慰问一线抗疫人员，累计向武汉及一线抗疫人员捐款 20 余万元。

在何昕的带领下，合作社连续在全国性展会获得七个金奖，被农业农村部授予“全国农民合作社示范社”，被中华供销合作总社授予“全国百佳农产品品牌”“全国百强农产品经纪人”“全国蜂农专业合作社示范社”，获“全国蜂产品行业标准化示范社”，“河南省先进集体”等荣誉称号。

何昕同志先后荣获“首届建设社会主义新农村优秀新闻人物”“十大富农先进个人”“河南省第二届农村实用人才”“蜂耘30年杰出合作社领导人”“明星合作社理事长”等荣誉称号，获河南省科学技术协会科普成果一等奖。2019年他被中共河南省委、河南省人民政府授予“河南省劳动模范”称号；2020年他被党中央、国务院授予“全国劳动模范”荣誉称号。

郭勤学

郭勤学，男，汉族，1965年2月出生，中共党员，河南省特级教师，中小学正高级教师。他从教30余年，在郑州市初中、职业学校、完中、高中等不同学校担任校长职务18年，在教师专业提升、创新人才培养、民族团结教育等方面颇有建树。

教育的道路上，爱与责任同行。郑州十一中于2011年承担内地新疆班教学任务，目前新疆部有600余名学生。郭勤学同志非常关心这些远离家乡、在外求学的孩子们，经常到教室、食堂、宿舍看一看，了解他们的学习、生活情况；他还常常参加新疆部的活动。他用爱心和真情，走进了每一名新疆学生的心里。内高班学生冷悦患有先天性心脏病，在入校体检的时候，学校得知这一消息。作为校长，他高度重视，立即带着慰问金专程前往医院看望，并与家长沟通，帮他联系了郑州市心脑血管专科医院郑州七院，还帮助冷悦申请了中国红十字基金会的“天使阳光基金”。她的母亲曾满含热泪地说：“幸好上了内高班，来到十一中，给了孩子一个健康的未来！”

郭勤学同志高度重视民族教育，促进民族团结，努力构建民族团结进步教育特色课程体系，积极打造民族团结品牌活动。在他的带领下，学校被国务院授予“全国民族团结进步模范集体”荣誉称号。2019 年他圆满完成第十一届全国少数民族传统体育运动会射弩项目承办任务，被省委、省政府授予集体记功奖励。

为培养造就一批具有较大社会影响力、能够在基础教育领域发挥示范引领作用的领军人才，2018 年 3 月，教育部正式启动了“国培计划”中小学名师名校长领航工程。他积极申报，经过层层选拔，最终入选教育部名校长领航班。11 月 26 日，教育部中小学名校长领航工程“郭勤学校长工作室”授牌仪式在郑州举行，郑州市人民政府副市长孙晓红等共同为工作室揭牌。

领航和帮扶，郭勤学校长工作室在行动。他积极响应教育部“凉山教育帮扶行动”的部署，选派两位优秀教师首批赴凉山州进行支教。2019 年 10 月，他带领学校 4 位教研组长抵达四川凉山州喜德县开展送培送教活动，并代表学校为喜德中学捐助 5 万元体育物资。其间，他带着慰问品去尔曲村重点帮扶的 4 户彝族老乡家里送温暖，并给喜德县各中学的领导老师作了《新高考背景下育人模式变革》的专题报告，帮助他们提高专业素养、促进教学质量。

郭勤学善于总结和反思，始终坚持教育科学研究工作，成果丰硕：主持或参与了河南省优秀科研成果《以校训为根基，培育核心素养》《普通高中教育功能的达成策略研究》《以特色创客教学模式实践核心素养教育理念》《中小学教育管理》《创新教育在新课改和人才培养中的实践探索》等多项课题，荣获省级一等奖；论文《青年教师群体如何快速提升》《教育国际化：创中原教育发展新路》《高中教育发展的路径探索》在核心期刊发表，《以承办内地新疆班为契机，促进民族融合大团结》《以特色创客教学模式实践核心素养教育理念》等学术论文在国内知名教育期刊发表，《腾飞》等多部著作出版发行，《一种物理教学光用学原理实验装置》获得发明专利证书。他的多项科研成果在郑州市基础教育工作中得到推广应用，并取得了良好的效果。

教育是一项对接未来的事业。郭勤学带领十一中人创新育人模式，大力开展创客教育，成立了星火创客空间，构建了“三级五线”的特色创客教育体系，开展丰富多彩的创客活动，近百人次获得国家级荣誉，其中娄晨耀同学获得全国信息奥赛金牌，成为 2016 年清华大学在河南录取的首位学生。同时，由他主持的创客教育类案例《打造特色创客教育模式，实践核心素养教育理论》成功入选 2018—2019 年度基础教育信息化应用典型案例，为河南省中小学创客教育提供了范式参考。郭勤学同志认为在新高考改革的大背景下，学校教育要突破唯升学率的狭隘误区，从“育分”走向“育人”。他致力于为学生的全面发展、个性发展和终身发展奠基。在他的带领下，学校加大校本课程建设，现已开发校本课程 36 门，涉及国学、艺术、政治、历史、礼仪、体育等十几个领域，形成了可供学生自由选择的校本课程“超市”；他还加强学生社团建设，学校有各类社团 45 个。墨舞丹青书画社被评为全国优秀中学生国学社团，国旗仪仗队、心灵氧吧、武搏社等 8 个社团评为郑州市中学生四星、五星社团。

在郭勤学的带领下，郑州十一中亦成绩斐然，声誉鹊起。学校教坛新秀、名师骨干百花齐放，学子品学兼优、全面发展。自郭勤学担任郑州十一中校长以来，学校多次获评国家、省、市级各种荣誉称号：全国民族团结进步模范集体、全国学校体育工作示范校、教育部“国防教育特色学校”、全国青少年校园足球特色学校、全国校园篮球特色学校、河南省文明单位、河南省教育系统先进集体、河南省首批中小学党建工作示范校、河南省中小学德育工作先进集体、首批河南省中小学创客教育示范校等。十一中也是郑州市唯一一所连续 28 年荣获普通高中教学先进单位称号的学校。

郭勤学倡导要着眼明天的需要来办今天的教育，注重创新意识、实践能力、科学素质和健全人格的培养，为学生的未来发展奠基。他作为郑州教育人的典型代表，对郑州教育乃至河南省基础教育作出了突出的贡献。

刘成晓

刘成晓，女，汉族，1967 年 7 月出生，河南巩义人，大专学历，1990 年参加公安工作，2003 年 4 月加入中国共产党，历任郑州市公安局原管城分局刑侦信息员、情报信息中队中队长、果木园林研究所派出所指导员、郑州市公安局原管城分局刑侦大队副大队长，郑州市公安局商城路分局案件侦办大队教导员。她于 2013 年 8 月开始主持案件侦办大队全面工作，是一级警督警衔。

刘成晓从事刑侦工作 20 年来，不忘初心、牢记使命，以“巾帼不让须眉”和“干，就要干出个样子来”的朴素信念，始终战斗在刑侦工作第一线、冲锋在打击犯罪的最前沿。她先后参与和组织侦破“1999 · 12 · 5”特大抢劫银行案、“2005 · 11 · 20”一家三口灭门案、“2007 · 3 · 21”杀害幼女案、“2007 · 10 · 4”特大抢劫案、“2008 · 8 · 30”特大系列盗窃案、引起社会极大反响的“2010 · 3 · 5”杀人案、轰动全国的“2015 · 12 · 25”全国研究生考试作弊案、“2015 · 5 · 13”黄金大劫案、“2015 · 11 · 8”拐卖儿童案、“2017 · 9 · 13”系列入室盗窃、贩毒案、“2018 · 1 · 5”系列电信诈骗案、“2018 · 10 · 27”网络刷单电信诈骗案、“2018 · 5 · 25”宋保军涉恶涉黑团伙案等各类刑事案件 2500 余起，打掉各类团伙 300 余个，抓获犯罪嫌疑人 3000 余名，为群众挽回经济损失 2 亿多元，守护了辖区的稳定和百姓的安宁。她所办理的精品案件多次在中央电视台《今日说法》《法治在线》《一线》《天网》和《撤贝宁时间》等热点栏目进行系列专题报道。由于工作成绩突出，她先后荣获“全国三八红旗手”“全国巾帼建功标兵”“全国特级优秀人民警察”及公安部首届“我心中的警察英雄”“全国维护妇女儿童权益先进个人”“河南省优秀党务工作者”“河南公安巾帼民警”“河南省五一劳动奖章”“河南公安十大忠诚卫士”“郑州市十大杰出女性”“郑州市十大先锋共产党员”等荣誉称号，荣立个人一等功 1 次、个人二等功 2 次。2017 年 5 月她光荣出席全国公安系统英雄模范立功集体表彰大会，受到习近平总书记等中央领导的亲切接见，并作为全国 200 余万人民警察代表在全国公安系统英雄模范立功集体表彰大会进行发言，并参加公安部英模报告团到全国巡讲；2019 年 10 月，她作为全国公安英模代表再次光荣受邀进京参加新中国成立 70 周年国庆观礼。

刘成晓对刑侦事业充满热爱、特别执着。她在工作中不惜力、不畏难、不怕险，总是以满腔热情投入工作。在她心中，刑侦工作是摆在第一位的。她英勇无畏，屡破大案要案。“群众看公安，关键看破案。”在工作中，无论遇到多么复杂难办的案件，刘成晓都主动干、往前冲，锲而不舍，确保案情水落石出；无论碰到多么危险的案情，她都义无反顾，与犯罪分子斗智斗勇，坚决将犯罪分子绳之以法。她常说：“侦查破案是刑警的天职,哪怕有一丝一毫希望，我也要用尽千方百计，让案件水落石出，将罪犯绳之以法！”她兢兢业业、执着勤奋，用侦查破案、打击犯罪的实际行动，展现了一名刑侦民警对党忠诚、为党尽责、为民除害、守护平安的入警誓言！

刘成晓同志用心用情，带出过硬队伍。长期从事刑侦工作，刘成晓深知加强队伍建设的重要性。她常讲：“要确保辖区稳定，必须依靠团队的力量，只有调动大家的积极性，才能让工作充满活力，无往而不胜。”为此从担任情报信息中队长起，她坚持从自身做起，凡要求民警做到的，她带头做到；凡要求民警不做的，她坚决不做；真正做到了事事处处走在前、干在先、当标杆、做表率，用巾帼不让须眉和领导干部的表率作用感召队伍、带动民警。管理出凝聚力，管理出战斗力。在抓好队伍打击能力提升的同时，为强化队伍长远建设，把案件侦办大队打造成为一个能打善拼的坚强战斗堡垒，刘成晓用尽了心思、费尽了心血。她坚持从学习抓起，从支部建设严起，每天除了梳理研究各类案件外，还坚定不移抓队伍学习、抓组织建设，积极开展争先创优评比，要求党员民警要以身作则，发挥党员先锋模范作用，不仅要当好“战斗员”、会办疑难案件，还要当好“指挥员”“引领员”，带领民警攻坚克难。同时，针对刑侦民警常年与犯罪分子打交道随时会经受各类诱惑和考验的实际，为确保队伍健康成长，她还给大家约法三章，要求每个民警严格公正规范执法，不准办关系案、人情案，不准插手干预他人办理的案件，不准通过案件收受他人财物，还经常在早点名、周例会上，利用反面案例给大家提醒提示，引导大家守好纪律红线、法律底线，自觉抵制各种诱惑腐蚀。在她的教育引导下，大队始终充满活力，大家一门心思想工作、干事业、争先进、比奉献，大队先后被评为“全省优秀公安基层单位”“河南省优秀基层党组织”“第五届郑州市人民满意的公务员集体”“郑州市公安局先进基层党组织”等，1 人荣立个人一等功、4 人荣立个人二等功、17 人荣立个人三等功、20余人被评为各类先进受到上级表扬。

任宏光

任宏光，男，中共党员，博士生导师。航空工业武器总体专业首席专家，现任中国空空导弹研究院副总设计师。从事国防科研工作 36 年来，先后担任一个导弹武器系统常务副总设计师和五个导弹武器系统总设计师，成功解决多项国家重点工程中的关键技术问题，圆满完成多个国防重大科研任务。他注重科学技术创新和科学技术成果转化，并取得了良好的社会效益和经济效益。

他雷厉风行，带领团队能征善战、从不退缩，无论是在平时还是关键时刻，都能顶得上、冲锋在前。他获得国务院“政府特殊津贴”，被授予“央企劳动模范”“央企优秀留学归国人员”“国防科技工业有突出贡献中青年专家”“河南省优秀共产党员”“洛阳市优秀共产党员”“洛阳市跨世纪学术技术带头人”和航空工业“航空报国优秀贡献奖”“航空之星”“总经理特别奖”及导弹院“优秀干部”等荣誉称号。他带领团队多次获得国家、河南省、国防科工委、集团公司科技进步奖，为保障国家安全和国防事业的发展作出了突出贡献。

1984 年，任宏光大学毕业来到导弹院。从进入国防科技战线工作的第一天起，他就全身心投入空空导弹这项事业中，“航空报国”成为他最大的心愿。他吃苦耐劳、以身作则、工作为重，以完成任务为天职，时刻以一名共产党员的标准严格要求自己，用奉献兑现誓言，勤奋刻苦的精神和认真负责的作风激励着团队中的每一个人。

从洛水河畔到华山脚下，从戈壁大漠到雪域高原……为了完成产品总体设计、仿真、试验、攻关等一系列重要任务，任宏光长期出差在外，一心扑在产品研制上；即使不出差，节假日和业余时间也是在办公室、试验室度过。他的妻子曾经算过一笔账，在型号定型的关键年任宏光每月呆在家里的时间不超过 10 天。进入研制关键时期他更是把时间都用在工作策划、技术路线和状态把控上。在单位，他经常召集人员研讨技术难点，制定解决措施，深入研究所和分厂了解产品最新状态和进展；在外场，他不是在讨论试验方案、查看仿真数据，就是在和飞行员、用户机关、专家沟通协调，以便对试验出现的问题作出最准确的判断和决策，避免技术反复和走弯路。外场条件艰苦，但无论是烈日曝晒还是风沙雨雪，无论是攻关排故还是搬搬抬抬，任宏光始终和团队同舟共济，同甘共苦。

产品研制从来没有康庄大道，更不会一蹴而就。任宏光带领团队在这条崎岖的漫漫长路上集智攻关、自主创新，不断强健产品体魄，使其成为部队震慑敌人、保卫祖国的利器。

某型号产品为用户急需，研制时间紧，多项新技术亟待攻克。作为总设计师，任宏光的压力绝非一般，但“压力再大也不能蛮干”，任宏光带领一支平均年龄只有30多岁的团队，向技术难关发起了挑战。突破传统方法、吃透前沿理论，大胆自主创新，反复推导、计算、仿真、优化……“严慎细实”是他们的工作态度，“一次成功”是他们的责任和使命。

为查出数据异常原因，任宏光能坐在办公室成百上千次地反复观看试验录像；天天泡在试验现场，哪怕是凌晨两三点结束试验，也会立即分析数据。长期超负荷工作，导致任宏光腰椎的老毛病犯了，他不能弯腰、不能久坐，走几步就得停下来休息。大伙儿劝他回去养病，但他总是说：“不放心，休息也是假的，盯着心里才踏实。”就是这样一种执着、不怕吃苦的精神支撑着他和团队熬过了200多个日夜。他用一串串枯燥的数字、一页页繁琐的图纸，铺就着成功大道。

日益强大的祖国没有忘记他们的辛勤付出：任宏光代表团队从党和国家领导人手中接过了“国家科学技术进步奖二等奖”的大红证书。接受采访时他说：“型号成功凝结着军工人的汗水。获得国家的奖励和认可，我由衷地高兴并且深受鼓舞。我们将继续发扬求真务实、勇于创新的科学精神，为我国航空事业发展和国防事业进步作出更大贡献。”

研制成功不是终点，保质保量交付产品、为用户提供优质服务，才是团队的终极目标。任宏光说：“生产中出现的任何技术质量问题，设计师系统应责无旁贷地第一时间解决，确保产品顺利交付。”

航空武器装备质量无小事，在这一点上任宏光是出了名的严厉。不少人都有过工作没做到位、问题没彻底解决被他毫不留情地指出问题并要求立即落实的经历。当事人多少会脸上挂不住，可正有这样一位“严师”，才让他们抢回了耽误的数月时间，使产品按计划交付。大家觉出了他的“严”，是对事业的负责、对团队的关爱，对这个老总更加信服和佩服，也更愿意在这个团队中历练和成长。

如今，任宏光带领团队仍继续担当重任——为稳定批产保驾护航，提升了部队作战能力；让后继型号一步一步朝既定目标迈进；不断拓展新技术领域，填补国内空白；打造更加成熟的科研人才队伍，为科技创新提供不竭动力。志之所趋，无远勿届；志之所向，无坚不入。任宏光用坚毅的信仰、拼搏的精神、无私奉献的情怀铸就起航空报国的人生华章。建设新时代航空强国的征途上，他正向着更新更高的目标，不惧挑战、阔步前行。

薛志飞

薛志飞，男，汉族，48 岁，中共党员，中国一拖技术中心教授级高级工程师，工程技术类一级专家，洛阳市优秀专家，中国一拖技术中心拖拉机工程部部长，主要从事东方红拖拉机产品研发工作。他以推动我国农业机械化和农机装备技术进步与产业升级为己任，近年，带领研发团队以实际行动践行习近平总书记关于“大力推进农业机械化、智能化，给农业现代化插上科技的翅膀”重要指示精神。他先后完成东方红动力换挡拖拉机、无级变速拖拉机、无人驾驶拖拉机等多种高端大型农机装备的研发试制工作，用科技创新助力中国农机装备振兴与转型升级，为引领我国农机装备发展做出了积极贡献。他的主要业绩如下：

一、十年磨剑，引领国内动力换挡拖拉机产品技术发展。动力换挡拖拉机以作业效率高、节省燃油消耗、操控环境舒适等优势早已成为国外农机市场的主流产品，但我国始终在使用比较落后的机械换挡拖拉机产品。为追赶国际拖拉机先进技术，2009 年薛志飞进行了东方红动力换挡拖拉机产品研制工作，他和团队成员克服了技术封锁、控制系统开发短板等诸多困难，破解了拖拉机动力换挡传动系、整机控制系统等 10 余项重大技术难题，实现 30 余项技术创新。2014 年首款东方红 -LZ2704 动力换挡拖拉机上市销售，打破了国外农机巨头在中国高端农机市场垄断的局面，迫使国外动力换挡拖拉机单台价格下降 40 万元左右。十年间，他带领团队先后完成了东方红 80—270 马力六个系列，20 个品种动力换挡拖拉机产品的商品化研发，为企业引领行业技术发展、加快中国农机产品升级换代做出了积极贡献。截至 2019 年年底，东方红动力换挡拖拉机已销售 10400 台，实现产值 12.7 亿元。

二、自主创新，实现无级变速拖拉机技术新突破。为对接国家农机发展战略需求，持续引领我国农机装备行业创新发展，实现关键核心技术自主可控，薛志飞承担了国家重点项目“400 马力无级变速拖拉机”的开发工作。他带领项目组成员不断探索无级变速拖拉机整机控制策略、传动系与发动机综合控制等关键核心技术，先后解决了低压控制系统、电控提升系统、整机控制系统等 10 余项“卡脖子”重点技术难题，成功实现 400 马力无级变速拖拉机整机开发，该项目已申报国家专利 17 项，获授权 9 项。东方红 400 马力无级变速拖拉机的诞生，打破了国外技术垄断，填补了国内农机行业在无级变速拖拉机领域的技术空白，自主掌握了关键核心技术。党的十九大召开前夕，东方红 -LW4004 无级变速拖拉机代表我国农业机械现代化成果参加了国家“砥砺奋进的五年”大型成就展，接受了习近平总书记等党和国家领导人的检阅。

三、放眼未来，布局新产品研发与前沿技术融合。随着“物联网、大数据”时代的到来，智能控制、卫星定位等信息技术在农机装备上的应用研究已成为国际农机行业的重点发展方向。为进一步缩短与世界农机主流产品技术差距，薛志飞和团队成员瞄准新能源和智能农机发展方向，开展了无人驾驶拖拉机、电动/混动拖拉机、自动转向拖拉机等前沿性技术研发。该团队研发的LF1104-C无人驾驶拖拉机，可通过远程控制，实现多种农具自主作业。在2018年央视一套《机智过人》节目中，该款无人驾驶拖拉机过关斩将，荣获“智能先锋”称号。他和研发团队承担的80和200马力混动拖拉机研发项目预计2020年完成整机技术开发；自动转向拖拉机已完成80—200马力系列产品技术开发，投放市场300余台，实现了商品化应用。这些技术的研发应用与储备，为我国农业机械化、智能化发展，实现农机装备振兴与转型升级提供了有力支撑。

四、扎根一线，服务“市场”与“现场”成效显著。为响应习近平总书记对科技人员提出的“把论文写在祖国的大地上”的号召，薛志飞下稻田、赴麦区，用实际行动把田野变成实验室。近年，他撰写市场调研报告30份，提出问题整改、后续研发等建议153项。2016年以来，他针对市场急需的150—200马力拖拉机，快速完成LX系列5款拖拉机整机开发。截至2019年年底，该系列拖拉机累计创效3.50亿元。他带领团队深入生产现场，进行东方红“LY1104精品拖拉机”项目研发，从整机性能、整机经济性等多维度与进口机型对标，制定改进措施40余项，综合性能达到国际先进水平，该项目的实施有效提升了东方红产品市场影响力。

五、创新传承，带动劳模创新工作室发挥示范引领作用。为解决制约企业发展的瓶颈问题，2015 年以薛志飞为领头人的“薛志飞劳模创新工作室”挂牌成立。该团队以东方红拖拉机现产品持续性改进和战略性产品研发为方向，以快速整改市场反馈问题、提高产品质量为目标，以带徒育人、传承技艺为己任。劳模创新工作室成立 5 年来，实施攻关项目 313 项，项目完成率 100%，相继解决了拖拉机“变速箱打齿”“后桥损坏”等多项困扰东方红拖拉机品质提升的技术难题。他注重年轻研发人员的培育工作，相继培养出 2 名洛阳市优秀专家、5 名中国一拖一级专家和 10 名二级专家，团队申报专利 200 余项，获授权专利 180 项；获省、市级科技进步奖 15 项。2016 年 9 月“薛志飞劳模创新工作室”被评为“河南省示范劳模工作室”。

薛志飞自投身拖拉机研发工作以来，主持研发的“东方红 -LF2204 轮式拖拉机”项目先后获得中国机械工业集团有限公司、中国农业机械工业协会、中国农业机械学会科技进步一等奖；“大型系列动力换挡拖拉机关键技术及产业化”项目先后荣获河南省、中国机械工业联合会、中国机械工程学会科技进步一等奖。薛志飞先后获得省、市级各类科技进步奖 25 项，获得授权专利 32 项，其中发明专利 2 项，完成论文、标准制定 13 篇。2012 年获得中国一拖“劳动模范”称号；2013 年获得“洛阳市五一劳动奖章”；2015 年获得“洛阳市第八批优秀专家”称号；2016 年获得“河南省五一劳动奖章”；2019 年获得“河南省劳动模范”荣誉称号；2019 年 11 月当选洛阳市工会第十五次代表大会代表。

邓志军

邓志军，男，汉族，1962年6月出生，中共党员，现任诚城集团党委书记、新乡市诚城社区党委书记、居委会主任，当选河南省第九、十届政协委员，河南省第十二、十三届人大代表。30多年来，他秉承“对党忠诚、待人真诚、办事实诚”的人生信条，兴办企业、治理社区、服务居民、扶贫帮困、奉献社会、回报党恩，在诚信创业中出彩人生，在社区治理中引领发展，在脱贫攻坚中担当责任，谱写了新时代一名奋斗者的华丽篇章，先后获得全国劳动模范、全国优秀党务工作者、全国诚实守信道德模范提名奖、中国好人、全国优秀施工企业家、河南省劳动模范、河南省优秀共产党员、河南省抗击新冠肺炎疫情先进个人、河南省优秀中国特色社会主义事业建设者、河南省光彩慈善公益优秀人物等荣誉称号。

一、听党话跟党走，点亮人生奋斗之路

邓志军出生在一个革命家庭，从小受父亲的影响和家庭的熏陶，始终坚持“听党话、跟党走”“先正人品、赢在诚信”的理念，从80年代末开始，便带领一众乡亲，下海创业。他靠着勤奋打拼和努力实干，很快在防腐保温领域干得风生水起，赢得了良好口碑。他自主研发出5项防腐保温技术，其中1项填补了我国防腐设备领域的空白。他先后承担了国家4个重大乙烯项目，6个30万千瓦电厂土建及安装项目，30多个国际机场项目，100多个工业、石油化工、电力项目等防腐工程建设，其中，有10多个项目获得了国

家和省部级优质工程质量奖。30多年来，他坚持依法经营、诚信经营的理念不动摇，坚持不断创新、稳健发展的思路不动摇，坚持精心服务、提升品质的追求不动摇，坚持艰苦奋斗、自力更生的精神不动摇，坚持以德立业、回报社会的初心不动摇，将企业发展成为一个集建筑施工、物业服务、酒店管理、教育投资、文旅产业等现代综合性企业集团。企业拥有资产50多个亿，仅近5年就累计上缴税收6亿多元，为社会解决5000多人的就业，取得了社会和经济效益双丰收。企业先后获得“全国化工优秀施工企业”“河南省守合同重信用企业”“河南省银行业协会信用优良客户”“河南省民营企业现代服务业100强”“支持新型农村社区建设先进企业”“纳税信用A级企业”和“经济发展重大贡献企业”等荣誉。

二、传承诚实守信，引领诚者初心之路

邓志军秉承“诚实做人，守信做事”的原则，做到了“六个没有”，即：没有欠国家一分钱税款、没有欠员工一分钱工资、没有欠合作伙伴一分钱货款、没有欠银行一分钱本息、没有一条失信违法记录、没有一份违约合同记录。即使在2008年国际金融危机期间，企业面临重重困难时，他也承诺做到不裁员、不减薪、不欠工资。他对承建工程的每一个部位、每一道工序、每个细节都严格把关，注重质量，绝不允许偷工减料，一旦发现不合格工序坚决推倒重来。“不仅做企业诚信的代言人，更要成为社会诚信的传播者和推动者”，他是这样说的、也是这样做的。2018年5月，他成立了全国首家诚信学院——中原诚信学院，着力打造集教、学、研于一体的诚信宣传教育、研究培训、社会实践基地，聘请井冈山干部学院、延安干部学院和新乡市5所高校教授组建了诚信文化讲师团，

邀请全国、河南省30多名诚实守信道德模范作为学院诚信课堂的主讲人，深入“百企千校万村”开展社会主义核心价值观和诚信文化“十个一”宣传活动，即：普及一次诚信法律知识、宣讲一批诚信道德模范故事、巡展一批诚信道德模范事迹、放映一场诚信故事电影、举办一台文明诚信文艺演出、开展一次诚信爱心服务、组织一次诚信承诺签名、赠送一块诚信书法牌匾、发现一批诚信好人好事、征集一批诚信实物资料。目前他已开展活动50多场，使20多万人次接受教育，在社会上引起强烈反响。2018年11月，他又投资5000多万元启动了全国首家诚信博物馆——中原诚信博物馆建设，布展中华民族优秀诚信文化发展成果及诚信故事、诚信名言、诚信实物，力争打造成诚信文化教育基地、社会主义核心价值观教育基地和爱国主义教育基地，2022年3月，中原诚信博物馆建成并向社会免费开放。

三、创新社区治理，探索社会发展之路

2013年8月，邓志军担任新乡市最大的社区——诚城社区党委书记。为把这个拥有17万居民的社区治理好、服务好，他提出“以党建引领社区治理，以诚信服务社区居民”的理念，着力探索建立“社区大党委—居民小区党支部—楼栋党小组”三级组织架构，先后在8个小区成立居民党支部，全面开展小区的党建工作，实行社区、驻区单位、物业公司、小区党支部、业主委员会“五方协商”机制和“五级负责制”，形成了“横到边、纵到底”的党建引领社区治理的网络化新格局，解决了城市小区治理工作“谁来服务”“怎么治理”等问题，找到了治理与服务的平衡点，为提升城市基层治理体系和治理能力，进行不断探索和创新。他将集团3000平方米

的办公楼整体移交社区无偿使用，每年支出 100 多万元用于社区办公和服务居民，还减免便民服务网点租金 200 余万元。他开设了文化活动室、爱心超市、运动健身场地、社区餐厅、社区浴池、志愿者服务站等便民服务设施，成立了全省首个社区民兵连、全省首家社区法庭和家事调解室，有效保证了社区和谐安定，增强了居民的幸福感、安全感。2016 年新乡发生“7 · 9”洪灾，他为社区购买 300 万元的救灾设备，带领社区党员和民兵全力抗洪，将辖区 15 个小区居民的损失降到最低，群众自发为社区送来锦旗表达谢意。2021 年“7·20”暴雨洪灾袭击新乡，他立即组织社区党员抗洪救灾，全力保护居民群众的生命财产安全，并带头捐款 800 万元，支援新乡防汛救灾和灾后重建。2020 年年初，新型冠状病毒肺炎疫情来袭，他带头深入防疫一线积极应对，发动社区党员、小区楼栋长、网格长、物业员工，做好宣传教育、物资发放、集中消杀、隔离管控等工作，妥善安排隔离居民群众的生活保障和情绪疏解工作，在每个居民小区筑起了一个个疫情防控坚强堡垒，为打赢疫情阻击战提供了有力保证。经过 6 年多的不懈努力，他带领着大家将社区打造成了“全国基层党建工作和社区管理体制创新试点”，成为引领全国新型城市社区现代化建设的示范亮点。社区先后获得“全国最美志愿文明社区”“全国综合减灾示范社区”“全国维护妇女儿童权益先进集体”“全国民主法治示范社区”“河南省文明社区”“河南省十佳民主法治社区”“河南省先进基层党组织”等 50 多项荣誉。中组部、中央政研室、省市领导多次来社区考察指导，称其为“诚城模式”并向全社会推广。

四、倾力扶贫帮困，铺就群众致富之路

邓志军创业不忘初心，积极履行社会责任，热心公益事业。他常讲“企业家就应该担当起扶贫帮困的义务和责任”。2014 年，按照“优化生态环境、做活文旅产业、带动农民致富”的发展思路，他在新乡市云龙山投资建设集旅居养生、运动休闲、婚庆产业、特色农业、文化创意为一体的生态文旅产业园，把曾经的荒山变成了“宝山”，带动当地群众共同致富奔小康。党中央下达脱贫攻坚部署后，他积极响应号召，主动与原阳县福宁集镇张大夫寨村、小吴庄，平原新区韩董庄镇官地村，凤泉区潞王坟乡西同古村、分将池村等 8 个乡镇、村，结成扶贫帮困对子，出资改善乡村文化卫生设施，绿化美化村容村貌，优化生产生活环境，每月走访慰问贫困户，为他们修缮住房、购买被装，安置贫困家庭到企业上班，帮助他们脱贫致富。他还出资 200 万元设立“贫困家庭和农民工救助基金”，救助解决贫困家庭和农民工的实际困难；出资 100 万元成立“新乡市道德模范奖励帮扶基金”，用于帮助生活有困难的劳动模范、道德模范、身边好人；拿出 800 多万元的购房优惠款，帮助老党员、劳动模范等改善住房条件；投资 2.50 亿元创办集小学、初中、高中于一体的学校，解决周边 2000 多名孩子就学问题；拿出近百万元为环卫工人“送温暖、献爱心”、资助贫困大学生等。2020 年年初，新型冠状病毒肺炎疫情发生后，他立即与新乡市红十字会发起成立了“重大疫情防疫基金”，并带头捐款 500 万元。近年，他累计为扶贫帮困、扶老助残、防灾救灾等公益事业捐助资金达 1 亿多元。

秦英林

秦英林，中共党员，河南内乡人，现任牧原集团党委书记、总裁，十三届全国人大代表，曾荣获全国脱贫攻坚奖奉献奖、全国社会扶贫先进个人、中国十大杰出青年农民、中国畜牧业领军人物、中国青年五四奖章；曾受邀参加新中国成立 70 周年盛大庆典，乘“脱贫攻坚”方阵主题彩车，接受祖国和人民的检阅。

1992 年邓小平视察南方谈话后，毕业于河南农大的秦英林辞去公职，返乡创业养猪。公司从 22 头猪起步，目前已发展成为产业遍布全国 19 个省（区），拥有下属公司 180 余家、员工超 5 万人、总资产 700 亿元的企业。其旗下上市公司牧原股份，生猪养殖规模居全国第二，全球第三，市值居全国农牧企业第一，河南省上市公司第一。

秦英林坚持创新引领，带领企业累计获得专利 582 项，攻克了生猪营养、养殖环保、疫病防控等一系列重大难题；积极融入脱贫攻坚和乡村振兴，在全国 71 个贫困县投资 260 多亿元建设扶贫产业基地，创新实施“5+”资产收益扶贫模式并在全国复制推广，直接帮扶 49 县 13.90 万建档立卡贫困户 36.9 万贫困人口脱贫摘帽，带贫数量居全国前列；捐赠 10 亿元面向全国开展教育扶贫；面对“非洲猪瘟”千方百计稳产保供；面对新冠肺炎疫情，主动担当，捐资 2 亿元，全力支持打好新冠肺炎防控阻击战。

一、执着创新硕果累累，引领行业转型升级

创业伊始，秦英林就在公司逐步组建育种、营养、兽医、猪舍设计、环保、智能化等十大养猪技术团队，不断设立研发课题，从猪舍设计的一代代革新，到饲料、兽医、环保等技术迭代，带领公司在创新中发展壮大，累计获得专利 582 项，攻克了养猪环保、疫病防控等一系列重大难题。基于大数据、人工智能、工业互联网、智能设备及软件技术，自主研发智能巡检、清粪、刷圈、消毒机等一系列智能化机器装备，覆盖养猪生产全流程，涵盖 29 大类、100 余种，代替人工作业，减少人与猪直接接触，降低疫病传播风险，将养猪生产水平主动从工业化、自动化向智能化转型升级，引领智能养猪新发展。

面对非洲猪瘟、猪肉供给紧缺局面，秦英林坚定政治站位，认真落实党中央、国务院重大战略部署，带领团队夜以继日攻关，研发出了集空气过滤系统、独立新风系统、出风除臭系统于一体的“三防猪舍”——防病、防臭、防非瘟，实现对非洲猪瘟传播途径的有效阻断，保障了生产稳定及产能的快速扩增。同时，他积极与行业分享非洲猪瘟防控技术经验，帮助同行抵御非洲猪瘟疫病，为全社会保供稳价作贡献，受到了前来调研的国务院副总理胡春华的充分肯定。

二、发挥企业带动优势，深度融入脱贫攻坚和乡村振兴

勇担社会责任，发挥“三农”龙头企业优势，全面融入地方经济社会发展。

在脱贫攻坚战中，他率领企业主动将公司发展战略融入国家战略，主动与地方党委、政府结合，创新“党委政府＋龙头企业＋金融机构＋合作社＋贫困户”的“5+”资产收益扶贫模式，将贫困户的发展嵌入牧原集团企业链条，实现持续收益，该模式已推广至全国13省49县，帮扶建档立卡贫困户139827户369332人，实现增收5.4亿元，带贫数量居全国前列。

秦英林还发起设立“牧原教育基金”，计划捐赠10亿元，实施教育扶贫“挖穷根”，开展“聚爱助学计划”系列活动，目前已累计捐助3.5亿元，共奖励优秀教师6403人次，资助大学生17245人，中小学生163780人次。同时捐助1亿元，助力西湖大学为社会培养高端研究型人才。

三、严以自律提升标准，养殖环保国内外领先

秦英林提出“不转嫁成本，不推卸责任，不遗留隐患”的发展原则，把环保作为企业发展的先行要求，生态环境部、农业农村部对此给予高度评价。

探索出“养殖—沼液—绿色农业”为一体的循环经济，将养猪生产的粪肥全部资源化利用，做到养猪零排放，同时减少了化肥使用，改良了土壤，实现农民亩均增收119元。在国内外同行业中率先做到在养殖场建设时就做好全场防渗技术处理，保护地下水，消除隐患。面对养猪有臭气难题，秦英林不断探索尝试除臭处理技术，他指导研发的“三防猪舍”，更是将养殖环保提升到全球领先水平，做到对猪舍排出的空气全部进行除臭灭菌，实现无臭气、不扰民，再次提升环保标准。他独立研发的无供热猪舍，实现了在东北极寒地区养猪不燃煤，减少碳排放和大气污染，树立了环保标杆，引领

了养猪行业实现绿色可持续发展，为支撑打好污染防治攻坚战贡献力量。

四、珍视生命主动作为，全力支持打好新冠肺炎阻击战

2020年春节“新型冠状病毒肺炎”暴发后，秦英林第一时间在公司内部成立了新冠肺炎防控指挥部，发动全国各地子公司，组织2000多人直接参与疫情防控工作。

秦英林及其企业，共同捐资2亿元，用于全国新型冠状病毒肺炎疫情防控工作。面对紧缺的医疗物资，秦英林充分发挥集团采购优势，开拓国际采购通道，从英国、德国、法国、荷兰、韩国、越南、泰国等国家采购防控物资，捐赠给地方政府。累计向疫区捐赠大型医疗设备8台、口罩163万个、防护服等防护用品113万套、消毒物资230吨。他还安排公司技术部门快速行动，运用高效空气过滤技术，帮助改造升级现有救护车，实现负压通风，以防控烈性传染病传播，为打赢肺炎疫情攻坚战贡献力量。

秦英林，一位政治坚定、胸怀大义的新时代企业家，在带领企业“创造价值，服务社会”的征程上，不忘初心、砥砺前行。

朱　婷

朱婷，河南省女子排球队队员。现中国国家女子排球队运动员，司职主攻位置。2013年正式入选中国国家女子排球队，现为队中主力主攻手，披2号球衣。朱婷曾多次参加世界顶级比赛并获得

佳绩：

2010 年朱婷入选女排国少队；2011 年 8 月，中国排球队成为世界少年女排锦标赛亚军，个人贡献 87 分在得分榜上名列第十。

2011 年 8 月，中国排球队获世少赛亚军。

2012 年亚洲青年女排锦标赛，朱婷帮助国青女排豪取八连胜，夺得第十冠，朱婷本人荣膺最有价值球员奖。

2013 年女排世青赛冠军，最有价值球员（MVP）。2013 年世界女排大奖赛最佳主攻。

2013 年世界女排大奖赛澳门站冠军。

2014 年世界女排锦标赛亚军，并荣获最佳得分，因而被普遍认为具有世界级球星的潜力。

2014 年，再度入选国家队；凭借出众的强攻实力成为中国女排新一代的重炮手。尽管一传和防守稍显薄弱，但已经坐稳中国女排主力主攻的位置。

2014 年世界女排锦标赛亚军。朱婷入围世锦赛最佳阵容并以 237 分的总得分斩获最佳得分奖。

2015 年女排世界杯冠军，朱婷获得“最有价值球员”。

2015 年世界女排锦标赛亚军。

2016 年 1 月 24 日，朱婷所在的中国女排获得 CCTV2015 年度体坛风云人物最佳团队奖，这也是中国女排第三次获此殊荣。

2016 年 8 月 21 日，奥运会冠军，朱婷加冕 MVP 和最佳主攻。

2017 年 9 月 10 日，中国女排 16 年再次获得大冠军杯冠军，朱婷获 MVP 和最佳主攻。

2018 年世界女排锦标赛第三名。

2019 年女排世界杯冠军，获 MVP 和最佳主攻。

作为从国家青少年队伍中成长起来的主攻手，朱婷在球队身处困境的时候总是挺身而出，带领队友克服困难，担当球队的“定海神针”。

李向前

李向前，男，汉族，1974 年 9 月出生，中共党员，党的第十九次全国代表大会代表，现任洛阳机务段宝丰检修车间内燃机车钳工，高级技师，中国铁路郑州局集团有限公司首席技师，中国铁路总公司内燃机车钳工首席技师，享受国务院政府特殊津贴。他严格要求自己，工作中肯吃苦、善钻研，全身心地扑在机车检修工作上，在降成本和建设知识型、技能型、创造型劳动者大军方面作出突出贡献。2019 年他被授予“河南省劳动模范”和全国“最美奋斗者”荣誉称号。2020 年被授予“全国劳动模范”荣誉称号。

一、防止事故隐患，降低成本

李向前在工作时通过按标作业、防止隐患，降低机车检修成本。他是机车走行部的“守护者”：经他亲手维修的机车有 5000 多台次，没有一台发生过质量问题。在平时工作中他牢记机车走行部质量就是降低机车检修成本的保证，并始终能够以高标准严格要求自己。他认真负责，热爱本职工作，严格按照操作规程和技术作业标准进行作业，曾多次发现走行部故障，并进行及时处理，防止了多起走行部事故的发生。他在整备线作业时发现东风 4 型 6306 机车走行部发出异音，在对走行部检查时发现第 2 齿轮箱内有异物，并及时扣车抢修，避免了一起因机车走行部故障而造成的大破损，降低了材料成本支出。在大检查时，他认真执行车间对运用机车检查的规定，在大检查时发现 DF4-6143 机车后车钩防跳凸台不起作用，避免了一起可能发生的机车车钩分离事故。他还曾多次发现牵引电机吊杆座裂、车体旁承座裂、转向架构架裂、一系轴箱弹簧断和砂管裂等质量隐患，累计降低了机车检修成本 80 余万元。

二、参加难题攻关降低成本

李向前在工作中积极参加解决机车检修难题来降低机车检修成本。他先后参加了解决齿轮箱漏油攻关小组、抱轴油盒裂漏攻关小组、抱轴瓦发热攻关小组和基础制动装置制动销脱落等难题攻关小组，使机车走行部惯性故障率下降了 30%。机车抱轴油盒裂漏的问题频繁发生，造成抱轴瓦白合金产生碾片、发黑，甚至产生熔化等严重后果；经过仔细检查分析，他找出问题的症结：组装时油盒与底座不密贴，瓦背与油盒盖、油盒座不密贴，螺丝紧固不良、抱轴油盒与齿轮箱固定螺丝不良、垫片选择不当，数量超过 3 片。经过对以上问题的改进，抱轴油盒裂漏的问题得到了解决。他还参加了减少抱轴瓦窜油质量攻关小组，发现了抱轴瓦凸肩侧圆弧不符合工艺、凸肩侧扩大部过长、尺寸精度不高是造成抱轴瓦窜油的主要原因。他还在平时的工作中对抱轴瓦毡条安装方法进行了改进：毡条毛毡朝上安装。在他的努力下，生产成本降低了 110 余万元。

三、带领大家创新降低成本

2015 年以他名字命名的“劳模（技能人才）工作室”成立以来，他带领工作室成员找准了定位，把“立足现场、服务现场、降低成本、创新创效”当作工作室的座右铭。工作室根据上年度的临修、碎修、超修活件和惯性质量问题，制定出工作室的工作目标，先后完成内燃机车增压器防断网导流罩等技术创新 10 项，降低生产成本 310 余万元，创新内燃机车气缸盖快速检修等 3 个工作法。2016 年工作室被河南省总工会授予“工人先锋号”称号，2017 年工作室被全国总工会授予“全国工人先锋号”称号。

四、练技能传技艺培养人才

李向前加强人才培养，传承技艺绝活，在建设知识型、技能型、创造型劳动者大军方面积极贡献力量。苦练操作技能，使他自身业务技能不断得到提高；他取得了首届全国铁道行业职业技能竞赛第一名的成绩。他在掌握业务技能的情况下积极传授技艺，向大家传授业务技能，对参加内燃机车钳工技师考评的人员进行了指导培训；对参加内燃机车钳工高级工考评的人员进行了指导培训；被郑州铁路职业技术学院车辆工程学院技能大师工作室聘为首席指导教师以来，他多次到院校与教师和学生进行交流，把现场的工作经验、先进检修工艺等带到院校，把院校的先进理念带到单位，受到了单位和院校的好评。近年，他带出了河南省技术能手 1 人，局技术能手 2 人，段技术能手 6 人。培养了高级技师 2 人，技师 6 人。他先后荣获“火车头奖章”“全路技术能手”“全国技术能手”称号；2015 年荣获国务院政府特殊津贴；2018 年被铁路总公司授予“2017 年度铁路工匠荣誉称号”、入选中国铁路总公司“百千万人才”工程专业带头人。

五、积极参加社会活动传递党音

他积极参加社会活动、传递党的声音，先后参加了河南省总工会“劳动模范”先进事迹巡回宣讲、共青团河南省委和郑州局集团公司的“党的十九大精神进班组”等宣讲活动，到省政府机关、地市机关和学校、社区、企业等地点进行宣讲。他通过宣讲激励着大家进一步弘扬劳模精神、劳动精神、工匠精神。他于 2019 年被河南省委宣传部授予“出彩河南人”楷模称号。

林喜才

林喜才参加治黄工作 38 年来，始终奋战在河道修防第一线，他在工作中埋头苦干、潜心钻研，在为黄河岁岁安澜尽职尽责的同时，也为河道修防技能和黄河精神的传承作出了突出贡献。

林喜才作为一名黄河人，始终铭记“要把黄河的事情办好”的初心，将确保黄河安澜作为自己的人生追求和使命。他在工作中不断强化“内功”，勤于学习，善于实践，练就了一身过硬的抢险救灾的本领，先后成功抢护防洪工程重要险情 20 余次，避免洪灾损失 1000 余万元。2003 年黄河秋汛期间，林喜才与濮阳机动抢险队队长一起带队，支援封丘大功控导工程抢险。他作为抢险技师，负责抢护的坝段处于大溜顶冲部位，维系着整个控导工程的安全。根据险情，林喜才决定采取柳石搂厢护岸、柳石枕护根、铅丝笼墩固脚等措施抢护，在阴雨连绵和蚊虫叮咬的艰苦条件下，他带领抢险队员连续奋战 13 个昼夜，确保了大功控导工程的防洪安全。同年 10 月，在范县李桥护滩工程决口抢堵时，他实施搂厢进占、柳石枕合龙等措施，连续奋战 5 天 5 夜，使护滩工程决口顺利堵复，保护了范县辛庄滩区。2006 年在范县陆集村台取土坑放淤工作中，他亲自制订防守方案，保证了黄河调水调沙期间引水闸门、输水干渠及进水口的运行安全和滩区安全。2007 年调水调沙期间，范县辛庄滩区灌溉引水闸门失控漏水，他采取土袋铅丝笼法封堵，很快控制了险情，避免了滩区洪灾损失。2010 年杨楼控导工程 1 坝出现坝基墩蛰较大险情，他采取“守点护线”和传统搂厢的抢护方法，有效控制了险情发展。2018 年黄河下游发生伏秋连汛期间，吴老家控导工程多坝出险，他指导抢险队员采取“先上后下、先重点后一般”应急处置方案，使工程化险为夷，为确保防洪安全做出了重要贡献。

每次外出抢险回来，不管时间多晚、身心多累，林喜才都要挤出时间编制险情案例，记录险情产生的原因、处理方法，总结经验教训。经过长期摸索、研究，林喜才总结出“黄河堤坝工程抢险规范化技术流程”“县级黄河防大汛工作调度流程”等先进实用的操作法，这在历年防洪中发挥了很大作用。

面对现代化治黄工作的需要，林喜才凭着一股锲而不舍的韧劲勇于挑战，主动开展技术革新和技术攻关，先后完成科技创新和成果转化应用项目 24 项，其中河南河务局获科技火花奖、进步奖及创新成果奖 16 项，黄委会获创新成果奖、科技进步奖及“三新”认定成果奖 8 项。他作为第一完成人完成的“挖掘机插桩器”“黄河堤坝工程抢险规范化技术流程”获黄委会创新成果奖三等奖，主持研发的“滩唇出水高度量测器”获河南河务局 2018 年度科技进步奖一等奖，“防汛抢险构件模型”获黄委会 2018 年度科技进步奖三等奖等。他潜心开展学术研究，先后在《人民黄河》《治黄科技信息》等刊物上发表《河道整治工程根石加固时机及措施研究》《坝垛根石维修养护技术探讨》等技术性论文30多篇，参与编制完成了《河南黄河涵闸工程防守预案编制细则》等20余项重要技术性材料，在一定程度上推动了治黄科技发展和河道修防技术技能的进步。

2004年以来，林喜才一直担任河道修防工技能培训教师，共参加各类培训班60多期，培训职工3500多人次，其中技师578人，高级技师360人。作为水利行业首席技师，他还跨流域发挥示范引领作用，多次对海河水利委员会、湖南省、天津市、北京市等地域河道修防工进行培训；所培养的学生中有30余人获“河南河务局技术能手”、20多人获“黄委技术能手”、2人获“河南省技术能手”、7人获“全国水利技术能手”、1人获“全国技术能手”等，为水利行业河道修防技能人才的培养发挥了重要作用。林喜才领衔创建的全国水利行业首席技师工作室，由于成绩显著，2015年荣获“河南省示范性劳模（技能人才）创新工作室”。

以“团结、务实、开拓、拼搏、奉献”为核心的黄河精神，是治黄事业稳步发展的重要保证，林喜才是其体现者和传承者。防汛抢险，需要的是付出与奉献。2003年那次从封丘抢险归来，林喜才没有休息，直接参加了范县护滩工程的紧急抢护。多少次，林喜才独自承担夜班值守巡查，发现情况当即汇报，现场确认抢护方案，抢小抢早、一气呵成，避免了损失，保证了工程安全。

担任技能鉴定培训教师，他上课循循善诱、讲清说透，手把手示范，总是尽职尽责完成培训任务。外出担任培训教师，他从不讨价还价，不讲究吃住条件，不计较个人得失；多次担任技能考试的命题人和主考官。他一直坚持不吃请、不收礼，一身正气，两袖清风，确保了技能考试与竞赛的公正，赢得了技能培训与考试主管部门的信任，更赢得广大学员的尊敬。

作为一名基层一线职工，林喜才践行着创新是引领发展第一动力的理念，结合防汛抢险、工程维修养护等工作，以解决技术疑难为问题导向，着力开展技术研究和技术革新。在工作中积极发挥首席技师的领军作用，锲而不舍带领团队探索创新，主持和参与完成多项创新项目，解决生产难题，提升工作效率，节约工程资金，产生了良好的经济效益和社会效益。他展现了新时代治黄一线职工坚守信念、爱岗敬业、拼搏创新的形象，用实际行动诠释着黄河精神，带头弘扬和践行着劳模精神、工匠精神，鼓舞和激励周围同事与时俱进、开拓创新、共同进步。

思想政治上的不断进步，河道修防业务上的不断进取，使得林喜才荣获了一个个沉甸甸的荣誉。他先后获得全国水利技术能手、全国水利技能大奖、全国农林水利产（行）业劳动奖章、全国技术能手、黄委首席技师、全国水利行业首席技师。2015 年他成为享受国务院政府特殊津贴人员；2016 年获第二批黄委会首席技师、全国水利行业首席技师；2017 年获河南省优秀专家、“河南省五一劳动奖章”；2018 年获国家技能人才培育突出贡献个人；2019 年获河南省先进工作者、黄委会最美黄河人等荣誉称号。

全国脱贫攻坚先进个人

王 东

王东，男，汉族，46岁，中共党员，现任巩义市鲁庄镇党委书记。脱贫攻坚以来，他数年如一日，坚持蹲村调研、走访群众，亲民心、听民声、解民意、促民富，带领全镇7万多干部群众“拔穷根、改穷业、挪穷窝”。大量的入户走访，为他创新各项制度和方法积累了大量的一手资料。他在激发贫困群众的内生动力、优化励志脱贫风气、产业发展等方面进行了许多有益的实践和探索，创新出许多宝贵的方法和经验，得到社会高度认可，有力加快了脱贫攻坚步伐。一是创新《红黄蓝研判观摩制度》，有效解决了部分贫困群众慵懒散的问题，激发了脱贫内生动力，促使享受政策户274户、784人脱贫致富。该制度被国务院扶贫办收录为全国扶贫扶志研讨典型案例，并在《中国扶贫》杂志创新之举栏目全文刊发。王东作为全国5位受邀代表之一和仅有的一家镇级单位代表，于2019年5月在安徽宿州举办的全国扶贫扶志研讨班上作了典型发言。二是实施“一村一品”工程，提高了贫困群众的收入。全镇形成南村牡丹画、小相菊花、外河艾草、后林核桃等多个特色产业。南村已培养画师200多人，于2019年为全国少数民族运动会指定纪念品手绘牡丹扇1.2万把，成为全镇的典范。与此同时，他还建立电商创客空间，采取驻村第一书记直播带货的方式，销售群众的特色农产品，销售额已达100万元。三是创设“好人家庭墙”，用整个家族的力量“消灭”掉一个个懒汉，使整个社会充满了正能量，进一步优化了励志脱贫社会风气。

乔松伟

乔松伟，男，汉族，中共党员，1974年12月出生，现任中牟县农委党组书记、主任，县扶贫办主任。作为一名基层扶贫办主任，他在统筹全县脱贫攻坚工作中，主动担当，苦干实干。

2018年年底，正值脱贫攻坚吃紧的关键时刻，组织让乔松伟接任县扶贫办主任。他深知责任重、压力大，但毅然接受。接过就要扛起，干就要干出个样子！“5+2”“白加黑”成了他的常态，经常是深夜不能回家，节假日基本在办公室……父亲身患重病住院期间，他甚至没能每周陪护父亲一次。

乔松伟敢于担当、较真碰硬。在全县大会上，他多次公开通报暗访、督查、走访中发现的问题，让很多同事“红了脸、出了汗”。他还主导在全省率先开发县级防贫预。

两年时间，他的足迹遍及所有贫困村，还曾两次累倒在工作岗位上。如今，全县贫困户全部脱贫，“两不愁三保障”稳定实现，扶贫产业对贫困村实现全覆盖。

申学风

申学风，1961年6月出生，2015年9月被支部党员大会选举为张庄村党支部书记。自任职以来，他提出了“党建引领、产业支撑、政策助力、旅游带动”的总体发展思路，制定了党建引领“六坚持”“五争五带头”无职党员管理办法，让党员成为张庄的一面旗帜。他注重村庄规划改造，完善基础设施，使张庄的红色资源变成了致富产业。国际扶贫论坛会、“中国共产党的故事——习近平新时代中国特色社会主义思想在河南的实践”等一批国家级活动在张庄举行。焦裕禄精神体验教育基地和“四面红旗”纪念馆年接待游客15万人次，农村干部培训中心已培训学员46期6000余人。他还改造乡村民宿、农家乐60余户。

2017年新三板奥吉特生物科技股份有限公司进驻张庄，他多次动员群众流转土地，让企业顺利落地。目前，张庄有300亩油菜花、720亩草皮、200亩巴旦木、312亩南美白对虾……村集体经济收入实现了从0到79万元的飞跃，全村农民人均纯收入从2013年的3000元增长到现在的13139元。

在申学风的努力下，张庄村先后获全国文明村镇、河南省文明村镇、全国乡村旅游重点村、全国乡风文明典型案例村、河南省首批农村基层党建示范村等荣誉称号。

安显伟

安显伟，男，汉族，现任开封市通许县南李佐村驻村第一书记兼工作队队长，1978年7月生，河南开封市禹王台区人，现任开封市通许县孙营乡南李佐村党组织第一书记。驻村以来，他全身心投入脱贫攻坚工作，流转土地87亩、建大棚57座，送复合肥10吨，帮助群众销售蔬菜2.6万吨，每年解决就业70人，技能培训15期930人；成立康复站、万册书屋，创建市级文明村；协调资金207万元用于建设村室、文化广场，自筹15万元修路、安路灯和绿化村庄。这些举措提升了村容村貌，加快了乡村振兴步伐。

安显伟主要获奖情况：

2010年3月被共青团开封市委员会授予开封市“新长征突击手”荣誉称号。

2011年3月被中共开封市委组织部、共青团开封市委授予“开封市优秀大学生村干部”“开封市新长征突击手”荣誉称号。

2016年2月被开封市创建全国文明城市工作领导小组授予全市创建全国文明城市“先进工作者”荣誉称号。

2016年4月被开封市精神文明建设指导委员会授予全市文明创建“先进工作者”荣誉称号。

2017 年 2 月被中共开封市委、开封市人民政府授予“脱贫攻坚先进个人”荣誉称号。

2018 年 5 月被中共开封市委、开封市人民政府授予“焦裕禄式好干部”荣誉称号。

2019 年 4 月被开封市总工会授予“开封市五一劳动奖章”荣誉称号。

2021 年 2 月 25 日被党中央、国务院授予“全国脱贫攻坚先进个人”荣誉称号。

杨志峰

杨志峰，通过举办公益扶贫画展这种独特的宣传方式，积极响应习近平总书记脱贫攻坚“尽锐出战”号召的具体行动，为艺术家们作出了表率，推动更多的社会人士、艺术家，关心、支持、投身脱贫攻坚，展现广大爱心人士“扶贫济困”的中华民族传统。

2018 年 10 月，杨志峰在河南省文化馆开办《守望相助，情暖中原——杨志峰公益扶贫画展》，向河南省扶贫开发协会捐赠美术作品 60 幅；2019 年 8 月，他在开封博物馆举办《守望相助，情暖中原——杨志峰公益扶贫画展开封行》活动，通过企业认筹的方式售出 60 幅国画精品，并将所得 600 余万元用于开封地区重度残疾人的帮扶和社会集中供养。

2020 年以来，杨志峰又沿着习近平总书记曾经考察过的扶贫村镇路线，跋山涉水、深入采风，和30多位县市扶贫干部、50多位村镇扶贫人员进行深入交谈，结合各地市及乡村扶贫典型案例，创作了针对扶贫工作成果的多幅国画，从艺术方面充分展示河南省的扶贫业绩，充实丰富了活动内容。

杨志峰，作为一名艺术家，始终坚持正确的政治立场，在思想上与党中央保持高度一致，忠诚于党和人民，始终把人民的事情放在自己的心中！

王淑霞

王淑霞，女，汉族，1968年11月出生，中共党员，现任洛阳市政府副秘书长，洛阳市扶贫办党组书记、主任。她坚持以习近平新时代中国特色社会主义思想为指导，落实精准扶贫精准脱贫方略和“四个不摘”要求，将发展沟域经济作为产业扶贫的重要抓手，全市建成53个市级沟域经济示范带，实现年产值30亿元，带动168个贫困村、8.60万余名贫困群众脱贫致富；主导开发“洛阳市智慧扶贫信息系统”，利用大数据技术整合10大领域74项政策数据，实现动态监测和风险防控“云端调度”，此系统还曾被《人民日报》宣传推广过；创新实施消费扶贫“5+”模式和“五进”行动，累计销售扶贫产品29.80亿元；推动市政府与义乌来料加工联合会签订23亿元的来料加工战略协议，带动7.30万名贫困群众就近、就地就业；筹资1000余万元，在全省率先整市推进“精准防贫保

险”，筑牢返贫致贫防线。

经过持续攻坚，洛阳市5个国家级贫困县、1个省定贫困县如期摘帽，728个贫困村、49.9万名贫困群众实现脱贫。在全省脱贫攻坚成效考核中，洛阳市连续3年被评定为“好”的等次。近年，全国易地扶贫搬迁现场会和全省产业扶贫、金融扶贫等30余次观摩会、推进会先后在洛阳召开。栾川县旅游扶贫、嵩县易地扶贫搬迁“三房”模式得到时任副总理汪洋同志的肯定。洛宁县实施的德青源“金鸡扶贫”典型做法被列入第十八届中央政治局第三十九次集体学习参阅材料。汝阳县“互联网+健康扶贫”案例入选第二届全球减贫最佳案例。

李　彬

李彬，男，1969年1月出生，中共党员，1987年参加工作，现任洛阳市人社局农民工工作科科长，多次被省、市评为先进工作者。

从2016年脱贫攻坚工作开始以来，他勇挑重担，凭着对事业的热爱、对工作的专一、对群众的真诚，他在关键的时刻，奋力拼搏、无私忘我；在困难的地方，坚守一线、履职尽责；在最需要的时候，冲锋在前、亲做表率。

2020年，新冠肺炎疫情的突然暴发，使得李彬主动放弃春节休息时间。他认真做好沟通协调、上传下达的工作，及时与长三角、珠三角等地人社部门联系，了解当地企业用工需求信息，并按照相关地区企业复工时间和疫情防控要求，引导本地农民工科学安排务工行程。他还亲自到车站接送本地外出务工人员，得到广大群众的高度赞扬。

在4年多的就业扶贫工作中，李彬恪尽职守，认真做好农村贫困家庭劳动力转移就业、技能培训等工作，帮助全市19.80万名有就业能力和就业意愿的贫困劳动力就业，开发各类公益性岗位3.10万个，对有培训意愿且符合受训条件的7.23万贫困劳动力开展了技能培训，共计发放生活补贴1530.52万元。在脱贫攻坚的一线，李彬用自己的不懈奋斗，践行着一名共产党员的初心和使命。

杨来法

杨来法，男，1955年7月出生，1979年4月在自卫反击战的战场上加入中国共产党，1980年退伍返乡后当选拨云岭村支部委员，1999年7月至今任村党支部书记，十三届全国人大代表。41年来，杨来法同志坚守着让父老乡亲“走出去，富起来”的初心和理想，扎根基层一线，不畏艰难险阻、不怕流血流汗，带领全村400多名群众修路架桥、发展产业、掀起乡村旅游热潮，以“蚂蚁啃骨头”的精神，把一个交通不便、经济落后的穷山村，一步一步地建设成为远近闻名的先进村、富裕村、市级美丽乡村示范村。杨来法带领支部牵头成立拨云岭同富种植专业合作社，吸引全村群众入社；他还发展核桃、牡丹间作产业，为脱贫攻坚助力。该社先后被评为国家级示范社、国家级科普示范基地、省级农业产业化龙头企业。在发展乡村旅游方面，杨来法准确把握时代机遇，为拨云岭村谋划了未来旅游发展之路：引进外资奠定发展基础，带头发展农家宾馆。这让拨云岭村乡村旅游步入正轨，实现了产业升级转型。杨来法同志也先后荣获河南省造林模范先进个人、洛阳市优秀共产党员、栾川县脱贫攻坚优秀村支部书记、全国脱贫攻坚奋进奖等荣誉称号。

武淞生

武淞生，男，黄庄乡三合村人，现年 54 岁，2018 年任村党支部书记。上任后，他带领三合全村上下，大力发展写生产业，打造“手绘小镇”，大搞农家宾馆、精品民宿建设，发展集体经济，促进群众增收；这些举措使三合村从贫困村变成了家喻户晓的“手绘小镇”，为全村脱贫奠定了坚实的基础。

他带头坚持每月开展主题党日活动，定期开展“三新”讲习活动，先后邀请县乡有关讲师开展讲习活动 10 余次。他注重加强后备队伍建设，培养村级后备力量 5 名。2018 年至今，三合村顺利完成了农网改造、安全化饮用水、村庄亮化、河岸护堤、文化广场、写生餐厅、卫生室扩建等民生工程。在他的推动下，三合村大力发展中药材种植产业，在岭上、茅草安、大小郭沟等组，种植连翘、黄芩等中药材 434 亩。村支部带头成立种植专业合作社，统一购买种苗；村民在合作社指导下统一种植，收入不断提高。截至2018年年底，贫困发生率降至1.07%，各项指标均达到贫困村脱贫摘帽条件，圆满完成脱贫攻坚任务。

在他的主导下，三合村创新推行“支部带合作社、能人带贫困户”的双带模式。在写生产业的带动下，2018年，三合全村实现增收800万元以上，贫困发生率下降至1%，顺利完成脱贫任务。“手绘小镇”还顺利通过国家级3A级景区评定，并先后荣获省旅游局授予的“河南研学旅游示范基地”、共青团河南省委授予的“青年之家”、河南大学授予的“实习实践基地”等荣誉。

曾红林

曾红林，男，汉族，1982年2月出生，河南洛阳人，洛阳市纪委监委第十四审查调查室正科级干部。该同志曾获得洛阳市“人民满意的公务员”、创先争优优秀共产党员、个人三等功等多项荣誉。2019年10月17日，他被河南省委、省政府授予2019年度河南省脱贫攻坚奖贡献奖。

曾红林和前任第一书记孙珂同志，在派出单位和当地党委、政府的支持下，积极引导村“两委”发展脱贫产业、壮大集体经济，村集体由2017年的“零收入”变为目前的年收入40余万元。2018年，高沟村成功脱贫摘帽。

曾红林引进了投资9000万元的鑫川牧业种羊养殖扶贫产业园

项目，带动高沟村及周边村326户贫困户增收脱贫。他还积极协调上级资金，投资210万元建设了一座300千瓦光伏电站；投资160.80万元建设三个半猪舍，并租赁给新大牧业公司。在3个不同类型产业项目的引领下，高沟村集体每年收入可达40余万元。高沟村的产业和集体经济发展之路越走越宽，有望成为乡村振兴的排头兵。

童红涛

童红涛，男，汉族，现任中共洛阳市委统战部非公有制经济工作科科长。2017年11月至2021年3月，他任洛阳市洛宁县东宋镇郭村党支部第一书记。

驻村以来，他时刻以一名共产党员的标准要求自己，履职尽责。一是抓班子。配合镇党委，配强村“两委”班子，帮助村“两委”研究确定了以党建引领为中心，“一体两翼”的发展思路。二是强产业。流转土地1100亩，引进资金1071万元发展光伏项目，杜仲、构树、花椒种植，湖羊、土鸡养殖等项目，集体经济从0增长到24.60万元。三是补短板。投入资金300余万元，用于农田灌溉、安全饮水、道路绿化、卫生室、文化大礼堂等项目建设。四是志智双扶。开发公益岗位53个，协助办理各类贷款56笔，累计396万元；通过“五星农户”、孝老爱亲模范评选等激发贫困户内生动力，助力村风文明；连续三年开展爱心助学活动，奖励资助村里新入学大学生，营造良好的学风；到村举办花椒种植、土鸡养殖技术等实用技术培训班10期，累计培训人员 347 人次；联合河南新农村广播举办线上创业培训班 2 期，培训学员 200 人次。

童红涛先后被评为全国脱贫攻坚先进个人、洛阳市人民满意公务员、洛阳市扶贫工作先进个人、洛阳市优秀党务工作者、洛阳市五四青年奖章、洛宁县驻村标兵等。

王长征

王长征，男，汉族，1968 年 11 月生，2012 年 3 月任汝州市温泉镇党委副书记、镇长，2014 年 6 月任汝州市寄料镇党委副书记、镇长，2015 年 2 月任汝州市夏店镇党委书记，2017 年 7 月任汝州市扶贫开发办公室党组书记、主任。

脱贫攻坚战开始后，王长征调任汝州市扶贫办主任。到任后，王长征以共产党员的初心和使命感，勇扛脱贫攻坚大旗。上任伊始，他组织开展“脱贫攻坚百日会战”，用了不到 100 天的时间，顺利完成了 2017 年度 5000 人脱贫的目标任务。2018 年，汝州市在河南省脱贫攻坚半年成效考核中获得“好”的位次，位居全省各县（市、区）第 7 名，非贫困县第 2 名。

王长征勇于创新，善于打造“汝州扶贫模式”。他认真贯彻习近平总书记关于扶贫工作重要论述和考察调研河南时重要讲话精神，围绕脱贫攻坚重点任务，抓大不放小，聚合产业扶贫“八要素”，创新推出“1+10”产业扶贫新思路、“七进七销”涉贫农产品销售工作法。五大扶贫主导产业，迅速遍地开花，贫困户产业覆盖叠加度达到 3.19，户均受益 1.22 万元，全市实现“一乡一业、一村一品”，圆满完成脱贫攻坚任务。

五年来，他舍小家为大家，待群众如亲人，被誉为“贫困群众的贴心人”。他不顾身体病痛，放弃节假日休息，走遍 400 多个贫困户较为集中的村。儿子结婚当天下午，他就奔赴扶贫一线，夜宿贫困村。长年累月的超负荷工作，使他患上腰椎间盘突出、冠心病、高血压等慢性病，但住院治疗也没有影响到他的工作。针对贫困群众农特产品难卖的问题，他开展“七进七销”消费扶贫行动，帮助销售扶贫产品 1000 余万元。

王长征用实际行动诠释了一名扶贫干部扎根基层、无私奉献的为民情怀！

孙丕基

孙丕基，男，汉族，1975 年 4 月生，河南省平顶山市鲁山县人，中共党员，现任平顶山市住房和城乡建设局村镇建设科科长。

孙丕基精心编印《平顶山市农村危房改造政策常见问题解答》《平顶山市农村危房改造技术指南》《平顶山市农村危险房屋简易评定办法》《平顶山市农村危房改造通用图集》1.5 万余份，发放张贴到每个乡村，进村入户进行宣讲，探索建立“一比对、二核查、三评定、四鉴定”4 步工作法，推动全市累计评定 30 余万户，鉴定 5.40 万户，完成 C、D 级危房改造 5.55 万户，实现评定、鉴定、改造“三个百分之百”。

针对一些贫困户自筹资金难的问题，他积极帮县（市）政府出主意、想办法，指导舞钢市政府筹资 2418 万元，采取统一设计、统一招投标、统一改造、统一验收的方式推进危房改造。他还协调海关总署出资 42 万元，向对口帮扶的鲁山县观音堂石坡头村援建“海石之家”，集中供养鳏寡孤独老人。除此之外，他还努力推动危房改造与乡村振兴的有效贯通，指导鲁山县拆除危旧房屋后，建设“一场四园”（停车场、游园、花园、果园、菜园）。

他还制定了《平顶山市农村危房动态清零保障措施》，率先开展“码上有房”试点，手机扫描危改户二维码，可详细显示危改户的所有基本信息。新冠肺炎疫情期间，他及时制定《关于做好疫情防控期间农村危房改造脱贫攻坚有关工作通知》，会同市扶贫办第一时间下发《贫困户住房保障信息录入工作方案》和《贫困户住房保障核验工作的通知》，提前 1 个月高质量完成 72928 户建档立卡贫困户的录入核验。

陈京玉

陈京玉，男，河南省平顶山市人，1975 年 10 月出生，2015 年 9 月由平顶山市教体局派驻到河南省鲁山县四棵树乡黄沟村，担任驻村第一书记。他牢记初心和使命，团结带领村党支部发挥战斗堡垒作用，吃苦在前、冲锋在前，精准识别、精准落实扶贫政策，使黄沟村建档立卡贫困户全部实现高质量脱贫，贫困户家庭人均收入达到 16111.12 元。

他恪守驻村纪律，牢记驻村第一书记“五项职责”，经常放弃节假日休息，以村为家、视群众为亲人，超负荷工作。他时常挂念群众吃穿是否有保证、房屋是否安全、用水是否方便、取暖是否到位。5年来，他行程万余公里，帮助贫困群众和村集体开展了食用菌种植和林果种植的中、远期产业项目，增加了群众和村集体收入。

他创新扶贫方式，探索出“自助式农家院”的金点子，拓展了带贫模式。为使昔日的穷山沟嬗变“黄金沟”，他深入调研、克难攻坚、开拓进取，注重培育和发展壮大村集体经济。他立足黄沟村村情，探索出发展“自助式农家院”，并协调投入、吸引资金300万元改造老旧房屋12处，打造了黄沟“十二园”，使村集体经济实现由零到如今30多万元的突破，走出一条全市村集体经济发展的典型之路。

陈京玉先后被评为河南省骨干教师、河南省优质课教师、平顶山市名师、平顶山市优秀教师、鲁山县脱贫攻坚先进个人，获得平顶山市第二届“鹰城榜样”贡献奖、全国脱贫攻坚先进个人等荣誉称号。2020年黄沟村被评为河南省乡村“旅游特色村”。

王世杰

王世杰，男，汉族，51岁，河南康龙实业集团股份有限公司董事长。

国家扶贫工作开展以来，王世杰带领康龙集团响应国家号召，积极投入脱贫攻坚工程，通过“公司+基地+专业合作社+农户”等方式，创建了产业扶贫新模式——“康龙模式”，该模式被农业农村部确认为可复制、可推广、可持续的资源化发展模式，还被河南省扶贫办誉为“竖立在田间地头的扶贫车间”。依托该模式，宝丰县建立起三个产业扶贫基地，带动贫困户400余户，吸纳务工贫困户80余人。2015年至今，他共给予贫困村集体分红1890万元，以个人和公司名义捐善款1090万元，积极为贫困户开展技能培训1500余人次，发放扶贫款400余万元，帮扶贫困群众1750户。2020年，王世杰被评为全国脱贫攻坚奖先进个人、河南省社会扶贫先进个人；2019年，他被河南省委、省政府授予“河南省脱贫攻坚奖奉献奖”，他还入选中央文明办2020年“中国好人榜”，被评为“助人为乐好人”。“依托康龙模式　助力精准扶贫”入选国务院扶贫办“企业精准扶贫综合50佳案例”，这也是河南省唯一一个入选的企业案例。

朱宗娟

朱宗娟，女，汉族，1965年11月出生，河南省滑县人，现任安阳市政府副秘书长，市扶贫办党组书记、主任。

2017年1月任职以来，她坚持把脱贫攻坚作为义不容辞的政治责任、重大政治任务和第一民生，认真践行习近平总书记精准扶贫战略思想和中央、省、市决策部署，勇于担责担难，聚焦目标任务，科学谋划部署，主动创新创造，统筹聚力推进，使得全市脱贫攻坚战取得全面胜利。全省2019年度成效考核中，安阳市综合评价为“好”，并由2017年全省第五名上升为第四名。安阳市数据质量、产业扶贫、志智双扶等多项工作居全省先进，财政扶贫资金绩效考核2019、2020年连续两年获全省第一名。联系帮扶的庙荒村成为全省脱贫攻坚、乡村振兴示范村和全国首批脱贫攻坚交流基地考察点，中央、省主流媒体多次对其进行专题报道。

朱宗娟坚持冲在前、干在先，加班到深夜是常态。连续4年除夕夜，她都工作到很晚才离开办公室，女儿出嫁当天，她只请了两个小时假……身体长期超负荷透支导致她一身疾病，她却没有休息过半天。她以担当攻坚克难、以行动践行使命，被称为脱贫攻坚战中的“铁人”。

段振兴

段振兴，男，汉族，1975年4月出生，河南省汤阴县人，现任安阳县扶贫开发办公室主任。

段振兴同志在思想上、政治上、行动上始终和党中央保持高度一致，坚持服务至上、工作至上，为打赢打好脱贫攻坚战作出了新贡献。截至2020年年底，全县5845户、16515人建档立卡贫困人口和35个贫困村全部脱贫。

他坚持服务群众为本，千方百计促进贫困户增收，在选人用人和表扬表彰方面向扶贫一线倾斜，着力问题整改，以问题整改高质量促进脱贫高质量。

在落实贫困人口医疗“五重保障”政策、大力实施危房改造和“六改一增”、落实贫困学生帮扶政策、帮助贫困劳动力转移就业及消费扶贫等措施上，他不遗余力。

段振兴同志一心扑在工作上，“白加黑”“5+2”为常态。在他的带领和影响下，扶贫系统广大干部向心力和能动性进一步增强，工作效率显著提高，推动全县脱贫攻坚战最终取得了全面胜利。

杜文波

杜文波，男，1978 年 10 月出生，现任汤阴县扶贫办驻五陵镇南小章村第一书记。2016 年 10 月，杜文波同志被组织选派到汤阴县五陵镇南小章村担任第一书记。几年来，杜文波同志坚守一线，舍小家顾大家，带领全村干部群众，攻坚克难，埋头苦干，向上级争取各类帮扶资金 500 多万元，硬化村内主干道 2407 米、小巷道路 3856 平方米，村容村貌得到全面改善。他还全面发展壮大村集体经济，先后申请资金 179.70 万元用于新建标准化厂房和光伏电站，使村集体经济收入达到 18.16 万元。杜文波吃住在村，始终关心贫困群众的生活状况，帮助贫困群众办理各项政策救助手续、为贫困群众捐款捐物。多年来，他与贫困群众手拉手、心连心，用无私奉献诠释着一名共产党员的初心。南小章村 2019 年退出贫困村，2020 年 34 户、105 人全部实现高质量脱贫，村党支部 2019 年被县委、县政府评为先进党组织。杜文波先后被评为汤阴县岳乡榜样、汤阴模范、最美扶贫人及安阳市优秀驻村第一书记，安阳市农村脱贫攻坚工作先进个人，河南省脱贫攻坚工作先进个人，全国脱贫攻坚先进个人。

郭　欢

郭欢，男，现任中共安阳市纪律检查委员会第八审查调查室主任。2018 年 3 月—2021 年 3 月，派驻安阳市殷都区都里镇东郊口村任党组织第一书记。驻村以来，他抓党建引领，促脱贫攻坚；结合本村实际情况，重新梳理脱贫思路，制定精准扶贫、稳步脱贫计划；积极发展村集体产业经济，实现持续稳定增收；积极协调公益性岗位，为贫困户增加收入；积极争取项目资金，完善提升村内基础设施，助力脱贫攻坚，受到全村群众一致好评。2019 年年底，东郊口村整村顺利脱贫，为全村实现小康打下了坚实的基础。脱贫后，他用行动兑现了承诺，谋划着东郊口村乡村振兴的发展思路：紧紧依托得天独厚的自然资源优势，借国家漳河峡谷湿地公园开发之东风，发展美丽乡村和旅游特色村，把东郊口村打造成都里旅游产业的一颗璀璨明珠和全区脱贫攻坚亮点。曾先后被评为全市优秀共产党员、全市脱贫攻坚先进个人、全国脱贫攻坚先进个人。

孙炳良

孙炳良，男，汉族，1969年6月出生，河南省鹤壁市浚县人。孙炳良8岁患骨髓炎导致下肢残疾，但他与病魔顽强抗争，16岁学会了无线电维修技术，25岁到浚县县城开家电维修店创业，现任河南省炳良电子商务有限公司董事长。2011年受到时任国务院总理温家宝接见，总理给予他高度评价并提名“炳良自强”；2019年度被授予“河南省脱贫攻坚奖奉献奖”。

2016年脱贫攻坚战打响以来，他坚持扶贫与扶志相结合，为残疾人、贫困户免费维修电器7200余台，创业路上引起了《河南日报》、河南卫视、中央广播电台等多家媒体关注。2018年央视《生活圈》栏目以42分钟时长报道了孙炳良与脱贫攻坚的故事。他于2019年被评为“河南省劳动模范”“河南省脱贫攻坚奉献奖”“全国自强模范”；2021年被评为“全国脱贫攻坚先进个人”，在人民大会堂受到习近平总书记接见。

孙炳良自2013年成立电子商务培训公司以来，共培训学员6800余名，有3800多名残疾人经电商行业培训实现了就业；扶持86名学员开设了自己的电子商务公司，安排120名学员做淘宝云客服，2000多名学员开设了淘宝店铺及移动电商、农村电商；帮扶贫困户680人。

孙炳良建立了电商扶贫、店铺就业、足疗保健、手工麦秸秆画制作、手工泥塑等多种扶贫模式，为16名建档立卡贫困户安排工作，安排就业岗位100多个，扶持35家学员开办公司。

杨书锋

杨书锋，男，1976年6月出生，现任河南九豫全食品有限公司董事长。在2021年2月25日全国脱贫攻坚总结表彰大会上，杨书锋获得全国脱贫攻坚先进个人荣誉称号。

河南九豫全食品有限公司位于原阳县，是一家专门从事畜禽肉类及素食产品的熟卤深加工品牌企业，是河南省扶贫龙头企业。

2017年以来，杨书锋把精准扶贫、产业带贫作为企业义不容辞的社会责任，在做大做强企业的同时，积极主动参与“百企万户”产业扶贫工程，企业共计带贫1912户，覆盖5个乡镇116个村的5700余人，同时为大宾镇等3个乡镇11个村共计356户建档立卡贫困户安排了公益岗位，为每个岗位按年收入不低于3600元发放工资，还解决了200多名贫困人口及大学生的就业问题。从产业扶贫、慈善捐助到智力帮扶、公益助学，都有九豫全的身影。据不完全统计，在助力滩区群众脱贫致富方面，该企业已累计投入400多万元，在黄河滩区响亮地唱出了“脱贫曲”。

如今，脱贫攻坚战取得了全面胜利，全面推进乡村振兴的号角催人奋进。站在新起点，迈上新征程，杨书锋表示将勇担使命，为乡村振兴再立新功。

李园丰

李园丰，女，生于1985年10月。2008年，她心怀“服务基层、服务人民”的梦想扎根基层，从大学生村官到县扶贫办主任，她先后担任过五个村脱贫攻坚责任组长，分管过两个乡镇的脱贫攻坚工作。从起初的青涩、稚嫩到现在的干练、稳重，她用美好青春诠释着共产党人的初心使命，用心血和汗水助力贫困群众打开致富门、浇筑小康路。

自2019年8月被组织部任命为扶贫办主任以来，她提出了具有获嘉特色的“3344”工作法、“1234”工作思路，统筹“四条渠道”，实现贫困劳动力精准就业，破解“三大难题”，力促产业扶贫大作为，建立“一对一”服务机制，提高金融扶贫成效。截至目前，全县共有4142户14278人圆了脱贫梦，全县建档立卡贫困村全部退出贫困序列，共有4127名贫困人口就业，户均就业率达到了1.3人/户，脱贫攻坚工作取得了决定性成效。2020年6月23日，在全省就业扶贫工作电视电话会上，获嘉县重产业、带就业、保增收的做法，在全省得到推广。2020年11月6日，河南省2020年返乡创业专家服务基层助力脱贫攻坚启动仪式在获嘉县举行。2020年9月21日，在全省金融扶贫电视电话会上，获嘉县以金融带产业促增收的做法，在全省得到推广。

王 磊

王磊，男，1992年4月出生，新乡市人社局专职扶贫干部。他积极践行“立足岗位作贡献，争做合格优秀党员”的要求，奔波于全市就业扶贫工作一线，既当精准扶贫的“联络员”，又当扶贫政策的“宣传员”，还当就业扶贫的“服务员”。他还提出“五个精准”助推就业扶贫的思路，即精准组织指挥调度、精准实施就业帮扶、精准开展技能培训、精准实施劳务协作。5年来，累计帮助贫困人口就业25.29万次。

王磊立足本职，勇挑重担促脱贫。共撰写就业扶贫相关工作方案、实施计划、整改措施、总结汇报100余篇，还开发使用“新乡市贫困劳动力就业信息管理系统”，对全市17.54万贫困人口进行就业信息动态化管理。

为稳就业，他赴乡村基层宣讲就业扶贫、社保扶贫相关政策，指导县（市区）对全市有培训意愿且符合受训条件的54084名贫困劳动力开展就业技能培训，提升了他们的就业技能。他还组织开发公益性岗位23158个，推动贫困家庭劳动力稳定就业和增收脱贫。2020年，王磊指导全市对20702名符合条件的贫困劳动力发放优秀务工奖补5084.40万元，以此调动贫困劳动力就业积极性。

贺翠霞

贺翠霞，女，1974年11月25日生，2004年到焦作市扶贫开发办公室工作，现任焦作市扶贫办综合科科长、一级主任科员。贺翠霞始终坚守在扶贫战线，承担着全市脱贫攻坚重要政策制定出台、重要会议筹备召开、重点工作推进落实等综合协调工作。她积极参与焦作市“两定制兜底线”健康扶贫模式的基层调研、相关文件的起草、政策落实的协调督导工作，推动健康扶贫工作的落地落实，破解了因病致贫、因病返贫难题。她认真学习外地集中托养经验，先后多次参与筹备医养工作座谈会、调度会、现场会，协调集中医养有关政策、资金、机制落实落地，推动医养中心吸纳失能、失智、重病、重残贫困人口入住，兜牢特殊贫困群体脱贫底线。她及时统计分析新冠肺炎疫情对贫困群众收入的影响，推动全市建立了产销对接平台、重点扶贫蔬菜企业调度、直供社区企业、企户对接等四项机制，有效解决农产品销售难的问题。焦作市“两定制兜底线”健康扶贫模式受到国务院办公厅通报表扬。集中医养工作先后被多家省级以上媒体宣传报道。

杨延军

杨延军，男，现任焦作市纪委监委第四监督检查室副主任，2018 年 7 月至今任焦作市温县招贤乡中辛村党组织第一书记。驻村以来，杨延军紧紧围绕“建强基层组织、推动精准扶贫、促进乡村振兴”的总体思路，坚持以创新精神用心、用情、用力推进精准扶贫，致力建强基层组织，积极培育致富带头人，大力发展集体经济，开展消费扶贫，注重志智双扶，办好惠民实事。全村建档立卡贫困户 92 户 386 人全部脱贫，中辛村顺利实现脱贫摘帽，杨延军也被群众誉为“山药书记”“泥腿子书记”，并先后被焦作市委、市政府授予焦作市优秀第一书记、焦作市第十四批“身边的榜样”、焦作市最美纪检监察人等称号。2021 年 2 月，他被中共中央、国务院评为全国脱贫攻坚先进个人。中辛村先后被评为焦作市文明村、温县基层党建示范村、温县脱贫攻坚工作先进村、信用村、乡村振兴示范村。中辛村的脱贫攻坚事迹先后被“学习强国”、《人民日报》《光明日报》《经济日报》《中国纪检监察报》《河南日报》《河南纪检监察报》、河南广播电视台、《焦作日报》等数十家新闻媒体报道。

王俊海

王俊海同志，中共党员，现任台前县委副书记、县长、二级巡视员，2021 年 2 月被中共中央、国务院评为全国脱贫攻坚先进个人。

2014 年，他扎根深度贫困县，一干就是 8 年。他始终将台前摘掉贫困帽子、群众过上富裕生活的目标作为最大政治责任，既靠前站更弯腰干，既指挥全面又蹲点包村，以咬定青山不放松的韧劲、不破楼兰终不还的拼劲，带领 6.28 万名贫困群众彻底摆脱贫困，让贫穷落后的贫困县变成了高质量脱贫摘帽、“蜕变”成生机勃发的魅力新城。

他聚焦解决贫困群众难以离乡务工的难题，首创建设“扶贫车间”，把“车间”搬到村头，让群众在“门口”就业。此做法被誉为产业扶贫“台前模式”，并在全国得到推广，同时入选国家精准扶贫专题案例。

他创新扶贫模式，因地制宜发展农业全产业链项目，实施光伏扶贫、生物质热电联产等工程，健全完善“联村带户”的利益联结机制，村村有了集体经济项目，实现了贫困户贫困村收入全覆盖。

他深入践行以人民为中心的发展思想，遍访贫困村、走访贫困户，真正把群众的事当自己的事、把群众的难题当自己的难题，用真情实意和务实作风赢得群众的信任。

王存勇

王存勇，濮阳县郎中乡芦里村第一书记、濮阳县文化广电旅游体育局二级主任科员。自2016年4月到濮阳县郎中乡芦里村任第一书记以来，他就以提高群众满意度为核心，为重残贫困户刘书行建爱心超市，甘当特困孩子刘志远的“干爸”，为贫困户刘胜牵线当“红娘”，带领贫困户郑石军进城卖葱……

为大力发展扶贫产业，他成立濮阳县宏信农业开发有限公司，发展艾草种植200多亩。他还以自己的房产做抵押，贷款95万元，解决村扶贫就业点扩建难题；争取资金500多万元用来修葺学校、整修街道、安装路灯、建设文化活动中心等。

2019年8月、2020年10月，他参加“濮阳市脱贫先进事迹宣讲团”赴全市巡讲，还荣获省优秀第一书记的称号。2020年10月，在国务院扶贫办组织的脱贫攻坚故事展示活动中，他的故事荣获全国一等奖。各大新闻媒体都有报道他的事迹。

赵战秒

赵战秒，男，1970年12月出生，南乐县张果屯镇人，现任河南省濮阳市南乐县烟之东村党支部书记、村委会主任，兼任南乐县联富果蔬种植专业合作社理事长。2021年2月25日，他获得全国脱贫攻坚先进个人荣誉称号。

2010年，赵战秒同志联合村内种植大户成立联富果蔬种植专业合作社。脱贫攻坚战打响以来，他创新实施“党建+合作社+扶贫”模式，全方位加大对贫困群众的支持力度，按照“支部引领、党员示范、产业支撑、带动脱贫”的发展思路，实行支部委员每人联系一个温室片区、支部中的党员每人联系15名温室大棚党员种植户和15名贫困户、每名党员种植户联系一名非党员种植户和一名贫困户的“三个联系”机制，切实帮助解决用地、建设、技术等问题，带领张果屯镇428户1050名建档立卡贫困群众走上脱贫致富路，真正实现“支部带领、党员带头、基地促富、农民增收”，实现了“党建+合作社+扶贫，联富共赢”的美好愿景。

“诚诚恳恳做事，踏踏实实做人”是赵战秒的人生格言。凭着对事业的执着追求和敬业精神，他在平凡的工作岗位上创造了不平凡的业绩，无怨无悔地把青春、智慧和力量献给自己的家乡，用自己的实际行动带领贫困群众在致富路上阔步前行。

郑 鑫

郑鑫，中共党员，现任范县人民政府副县长、龙王庄镇党委书记。自 2016 年担任龙王庄镇党委书记以来，郑鑫始终把脱贫攻坚作为最大政治任务，恪尽职守、真抓实干，圆满完成 12 个贫困村、2122 户 6044 人的脱贫任务。

他迎难而上，不负重托。2016 年 5 月，上级任命他为龙王庄镇党委书记，面对艰巨的脱贫攻坚任务和各种困难，他没有退缩，而是暗下决心："既然组织把我放到了这个位置，我就不能辜负组织的信任。"

他勇于创新，善于实干。镇里工作机制不完善，他就成立 15 个推进组，建立起书记、镇长领着干，责任组长带头干，支部书记、第一书记、工作队长一起干的落实网络。产业摊子小，他就带领干部群众到外地学习先进经验、引进先进技术，提出"基地 + 合作社 + 贫困户"产业发展模式，先后建成菌菇、果蔬、秋葵、水产养殖、畜牧养殖等各类产业基地 19 个，实现了"村村有产业，户户有项目"。群众就业难，他深入调研，因地制宜建设了 6 个扶贫车间，让群众在家门口就业。他还开展技能培训，累计安置 600 余人就业。

他敢于探索，担当作为。镇里的贫困人口多数是生活起居不能自理的高龄老人。针对这部分老人的养老问题，经过多次外出考察学习、积极探索，他最终创新出了日间照料中心模式，为高龄老人、空巢老人、独居老人等提供日间休息、膳食供应、个人照顾、文化娱乐等日间托养服务，让鳏寡孤独老年人真正实现“老有所养、老有所医、老有所乐”。

冀亚伟

2017年3月，冀亚伟开始担任襄城县扶贫办党组书记、主任。任职以来，他认真钻研、深入调研、摸透实情，积极服务全县脱贫攻坚大局。到县扶贫办工作4年多的时间里，他的足迹遍布全县所有有贫困任务的村，仅笔记本他就用了近20个，上面密密麻麻地记录着脱贫攻坚的工作要求、贫困户家庭的生活情况以及走访的心得体会。在大量理论学习和实际工作经验的支撑下，他先后主持起草了《襄城县产业扶贫实施方案》《襄城县建档立卡贫困户积分管理实施办法》《襄城县建档立卡贫困户兜底保障实施方案》等一系列文件，建立询问会制度，解决了帮扶干部责任心不强、执行力不高、工作标准不严的问题；建立帮扶专班，解决了常态化帮扶问题；建立脱贫户定期回访制度，解决了脱贫户监测问题；实行积分管理，建立扶志超市，解决了智志双扶问题；探索多元化兜底保障模式，解决了无产可扶、无业可就的贫困群众脱贫“难”问题；建立“议贫会”制度，解决了群众不认可、满意度不高、获得感不强的问题。一系列工作措施，不仅让贫困户稳定脱贫，还带动了扶贫办一批想干事、能干事、会干事的年轻干部的成长。他坚持克己奉公、廉洁自律，始终把扶贫资金用在最需要的地方：2017年以来，全县投入扶贫资金4亿余元，没有出现过一起违规使用的行为。

胡义志

2015年，脱贫攻坚进入关键时期，胡义志响应党中央号召，服从组织安排，克服各种困难，扎根基层一线近6年。其间，他勇于担当、廉洁自律、成绩突出，为决战全面建成小康社会、决战脱贫攻坚作出了积极贡献，用智慧和汗水践行了共产党员的初心使命。

长葛市驻村期间（2015.8—2018.3）：在市财政局大力支持下，紧紧围绕“基层党建、惠民实事、基础制度、精准扶贫”开展工作，实现孙庄四转变。一是推行“一编三定”等举措，使其由“软弱涣散村”转变为“党建强村”；二是争资金跑项目，实施修路、建文化广场、架路灯、疏通排水沟、维修改造村小学、打井、综合提升改造村内道路等惠民工程，使孙庄变成了文明村；三是落实一系列“组合拳”，使孙庄变成了精神文明建设强村；四是通过资助贫困学生、进行危房改造、争取低保大病救助等，为群众排忧解难，带动村级经济发展，使孙庄变成了经济发展先进村。

淅川县挂职期间 (2018.6—2020.12)：在市委、市政府的领导下，围绕“基础设施、劳务协作、人才支援、产业发展、社会参与、消费扶贫”六方面工作，制定工作方案，完善工作机制，助力帮扶工作扎实稳步、安全高效推进。共援建15个乡镇189个项目3450万元；开展技能培训，提升贫困户造血功能，举办培训27班次，培训贫困劳动力5121人次；开展专场招聘活动13场，提供岗位信息 3.70 万个；实现转移就业 1485 人。他还因地制宜推动产业转型升级，筹措 5.47 亿元购买淅川土地指标 3908 亩；推广种植迷迭香超过 8000 亩，带动农户 1900 余户，每亩增收 3000 元；引进迷迭香加工项目；协调推进两地制造业企业合作；推出淅川系列旅游线路，游客累计消费超过 1000 万元。

胡义志先后被授予长葛市优秀驻村第一书记、河南省优秀驻村第一书记等称号，其扶贫先进事迹在许昌电视台《走进第一书记》栏目播出，还被编入《许昌市脱贫攻坚一线干部先进事迹》、市政协文史委“三亲”史料。

黄海霞

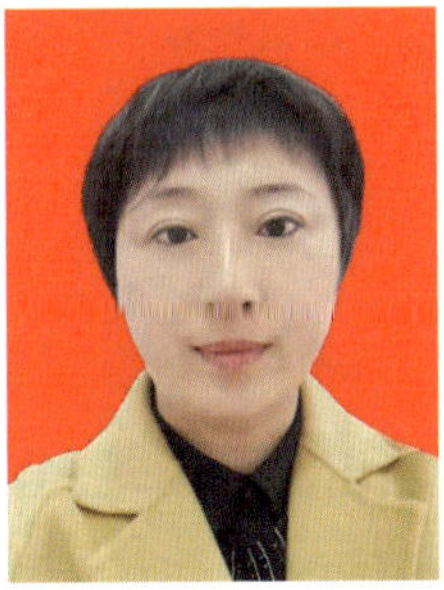

黄海霞，女，现任漯河市召陵区扶贫开发办公室党组书记、主任。脱贫攻坚战打响之初，黄海霞同志就在乡镇一线从事脱贫攻坚工作。她善于用创新方法破解难题，坚决打好主动仗。

为确保行业政策全覆盖和落实，她实施了行业扶贫“两分工作法”，在政策排查、整改、完善等方面建立长效机制，推动各项政策到户到人，此做法得到全市推广，成为全省考评中的好做法。为规范扶贫项目资金管理，她提前谋划项目库，促使项目、资金精准对接，确保项目早建成、资金早拨付。为更好地精准帮扶，她根据劳动力状况，对全区建档立卡贫困户按“A、B、C”三类实行分级评定、分类施策、动态管理，做到了“强劳力在外务工挣钱，弱劳力在村内务工挣钱，无劳力的政府照顾补助”。为促进贫困群众持续增收，她创新实施“联镇带村到户”资产收益型产业扶贫模式，实现了贫困户、村集体、企业、财政“四赢”。

黄海霞同志四年如一日地投入脱贫攻坚实践中，以实际行动践行初心使命，平均每天休息 5 个小时，是扶贫系统有名的“拼命三郎”“女强人”。她兢兢业业、卓有成效的工作感动了身边的人，全区脱贫攻坚也攻克了一个又一个堡垒。

目前，全区 2461 户贫困户 7237 人全部脱贫，贫困群众家庭人均纯收入由 2016 年年底的 3295.10 元增长到 2020 年年底的 13767.23 元，在 2020 年 5 月进行的脱贫攻坚成效市际交叉考核考评中位居前列。黄海霞 2017 年至 2019 年连续三年获得召陵区实干创业先进个人荣誉称号；2019 年 3 月被市总工会评为“五一巾帼标兵”；2020 年 6 月被市委组织部授予“过硬好党员”称号；2021 年 2 月，被授予全国脱贫攻坚先进个人荣誉称号。

张士兴

张士兴，男，1975 年 8 月出生，舞阳县辛安镇刘庄村党支部书记。2010 年 3 月，他被漯河市委宣传部评选为漯河市十佳市民；2016 年 6 月，被中共漯河市委评选为漯河市十佳党组织书记；2019 年 2 月，被中共漯河市委评选为漯河市过硬好党员。

张士兴自担任刘庄村党支部书记以来，制定了以党建聚人心、以产业促发展、以集体经济助脱贫的发展规划，使刘庄村在2015年年底实现整村脱贫。

在他的带领下，刘庄村于2013年成立种植合作社，流转土地1600亩，使群众彻底从土地上脱离出来。2016年，张士兴将个人经营多年的建筑材料厂无偿捐献给村集体，带动30多人就业，其中本村贫困户22人。2017年6月，张士兴通过个人努力，招引广东金升塑胶有限公司入驻刘庄村“舞阳县扶贫就业创业基地”。就业基地投资80万元，建设厂房600平方米，机械设备投资2000万元；吸纳贫困户12户，月工资可达2000元。随着集体经济的不断壮大，他开始积极发展特色农产品种植和加工行业，建成手工粉条作坊、石磨面作坊和小磨香油作坊三个作坊。脱贫后的刘庄村，成为年集体经济收入超过50万元的明星村；村里还建有幸福院，免费为贫困户和五保户提供住宿、三餐。

王清华

王清华，男，2016年2月任卢氏县委书记，2019年4月当选三门峡市政协副主席。2018年，他被评为河南省对外开放工作先进个人；2021年，荣获全国脱贫攻坚奖。

调任河南省脱贫任务最重的卢氏县以来，王清华两年走遍了全县352个行政村，被干群亲切地称为“球鞋书记”。他提出“以脱贫攻坚统揽全县工作大局，跳出农业抓扶贫、跳出农村抓扶贫、跳出扶贫抓扶贫”的大扶贫理念，形成了“没有与脱贫攻坚无关的人，没有与脱贫攻坚无关的事”

的浓厚攻坚氛围。

他还探索金融扶贫“卢氏模式”，提前两年完成3.3万名群众的搬迁工作，创造了易地搬迁“卢氏样板”。他还打造了国家级香菇产业集群和省级食用菌现代农业产业园，使该县荣获“全国食用菌产业化建设示范县”“河南省中药材产业发展十强县”的称号，形成了产业扶贫的“卢氏特色”。

2020年2月26日，河南省人民政府批准卢氏县脱贫摘帽；2020年年底，全县158个贫困村、2.6万户、9.4万贫困人口全部脱贫，脱贫攻坚取得重大胜利。

王跃文

王跃文，男，1963年2月出生。2010年1月至2016年2月，任三门峡市委农办主任、市农业局党组书记、局长；2016年3月—5月，任市委组织部正县级组织员；2016年6月至今，任三门峡市委组织部一级调研员、三门峡市扶贫办党组书记、主任。

在市委组织部工作期间，王跃文就多次参与脱贫攻坚调研、列席常务会。到扶贫办后，作为党组书记、主任的他，凡事亲力亲为、率先垂范，足迹遍布全市346个贫困村。

三门峡地处山区，贫困基数大、贫困程度深。为了解决贫困人口贷款难问题，王跃文亲自设计并推广金融扶贫“卢氏模式”，受到习近平等中央领导人的肯定。为了解决农民增收难问题，他坚持因地制宜、分类施策，深入实施产业扶贫“百千万”工程（在全市建立培训就业基地108个，产业就业基地1056个，产业扶贫增收大棚10837个），构建“龙头企业带动、新型经营主体组织、农户参与、基地承载、共同受益”的利益联结机制。同时，他还推广14种特色农业保险以抗自然风险，探索苹果“保险+期货”以抗市场风险，确保扶贫产业可持续发展。为了降低新冠肺炎疫情对贫困人口外出务工的影响，他大胆探索开发益贫岗位，有效破解人社部门公益岗位少、不符合条件的富余劳动力无法安置的问题。为了进一步提高贫困群众满意度，他在全市农村开展“解决群众问题、化解群众情绪，树牢干部服务群众意识、树立群众守法守规意识”（简称“双解双树”）工作，全面排查解决农村群众关心、关注、关切的各类问题。

5年后，全市累计退出贫困村346个、退出率100%；贫困发生率由2012年年底的14.8%降至2020年年底的0；农民人均可支配收入由11982.10元变为15644.90元。

张　磊

张磊，男，1981年7月生，现任三门峡市卢氏县官坡镇党委书记。

官坡镇位于豫陕两省三县交界，距离卢氏县城直线距离67公里，是卢氏西南山区最偏远的乡镇之一，也是三门峡市六个脱贫攻坚任务重的乡镇之一。2018年9月，他带着组织重托，义无反顾奔赴官坡。

作为镇党委书记，他始终将脱贫攻坚工作当成一项惠及群众切身利益和长远利益的第一民生工程，亲自抓部署、亲自抓落实、亲自抓督导、亲自看成效，全面实现了全镇 9 个贫困村、2498 户 9715 名贫困人口的全面清零；同时，通过持续落实“四个不摘”，确保脱贫群众稳增收、保长远。

工作期间，他遍访贫困户，建立问题台账为群众答疑解惑，解决实际问题 5794 余次，保证政策落实“不落一人”、发展路上“不落一人”。

杨书春

1959 年出生的杨书春是卢氏县瓦窑沟乡观沟村河西组村民。1992 年，他在井下采煤时发生事故，左腿高位截肢。2016 年，他在驻村工作队的帮助下克服重重困难进行黑猪饲养。为了彻底改变贫困面貌，他在自家的院子里搞起了香菇种植，每年种植 1 万袋香菇，收入三四万元，并逐渐成为附近菌农的技术指导员。为了带动全村贫困群众一起脱贫致富奔小康，他发动群众规模种植香菇，并毫无保留地传授袋料填装、消毒和接种技术，还经常拄着双拐步行十几里山路亲自上门指导、手把手传授。目前全村人均增收 5000 元以上。

2019 年，以杨书春为原型的脱贫攻坚主题献礼影片《铁拐》在社会上引起强烈反响。2016 年，他被评为“河南年度十大脱贫人物”，三门峡市“感动天鹅城”十大人物；2017 年，他被评为“三门峡市残疾人自强模范”；2019 年 5 月 16 日，荣获“全国自强模范”荣誉称号，并受到习近平总书记的亲切接见；2021 年，荣获全国脱贫攻坚奖。

张文深

张文深深入学习贯彻习近平总书记关于扶贫工作的重要论述，认真履行南阳市委书记第一责任人职责，坚持常态化暗访督导脱贫攻坚，走遍全市 13 个县市区、75 个重点乡镇，引领带动全市党员干部深入基层、助力脱贫，用干部的辛苦指数换取贫困群众的幸福指数。南阳如期实现全市 90.1 万名贫困人口脱贫、1112 个贫困村出列、7 个贫困县摘帽的目标任务。在全省脱贫攻坚成效年度考核中，分别于 2018 年、2019 年位居全省第二。

张文深在全域实施“短中长”产业扶贫模式，在他的带领下，南阳淅川县入选第二届“中国十佳优秀扶贫案例”。他在南阳整市推进牧原“3+N”产业扶贫模式，覆盖全市 13 个县市区、1112 个贫困村，扶持 10.3 万个贫困户，该经验还在全国得以推广。牧原集团荣登“中国上市公司精准扶贫优秀案例”榜，成为联合国向世界讲述的中国扶贫故事典型案例。全市累计建成规模以上种养殖企业 1929 家、带贫龙头企业 191 个、扶贫就业车间 582 个、带贫合作社 3882 个、开发公益岗位 10.9 万余个，覆盖 48.23 万贫困群众，每户贫困家庭至少有一人稳定就业。

周大鹏

周大鹏作为河南省脱贫攻坚任务最重、难度最大的省辖市扶贫办主任，满怀为民情怀、坚守扶贫初心、肩扛攻坚责任，充分发挥综合协调、参谋助手、谋划设计、真督实战等作用，为高质量打好、打赢脱贫攻坚战筑牢了基础、蹚出了路径。

面对 2016 年南阳在全省落后的被动局面，他迎难而上、勇挑重担，坚持把脱贫攻坚作为赢起输不起的重大政治任务和第一民生工程，努力践行“脱贫攻坚是个良心活”，善于运用有解思维破解脱贫攻坚难题，用辛苦指数换取贫困群众的幸福指数。在他和相关党员的努力下，南阳市如期实现 90.16 万贫困人口脱贫、1112 个贫困村出列、7 个贫困县摘帽目标任务。

针对增收产业薄弱、脱贫路径狭窄、兜底保障任务重等实际，他创新设计，整市推进春季“双基”（基础政策、基础项目）攻坚、夏季“双业”（产业、就业）攻坚、秋季“双貌”（村容村貌、户容户貌）攻坚、冬季“双扶”（扶智、扶志）攻坚的春夏秋冬“四季战”，政康保、政福保、防贫保、产业保等防贫堵贫“四保险”，村级幸福大院集中托管、乡镇养老机构集中供养、社会福利机构集中托养、医疗机构集中康复的农村特困群众兜底“四集中”，扶贫部门定期暗访、纪检部门专项暗访、市级领导随机暗访、民主监督定向暗访的暗访督导“四机制”等特色举措，被《人民日报》总结为《运用“有解”思维高质量完成脱贫攻坚战的“南阳经验”》，成为2020年国家治理创新经验扶贫领域唯一典型案例。

他在全市扶贫系统倡导“说了算、定了干，干则必成，雷厉风行”的工作作风，明确提出“严禁不讲原则、一团和气，严禁违反规定、大吃大喝，严禁收受礼品、丧失品行，严禁高高在上、颐指气使；做到坚决不让交办的事情在我手中延误，不让工作差错在我科室发生，不让消极腐败在我身上出现，不让工作职能在我岗位削弱，不让服务对象因我受到冷落，不让市办形象因我受到影响”的“四个严禁、六个不让”工作要求，树立奖优罚劣鲜明导向，躬身实践、率先执行，轻伤不下火线。他三年多走遍全市1112个贫困村，为全市扶贫干部沉入基层、服务脱贫作出表率。

张　伟

张伟，男，1970年6月出生，现任社旗县扶贫开发办公室党组书记、主任。张伟2018年任县扶贫办主任以来，时刻牢记脱贫攻坚政治责任，充分发挥脱贫攻坚参谋助手作用，全面贯彻落实各级决策部署，使全县87908个贫困人口全部脱贫退出、85个贫困村全部达标出列、贫困县如期实现摘帽，他也被评为南阳市2018年度脱贫攻坚工作先进个人。他建言献策的产业就业奖补政策，极大地提升了贫困群众发展产业、参与就业的积极性。全县确立“蔬菜、中药材、林果、畜牧”四大扶贫主导产业，扶贫产业总面积达到

25.64万亩，累计带动贫困户77592户次，转移贫困劳动力22347人。他创新推广的申报者自评、贫困户互评、“五老”监评、乡村医生参评、村组织定评的“五评”模式，织密了识别网格，从根本上解决了漏评和错评问题。他设计推行的“一设两评四榜”志智双扶模式，有效增强了贫困群众依靠双手勤劳致富、主动脱贫的信心和本领，为脱贫攻坚提供了强大精神动力和良好社会环境。该做法在各大新闻媒体都有专题报道，并得到河南省委和市委主要领导的充分肯定。

张义胜

张义胜，男，出生于1974年10月，现任桐柏县扶贫开发办公室党组书记、主任。

2015年组织选派张义胜到全县脱贫任务最重的毛集镇任党委书记。上任后，他以民生项目为抓手，全力脱贫攻坚。

上任以来，他结合县情提出了以“茶、艾、菌、虾”为主的“4+N”产业发展思路，共发展茶、艾、虾产业22万余亩，菌3000万袋，带动1.2万个贫困户人均增收约4000元；电商3000余家，从业3.2万人。他还统筹兼顾就业，共培训贫困劳动力19103人次，实现县外就业8467人、县内就业10079人。通过产业就业扶持，全县20379户64754名贫困人口全部脱贫，87个贫困村全部出列，桐柏县高质量脱贫摘帽。

2018年年底桐柏县代表河南省接受国家成效考核，并获得优异成绩。他个人也连续两年被市政府表彰为脱贫攻坚先进个人。张义胜同志用“黄沙百战穿金甲、不破楼兰誓不还”的精神践行着一名共产党员的使命和担当。

黄　玉

黄玉，男，汉族，1975 年生，2018 年担任镇平县扶贫办主任、县脱贫攻坚领导小组办公室主任。

黄玉同志学深悟透，务实重干，开拓创新，就任扶贫办主任以来，全县脱贫攻坚质量和成效 3 年连上新台阶，在全市 13 个县（市、区）脱贫攻坚成效年度考核中，从 2017 年度其上任前的全市第三方阵，2018 年度进入全市第二方阵较前位次，到 2019 年度全市第一方阵前三名的先进位次，2020 年度又进一步巩固拓展了脱贫攻坚成果，为镇平县脱贫攻坚全面胜利作出了突出贡献。

黄玉同志在具体工作中，一是推动形成了一套好机制。积极发挥参谋助手作用，大胆向县委、县政府建言献策。二是着力打好了一套组合拳。他立足县情，认真落实符合镇平实际的“一体两翼”(一体：以产业就业为主体。两翼：一手抓医疗、教育、住房、助残等基本保障；一手抓水利、电力、交通、文化、网络等公共服务）精准施策格局，推动“两不愁三保障”等各项政策落实，如期高质量完成了 19343 户 52779 人脱贫、91 个贫困村退出、国家级贫困县摘帽的目标任务。三是创新推出了一批好经验。黄玉同志直接组织率先创设的“精准防贫保险”成为全省典型，20余家市、县级扶贫办前来学习交流；探索的特殊困难群体“三集中三分散”照护模式升级为“四集中”的“南阳模式”；以双孢菇、藤编、假发等为代表的扶贫产业，创造了推进速度快、提供就业岗位多、可推广可复制可持续的“镇平经验”。

李　征

李征，女，汉族，1972年生，中共党员，本科学历，现任邓州市扶贫开发办公室党组书记、主任。

李征同志任扶贫办主任以来，大力协调、努力工作，为邓州市脱贫攻坚工作作出了积极贡献。一是舍身忘我，用实干诠释担当。李征同志承受着常人难以忍受的压力，把全部身心都扑到脱贫攻坚工作中去，经常与同事一起加班加点，有时甚至通宵达旦，时刻把扶贫工作作为一项政治任务和民生工程来抓。当地干部群众称其为“拼命三郎”、奋战在脱贫攻坚一线的“女铁人”。二是立足岗位，以实绩凸显成效。积极向市委、市政府建言献策，兴产业、稳就业，全市所有建档立卡贫困户达到产业就业帮扶措施全覆盖，贫困群众人均纯收入年均增幅28.05%。针对特殊困难群体，她积极协调相关部门，推广实施“四集中”综合保障措施，有效地解决了特殊困难群体兜底保障工作。三是慎终如始，用坚守彰显情怀。李征带队伍慎终如始，严格落实“四个不摘”要求，健全“两类人群”动态监测和帮扶机制，有效防止返贫、致贫，巩固拓展脱贫攻坚成果，推进同乡村振兴有效衔接。2018 年被评为河南省脱贫攻坚工作先进个人，2021 年被评为全国脱贫攻坚先进个人。

周保全

周保全，男，汉族，1994 年 8 月参加工作，中共党员，大学本科学历，现任淅川县扶贫办党组书记、主任。在这一岗位上，他兢兢业业，任劳任怨，为淅川扶贫工作作出了贡献。

当好“参谋长”。2018 年 6 月，他到淅川县扶贫办工作以来，着力打造脱贫攻坚参谋部、作战部、督战部，有效打通了责任落实、政策落实、工作落实的“最后一公里”，确保“两不愁三保障”等政策落实落地落细。按照县委、县政府部署，紧盯贫困户“两业”增收、政策落实、志智双扶等工作，特别是因地制宜发展“短、中、长”生态产业，短线抓短平快项目、中线抓经济林果、长线抓生态旅游，实现了以短养长、以长补短的有机统一，既能保持脱贫持续性，又能巩固脱贫成果，实现了每个贫困户有 2 个以上的短、中产业项目叠加，筑牢了防返贫“挡火墙”。淅川县 159 个贫困村全部出列，27838 户 96964 名贫困人口全部脱贫。

当好“排头兵”。为干好工作，他舍小家顾大家，经常加班加点，甚至通宵达旦、带病工作。2019 年是淅川脱贫摘帽之年，他因病需要治疗，但面临特殊的使命，他悄悄隐瞒病情，利用中午下班时间到医院输液。2019 年年底，父亲病重住院，为确保顺利通过脱贫摘帽验收，他始终坚持在岗工作，直到父亲去世才仓促回家。

当好“宣传员”。他注重在工作中发现典型、总结典型、宣传典型，全方位挖掘脱贫攻坚先进典型，讲好淅川故事。近年，淅川特色经验与做法先后被《焦点访谈》《新闻联播》《人民日报》等主流媒体报道 40 余次。其中，2020 年 1 月 6 日，央视《焦点访谈》以《出新招用实招摆脱贫困》为题，正面报道淅川县因地制宜发展“短、中、长”三线扶贫产业，带动山区脱贫致富的做法与经验。

刘彦华

刘彦华同志自 2013 年起从事扶贫工作，2016 年担任商丘市扶贫办党组书记、主任以来，坚决贯彻落实习近平总书记关于扶贫工作的重要论述和视察河南重要讲话精神，勇挑重担，谱写了一曲“不破楼兰终不还”的时代赞歌。6 个贫困县在全省贫困县退出第三方评估中，5 个国定贫困县均排在全省前 8 位，920 个贫困村、64.9 万名贫困人口稳定脱贫。自 2017 年起，商丘市连续三年获得全省成效考核“好”的等次，刘彦华同志 2018 年被评为河南省脱贫攻坚工作先进个人。商丘市的防返贫监测等做法先后在中央电视台等主流新闻媒体刊发报道，《农民日报》头版刊发商丘的脱贫攻坚成效，省委、省政府有关领导批示转发，全省健康扶贫、兜底扶贫等多个省级现场会在商丘召开。农村居民人均可支配收入增速连续 4 年位居全省第一，小额信贷总量、精准扶贫企业贷款总量均居全省第一，扶贫车间 891 个居全省第一。

刘彦华同志善学、勤思、会谋、实干，为把习近平总书记关于精准扶贫的战略思想迅速在商丘市落地生根，他先学一步，仅学习笔记和培训提纲就写了 100 多本，并第一时间向所有县、乡、村和各级干部进行培训授课，自 2016 年以来，累计授课 200 余场次，受训人员 10 万余人次。5 年来，刘彦华同志几乎没有周末和节假日，一有时间就到基层调研，及时提出了一系列针对性强、操作性强的政策建议，参与研究制定 50 余份政策文件。

刘彦华同志创新思路举措，走出一条独具特色的脱贫攻坚新路子。一是探索实施精准识别“四个思路”，解决“扶持谁”的问题。在全省率先提出统筹贫困村和非贫困村识别贫困群众；推行“652”精准识别工作法；创立贫困村“9+1”档案盒；设立精准识别永久公示牌等。二是建立健全脱贫攻坚“四大体系”，解决“谁来扶”的问题。制定完善和落实“目标体系、指挥体系、政策体系、规划体系”，确保高点定位全局。率先提出的党委副书记任指挥部政委、政府副职任指挥长的指挥体系在全省推广。三是创新实施脱贫攻坚“五大举措”，解决“怎么扶”的问题。组织开展“6633”晋位争优、孝善敬老、开展“九大工程”和“六改工程”、实施巩固脱贫质量五大专项行动等，制订商丘市产业扶贫“5 个 2”发展规划，探索建立“1+N”多种带贫模式。商丘市在全省产业观摩现场评比中取得第二名的好成绩。四是建立完善脱贫退出“四大标准”，解决“如何退”的问题。在全省率先提出贫困户脱贫“123”、贫困村出列“129”、贫困县摘帽“321”标准和防返贫预警监测标准，为全市乃至全省脱贫攻坚工作作出了突出贡献，展现出扶贫人的“硬核”力量。

梁 辉

梁辉，男，汉族，1963年生，河南省商丘市梁园区人，中共党员，中央党校研究生学历，2014年2月至今任柘城县委书记、柘城县脱贫攻坚领导小组政委，是我国脱贫攻坚事业波澜壮阔时代画卷的亲历者、见证者，更是奋力书写这段壮丽史诗的参与者、推动者。

多年来，梁辉同志始终认真学习贯彻习近平新时代中国特色社会主义思想，坚持以脱贫攻坚统揽经济社会发展全局，切实履行第一责任人职责，坚持政治聚焦、政策聚力、工作聚合、力量聚集，瞄准“三落实”“三精准”“三保障”，严格落实“四个不摘”，创新脱贫攻坚“1511”“121”制度，言出必行、实干干实，严格执行五级书记遍访贫困对象要求，带病坚守脱贫攻坚第一线，生动诠释了“鞠躬尽瘁、壮心不已”的奉献情怀。全县建档立卡贫困户35773户105369人全部脱贫，2019年5月9日河南省政府宣布柘城县退出贫困县序列，同时被评为全省脱贫攻坚先进县，柘城被确定为首批全国脱贫攻坚交流基地。

孙桂元

孙桂元，男，汉族，1965 年生，中共党员，大专学历，现任夏邑县扶贫开发办公室党组书记、主任。该同志自 2010 年 5 月担任县扶贫办党组书记、主任以来，倾尽全力真扶贫、扶真贫。他创新的“产业扶贫带头人培养”“脱贫致富星级户评定”“四步培养法”“朝夕脱贫工程”“我陪家人看扶贫”“领、认、算、查”四字督查工作法等具有夏邑特色的做法，得到河南省、商丘市领导的充分肯定。“产业扶贫带头人培养”模式 2018 年被农业农村部评定为“全国产业扶贫十大机制创新典型”，“脱贫致富星级户评定”做法被《河南省脱贫攻坚动态》予以刊发。他创新的“病、学、房、贷、证”政策落实体系，累计资助贫困学生达 146064 人次，办理慢性病本 46449 本，改造贫困户危房 15867 户，发放小额贷款 11.17 亿元，办理残疾证 12527 本。他着力培育特色产业，形成了“小蘑菇撑开致富伞，大西瓜圆了致富梦，中国结搭起致富桥，打火机照亮致富路，桂柳鸭唱响致富曲”和“农村电商编织致富网，智慧农业催开致富花”“5+2”产业发展格局，2019 年 12 月 15 日，中央电视台《新闻联播》栏目以《创新扶贫模式　激发内生动力》为题，对夏邑产业扶贫进行了报道。

由于孙桂元的不懈努力，2018 年夏邑县实现脱贫摘帽，截至 2020 年年底，全县 52563 户 120624 名贫困人口全部脱贫。2021 年

2 月他被党中央、国务院表彰为“全国脱贫攻坚先进个人”。

刘玉敏

刘玉敏，1975 年生，1991 年 5 月参加工作，1996 年 7 月加入中国共产党，本科学历，现任永城市扶贫开发办公室主任。她政治立场坚定，敢于担当。能够坚持学习习近平总书记关于扶贫的重要论述及系列讲话精神。2020 年 12 月 10 日《河南日报》以《在出彩答卷中书写永城担当》为题，专版刊发了永城决胜脱贫攻坚的实践做法。在刘玉敏的带领和努力下，2016 年以来，永城市脱贫攻坚在省级考核中连续 4 年获得“好”的等次，省扶贫资金绩效考核等次连续 3 年为“A 级”，结对帮扶虞城县工作连续两年获得“好”等次。

勇担当、乐奉献。她从事扶贫事业 30 年来，舍小家为大家，放弃“二胎计划”，放弃节假日，把全部精力和才智都奉献给扶贫开发事业；她从科员、科长到市扶贫办副主任科员、副主任、主任，在扶贫事业的每个工作岗位上，都兢兢业业，勤奋工作，无怨无悔，她用青春、智慧和汗水，绘就了瑰丽的人生画卷，展现了脱贫战场上的巾帼风采。

善谋划、重实干。残疾人办证全免费、一站式服务工作全省推广。坚持以人民为中心的发展思想，聚焦弱势群体，实施“党晖温暖”十大帮扶行动，累计投入 1.3 亿元救助困难群众 76.8 万人次；瞄准重症精神病患者，探索集中托养“永城实践”；实施厕所、保洁、道路、乡风“四大革命”，统筹脱贫攻坚与乡村振兴有效衔接。

杨新文

杨新文，男，汉族，中共党员。1974年生，河南省虞城县人。2006年9月至2008年7月在中共虞城县委党校大专班学习。2005年3月至今任虞城县城郊乡郭土楼村党支部书记。2014年被评为虞城县劳动模范。2018年被评为虞城县优秀党支部书记。2019年10月获河南省脱贫攻坚奋进奖。2021年2月荣获全国脱贫攻坚奖。

杨新文从2003年3月5日主持村全面工作，当年6月申请加入中国共产党，2005年3月在上级组织和全村38名党员的推选下，当选为郭土楼村支部书记，带领村“两委”班子成员在平凡的基层工作岗位上一干就是16年，2016年郭土楼村有幸被全国“以孝治家”领导小组定为示范基地，按照以孝治家战略部署成立三支队伍、基层党组织队伍、慈善企业家队伍、义工队伍，并建设了三个项目、以孝治家大食堂、健康家园、乡村书院。

一、依托精准扶贫，发扬“孝善治家”

党组织号召全村行动起来、从我做起、从现在做起，走进家庭走进老百姓心中！以孝治家大食堂每天为本村80岁以上老人提供午餐，尤其是自2018年在郭土楼村全村开展综治信用家庭评选活动以来，全村村民在诚信体系和村民的综合素质上得到了全方位的大幅度提升，此项评选活动不仅在资金上给了郭土楼村建设田园综合体打造乡村旅游项目的大力辅助，而且更重要的是在原本该村开展的“以孝治家”行动基础上更进一步地使所有村民的诚实守信和各样孝善行动上更进一步，迈上了一个新的台阶。

二、发展村级集体经济，带领群众致富

杨新文组织在5个自然村开了11次村民大会，让村民以地入股，种植400亩竹子，把村民的资源变资本、资本变资金、农民变股民。每户都参与进来，提高了村民的积极性。他带头把家里的积蓄全拿出来做发展启动资金，村会计把给孙子的见面礼钱都拿了出来，村“两委”班子又千方百计地把村里的能人拉回家，充分发挥乡贤作用，光返乡创业的杨凡、杨成杰就为村里投入近800万元。两年多来郭土楼村在工程建设上节省建设费用200多万元。

三、依托党的扶贫政策，发挥“领头雁”作用

依托当前党的扶贫政策新建了标准化卫生室、文化活动室、文化大舞台、文化广场、公厕等，带领村“两委”班子硬化了全村路面，扶贫车间建成投产，成立了种养殖合作社和鸿途装饰装潢公司，村集体经济得到长足发展。

孙晓峰

孙晓峰，男，现年45岁，中共党员，现任睢阳区财政局驻冯桥镇曹庄村第一书记。

迎接挑战勇担当。驻村以来始终坚持抓党建促脱贫，抓支部带支书工作，建强了基层组织。自印“第一书记和贫困户心连心电话卡”，倾听群众呼声，掌握真实信息，寻找致贫原因和脱贫之路。疫情防控期间，坚守疫情防控一线和村“两委”班子并肩战斗，自费为全村贫困户购置数万元的口罩、酒精等防疫物品。

扎根一线结硕果。驻村后累计引进1700多万元项目资金，修建了6公里长6米宽的双下水道主干道，新修巷道3716米，在全区率先实现“户户通”，并对村小学实施了升级改造。新建了标准化公厕3座、新打机井47眼、新装路灯157盏、购垃圾收集桶1700多个，新建470平方米的党群服务中心和标准化村级卫生室。2020年荣获“商丘市级文明村”。

强基固本促发展。积极招商，引进劳动密集型、带贫效果好的商丘康华食品加工厂进驻新建的1800平方米的扶贫车间，增加了集体经济收入，实现了脱贫成果的可持续性。

一心为民舍小家。为实施协调贫困户的“六改工程”，一直坚守在岗位，没能现场迎接儿子的出生和照顾妻子。使全村36户贫困户全部实施了“六改工程”，并顺利通过验收。每年都自掏腰包万余元购买学习用品，激励学龄儿童成长。

张洪礼

张洪礼，男，汉族，1973 年生，硕士研究生学历，中共党员。自 2016 年 1 月调任水池铺乡党委书记以来，始终把扶贫工作扛在肩上，抓在手上，遍访了全乡每一户贫困群众，细致了解致贫原因，探寻精准扶贫之路。

“授人以鱼不如授人以渔”，通过调查，张洪礼理出了产业带动脱贫的思路。水池铺乡土地肥沃，适宜辣椒生长，当地也有种植辣椒的传统，他积极引导贫困户和当地群众扩大种植面积，延长辣椒产业链条，逐渐形成辣椒“种植、收购、储运、加工”一体化，种植面积由 2016 年的 7000 多亩，发展到目前的 4 万余亩，带动了当地运输业、包装业、冷藏业等第三产业快速发展。贫困户既可以种植辣椒，也可以从事辣椒分拣、包装等工作，人均增收 5000 多元。该乡银行存款 2016 年年底为 2.4 亿元，2020 年年底达 5.7 亿元，每年增长 1 亿元左右。该乡辣椒产业真正成为农民脱贫致富的好产业，被授予“河南名优辣椒之乡”“中国辣椒之乡”称号。水池铺乡辣椒产业助力脱贫多次被央视新闻频道、财经频道及河南卫视等多家媒体报道。

“脱贫路上一个也不能落下。”在张洪礼的带领下，目前，水池铺乡 2 个贫困村全部脱贫出列，365 户贫困户、659 人全部脱贫摘帽。水池铺乡连续 5 年获得全区年终综合目标考评第一名和区脱贫攻坚工作一等奖。张洪礼也被评为商丘市脱贫攻坚十佳帮扶责任人。

梁英才

梁英才同志深入学习贯彻习近平总书记关于扶贫工作的重要论述，不忘初心、牢记使命。使全乡401户1018人贫困群众稳定脱贫，人均纯收入达12728元。

扶贫政策全面落实。周集乡住户密集，人口较多，该同志逐户走访摸底，找准致贫原因、理清工作思路、制订脱贫计划、列出工作清单，层层压实责任，贫困户“两不愁三保障”全部解决到位，满意度达100%。共争取筹措各类扶贫资金8900多万元，铺修道路76公里，铺设下水道98公里，建成11个文化广场，新建翻建4所学校，改造1.20万户生态厕所，高标准良田工程全覆盖，使群众的生产生活得到了极大改善。

脱贫产业强力支撑。解决“穷根子”之路在于发展产业。该同志依托当地主导产业，亲自联系农业专家现场指导教学。全乡共发展种植合作社42家，种植面积达1.5万亩，千亩休闲农业基地3个，年创产值2.30亿元，村级集体经济收入增加65万元。吸纳带动群众务工就业3600多人，其中贫困人口有620人，人均年收入不低于1.80万元，贫困户自我发展产业210户，户均年收入不低于2.20万元。

消费扶贫真情助力。疫情防控期间正是种植业丰收之时。面对突发事件，该同志当起了“推销员”“快递哥”。帮助群众销售扶贫产品120万斤，挽回损失1000多万元。真正做到了脱贫攻坚工作务实、过程扎实、成效真实。

吕 旅

吕旅，男，1970年生，汉族，本科学历，中共党员，现任信阳市副市长，新县县委书记、二级巡视员。2018年8月新县在大别山革命老区率先脱贫摘帽，先后获得国家生态文明建设示范县、首批国家全域旅游示范区、全国双拥模范县“三连冠”、全国文明城市等10多项国家级荣誉。

一是探索形成发展全域旅游、助推脱贫攻坚的“好做法”。他主动担任县旅游委主任，打造了“九镇十八湾、全域游新县”品牌。2019年接待游客突破千万人次、旅游综合收入78.70亿元，以旅游为主的第三产业占GDP比重达45.20%。2019年9月16日，习近平总书记在新县考察调研时指出，新县“依托丰富的红色文化资源和绿色生态资源发展乡村旅游，搞活了农村经济，是振兴乡村的好做法”。

二是探索形成全生命周期的健康扶贫新路子。他推动实施全国首批健康促进项目，建立65周岁以上贫困老人免费体检、家庭医生签约服务等机制。新县被确定为首批全国健康促进县。

三是推动农村养老服务全覆盖。用3年时间完成了所有乡镇敬老院新建、改建，改善“五保”老人供养条件。推广了“留守妇女”照顾“留守老人”的居家养老服务模式，相关做法被民政部推广。

四是率先完成贫困重度残疾人家庭无障碍改造。对贫困重度残疾人因人定制配套无障碍设施，建设无障碍社区。2019 年 5 月，吕旅获评“全国助残先进个人”，受到党和国家领导人的亲切接见。

五是创新党建引领“志智”双扶的新机制。带头开展“昼访夜谈”，每月到贫困村驻村住户两次以上。推动常态开展“清洁庭院、幸福家园”活动，引导社会各界在贫困村捐建“幸福驿站”，让群众既得物质奖励、又受精神鼓励。

熊维政

熊维政，男，新县周河乡人，1956 年生，羚锐集团创始人。在他的带领下，羚锐集团依靠创业之初的 25.80 万元扶贫贷款起步，历经 30 年的发展，现已发展成为总资产达 40 亿元，年创利税 6 亿元的集团公司。2019 年，集团主营收入达 30 亿元，纳税逾 3 亿元，有力推动了革命老区经济社会发展。

在熊维政同志以产业发展实现造血式扶贫的理念下，羚锐公司立足自身产业发展优势，聚焦医药核心产业，围绕人健康板块投资兴业，先后涉足中药材种养殖、油茶等产业，带动了地方就业。他还积极推动当地中药材种植，带动浒湾乡曹湾村 41 户贫困户年增收 5000 元以上，带动新县 9 个乡镇 863 户贫困户种植中药材，年均增收 3000 元以上。

2019 年全国两会期间，熊维政向习近平总书记汇报了新县通过发展油茶产业，在全省率先实现脱贫摘帽后，习近平总书记高兴地说:“茶油是个好东西,要大力发展好油茶产业。”2019年9月17日，习近平总书记视察司马光油茶园时再次对油茶产业发展作出指示：油茶产业可以助力扶贫攻坚、助推乡村振兴，利用荒山荒坡推广油茶种植，既促进了群众就近就业，带动了群众脱贫致富，又改善了生态环境，一举多得。要把农民组织起来，面向市场，推广“公司+农户”模式，建立利益联动机制，让各方共同受益。要坚持走绿色发展的路子，推广新技术，发展深加工，把油茶业做优做强。努力实现经济发展、农民增收、生态良好。习近平总书记强调要求：“路子找到了，就要大胆去做。”习近平总书记的重要指示精神将推动老区的油茶产业更快更好发展，带动更多群众创新创业，实现增收致富。

在熊维政的倡议下，羚锐公司成立了羚锐老区扶贫帮困基金会，持续开展扶贫济困、捐资助学等公益活动，还帮扶周河乡汤冲等非贫困村211户贫困户（贫困人口632人）。羚锐公司公益扶贫事业累计捐款捐物价值6000余万元。

杨　晔

杨晔，男，46岁，本科学历，中共党员，现任河南昌佳农业发展有限公司董事长。作为一名返乡创业人员，杨晔始终坚守党员初心，情系三农，全神聚力脱贫攻坚，积极探索四种带贫模式：

1. 实施土地流转，通过托管带贫。流转托管土地1万余亩，涉及贫困户131户，户均7.06亩，户均收益4589元。

2. 建立基地，通过就业带贫。公司建立良种繁育、示范种植和稻渔种养三大基地，吸纳贫困人口35人实现家门口就业，人均年收入7500元以上。

3. 开展到户增收，通过入股分红带贫。在到户增收项目中共带动全县9个乡镇115个行政村（内含40个贫困村）的贫困户4093户、贫困人口14977人，每人年均分红120元，年分红总额达1797240元。

4. 做强“三大主业”，通过产业带贫。公司连续多年整村推进种植弱筋小麦面积10万亩以上，带动贫困户880户。农户通过种植弱筋小麦每亩实现节本增收340元；在淮滨县王店、期思、张庄、固城、马集、三空桥等乡镇贫困村发展优质水稻20011.40亩，带动贫困户378户，贫困户每亩增产增效350.80元；大力推广稻渔综合种养，全县种养面积在5万亩以上。打造出了淮原香绿色生态大米品牌，带动贫困户234户，每亩净收益在3000元左右。

程继东

程继东，1975年生，信阳市浉河区人。程继东作为信阳市昌东商贸有限公司（豫信茶业）的创始人，自2005年创建以来，历经15年的发展，现已成为集茶叶研发、种植、加工、储藏、销售为一体的一站式综合型茶叶生产企业，本着以诚信打造品牌、以服务创造双赢的理念贡献于社会。

一、爱心扶贫

企业一直以来不间断地资助贫困孤寡老人、儿童、困难大学生，送去慰问金和物品。2016 年该企业为谭家河乡四里桥村 2 名贫困大学生提供了生活物品和生活费；2017 年 1 月为十三里桥乡汤庙村 50 家贫困户提供了劳保用品；2020 年 7 月为十三里桥乡叶桥村一个家庭困难的孩子提供了生活物品和生活费等。

二、技术扶贫

长期以来豫信茶业作为当地的本土企业帮扶并带动当地 38 个产茶乡村村民学习茶叶种植、生产、加工等技术。公司依托当地的特色茶产业，通过整个茶产业的各生产销售环节，豫信积极创造就业岗位，为当地农副产品外销，就近务工以及当地农民增收、经济发展创造了便利条件，为扩宽农民就业渠道作出了贡献。

三、产业带贫

截至 2020 年豫信茶业已在十三里桥乡、浉河港乡、谭家河、游河、吴家店等 6 个乡镇产业扶贫带动贫困人口 3500 人就业以及为其他茶农、采茶工、炒茶工、包装工人等 2000 人解决了就业问题。并与 1600 户贫困户长期签订帮扶协议，每年发放帮扶资金约 200 万元。

四、就业扶贫

随着企业的发展，也为生产人员、业务人员、管理岗人员等提供了许多就业岗位，解决了就业的问题。每年定期组织相关培训，提升综合素养水平和技能，从而提高了收入。

王文喜

王文喜，男，1964年生，1985年7月加入中国共产党，退伍军人。1998年8月任孙滩村党支部书记。王文喜同志自任支部书记以来，带领孙滩村“两委”成员真抓实干，以高度的责任感和强烈的事业心，出色地完成了各项任务。

一、谋发展，打破瓶颈

孙滩村,位于豫皖两省交界处,辖13个村民小组,680多户农户，近3000人。自脱贫攻坚工作开展以来，他与贫困户结对子，问寒问暖问疾苦。一是易地搬迁“挪穷窝”。为了解决贫困户的住房问题，孙滩村选取交通条件好、靠近长江河、生态环境好的地方作为易地搬迁安置点，全村共有62户142人通过易地搬迁政策实现了住房有保障。二是产业扶贫“拔穷根”。近年孙滩村按照“搬得出、稳得住、有事做、能致富”的发展要求，结合本村自身特点，在易地搬迁点建立了“扶贫车间”——三土服饰有限公司，吸纳了附近村民230余人就业，其中有贫困户80人，每人月工资根据计件核算为3000—6000元。易地搬迁的贫困户在家门口便能找到工作岗位、实现就业增收，又能在工作之余照顾家里农活。三是集中供养“显真情”。安置点生活能力弱的26户“五保户”，由村集体集中供养，所需生活物资（米面油等）由本村有能力的同乡捐助，村里聘请一名厨师为“五保户”提供一日三餐，同时，为保障集中供养老人的正常生活，孙滩村还在敬老院设有护理人员，对行动不便无自理能力的老人进行看护，确保每一位集中供养的老人都老有所依。

二、花挑舞，挑出国门

王文喜组织成立了孙滩村“三土”艺术团，将失传的花挑舞、划旱船、唱小戏等演起来。经过不懈努力，“三土”艺术团形成了独特的“土音”“土调”“土味”的传承发展模式，现如今的“三土”艺术团不断发展壮大，演艺水平不断提高，累计编排地方小戏、小调、小品、快板、三句半、划旱船、花挑舞和广场舞等本土剧目100多部，演出200多场次，走进了河南广播电视台的春晚、全国中老年舞蹈大赛、2020年春晚的现场，还走出国门，登上了中韩文化交流晚会、中泰华人春晚的璀璨舞台，“三土”艺术形成“农民写、写农民，农民演、演农民，农民看、看农民”的表演模式，真正“炫”出了原汁原味的农民风采，“唱”出了发自百姓的肺腑之音。

三、老电影，放映情怀。

在孙滩村除民间艺术团外，还有一个老电影收藏馆。该馆收藏了400多台放映机、3000多部老影片，收藏数量堪称全国村级收藏馆之最。每逢村里有喜事时，王文喜就会在村文化广场搭台免费放电影。虽然现在有电视、有网络，但每次放电影时依然是人头攒动。在传承中国电影文化的同时，又丰富了村民们的精神生活。

四、公仆心，一心为民

王文喜同志的口头禅是：“视群众为亲人，群众才把你当做贴心人。把群众的家当自己的家，群众信任你当家。群众的利益虽小也是大事，自己的利益再大也是小事。”他是这样说的，也是这样践行的。掀开孙滩村日志你可以看到：土地纠纷，有他调解的足迹；邻里争斗，有他绕梁的余音；鳏寡孤独，有他关注的赤子之心……村民们对他无不称赞有加，好评如潮。

王文喜同志舍小家为大家，甘为人民孺子牛，堪称乡村干部的楷模。他美丽动人、平凡而伟大的事迹在固始县广为传颂。他连续几届被选为县人大代表、市党代表。他多次获得县、市优秀共产党员和先进工作者称号。村支部也年年受到上级的表彰奖励。他曾获得焦裕禄式的好“村官”和最美村支书称号！

信念孕育能量，人生绽放光芒。人民公仆王文喜同志，在村支部书记的岗位上，不忘初心、牢记使命，求真务实、砥砺前行，无愧于“优秀村支书”这一光荣称号！

皇甫立新

一是提高政治站位，精心谋划工作。自脱贫攻坚工作开展以来，皇甫立新同志以习近平扶贫战略思想为指导，时刻把脱贫攻坚作为党中央明确的一项极其重要、极其严肃的政治任务，作为全县的头等大事和第一民生工程，明确提出了“三个一切”“三个穷尽”的要求，对脱贫路径、脱贫措施和巩固提升工作做了通盘打算，统筹谋划全县脱贫攻坚各项工作。

二是构建责任体系，强化履责担当。皇甫立新同志明确县级领导责任、行业扶贫责任、乡镇落实责任、村级直接责任、部门帮扶责任、第一书记驻村责任、督查巡查监督责任等“七项责任”，厘清县委书记、乡镇党委书记、驻村第一书记、村支部书记抓脱贫的具体职责；指导出台脱贫攻坚督导方案和问责办法，加大督查巡查和责任追究力度，以严肃问责倒逼脱贫攻坚责任落实，形成了“尽责受奖、失责受罚、人人有责、层层尽责”的责任落实体系。

三是推进作风转变，展现队伍形象。深入开展干部作风大整顿，着力根除“庸、懒、散、浮、软”，把“转作风、抓落实”贯穿于脱贫攻坚工作全过程，推动各级干部谋实招、干实事、求实效。皇甫立新同志坚持以上率下，扎实开展“五级书记遍访贫困对象”活动。皇甫立新同志已遍访159个贫困村，做到每周至少2天用于脱贫攻坚工作，在村现场研判解决问题，发挥好“关键少数”作用。

四是坚持四个围绕，推动工作落实。皇甫立新同志倡导“大扶贫”，打好“组合拳”，广泛动员各类社会资源，凝心聚力，多措并举，综合施策，标本兼治。围绕产业抓脱贫，把脱贫攻坚与产业转型升级结合起来，夯实脱贫基础；围绕增收抓脱贫，把脱贫攻坚与发展村集体经济结合起来，构建利益链接机制，助贫困群众稳定增收；围绕改善民生抓脱贫，把脱贫攻坚与落实惠民政策结合起来，实现政策落实不漏一户、不落一人；围绕改善人居环境抓脱贫，把脱贫攻坚与推进乡村振兴战略结合起来，提高群众认可度和满意度。

五是创新攻坚举措，提升脱贫质量。在稳步推进村级集体经济发展、建立市场化扶贫爱心超市、农村特困户集中供养、独居老人户专项治理、精准帮扶“二维码”管理、推行贫困户电子档卡、“县建乡管村有能人带”产业扶贫融合发展、“党建＋扶贫”精准帮扶、“区块链 + 扶贫”、贫困证明网上办理等方面都进行了有益探索，创造了好的经验，取得了明显效果。几年来，先后有 5 个省、122 个县（市、区）到沈丘参观学习，为他们提供了脱贫攻坚沈丘案例。

赵社会

赵社会，男，汉族，中共党员，在职硕士研究生学历，1974 年生，自 2015 年以来一直在脱贫攻坚基层一线工作。该同志认真贯彻落实习近平总书记扶贫开发重要论述，锐意创新、精准施策，为脱贫攻坚工作作出了巨大贡献。

一是大力推动“巧媳妇”工程。他鼓励带动能力强的企业在全县布厂设点，采取“公司 + 分厂 + 联系点 + 贫困户”经营模式，全县“巧媳妇”工程示范基地、企业、加工点 635 家，从业 12 万人，年创产值 50 亿元以上，带动 2 万多名贫困群众脱贫致富。商水县“巧媳妇”工程产业扶贫模式成为中原农区产业扶贫的典范，被中国产业扶贫联盟命名为“全国巧媳妇工程建设示范县”；2019 年 4 月，被评为第二届中国“产业扶贫”十大优秀案例之首。

二是建立两类人群“1234”监测帮扶机制。2015 年以来，他深入 6000 多户贫困家庭进行走访，结合边缘易致贫户和脱贫不稳定户两类人群实际建立了“一监测、两保险、三救助、四帮扶”的“1234”监测帮扶机制，使全县 627 户两类人群消除风险。

三是建立动态管理“三个三”工作机制。他认真研究业务，分析数据，通过加强队伍、业务能力和档卡规范建设，严把采集、录入和审核关，强化日常监测、指挥调度和考评奖惩，推动了扶贫数据精准和账实相符。

张继伟

张继伟，男，1976年生，中共党员，现任河南省项城市李寨镇党委书记。他扎根基层，统筹“抓党建、促脱贫、奔小康”，建立“党建+党员+贫困户”模式、“乡贤+贫困户”模式、“家庭养殖”产业模式，用脱贫实效、社会合力、产业振兴促脱贫。

一、强抓党建，统领发展促脱贫

他发动173名党员主动与贫困户“一对一”结对帮扶。他个人先后捐资2.15万元为5户贫困户改门改院、购买生活用品。

二、战疫战贫，力破疫情保脱贫

新冠肺炎疫情来袭时，他始终坚守在防疫一线，带领“党员先锋队”为贫困户送去米、面、油等生活必需品。他联络企业开展“春风送岗”行动，介绍75人外出就业，安置镇内就业81人，让贫困户年收入只增不减。

三、排忧解难，用情用心带脱贫

他帮扶的郭王村贫困户马自由，长期患病，3个孩子无力照顾。他主动与马自由“结穷亲戚”，认领马美娇为“干女儿”，亲自送去了新衣服、新文具，挤出时间带着马美娇到项城公园去春游，马美娇也从内向孤僻变得阳光开朗。

四、探索新途，产业壮大固脱贫

他探索出了家庭养殖（养鸡）项目。大范村贫困户范中良夫妻均残疾，他拿出1500元帮助购买了鸡苗，还经常到其家中指导病疫防治技术，组织购销会帮助销售，实现了家庭养殖循环发展。

徐　勇

徐勇，汉族，男，中共党员，1975年生，研究生学历，现任白楼镇党委书记。他以上率下，带领全镇党员干部持续抓帮扶、兴产业、促发展，以实际行动答好了脱贫攻坚的时代答卷。

扛牢责任，亲力亲为抓脱贫。他坚持以脱贫攻坚统揽全局，谋划脱贫思路，研究帮扶措施，规划基础设施，调研致富产业。他走遍了全镇23个村2588户贫困户。在他的带领下，全镇11261名贫困人口全部高质量脱贫，11个贫困村全面巩固提升，镇、村面貌焕然一新。镇里干部对他评价了 9 个字："懂业务、抓得死、有办法。"

谋划发展，因地制宜兴产业。他把产业作为富民之本、发展之基。他因村制宜，培育主导产业。目前，全镇楸树种植面积达 1000 亩；温室大棚、果蔬采摘种植面积达 5000 亩；西瓜种植面积达 4500 亩；12 个村引进或建设了加工车间，真正富了群众的钱袋子。

一心为民，真情帮扶暖人心。他经常强忍着高血压、胆囊炎带来的不适和疼痛，访贫问苦，忘我工作。全镇 23 个村，哪个村有几户困难群众，他都能说得一清二楚。他常给镇里干部说，"心里没有群众的干部注定走不到群众心里"，被群众誉为"暖心书记"。

智志双扶，激发脱贫内动力。他每年都组织开展就业技能培训，通过召开评选表彰致富能手、好婆婆、孝顺媳妇等活动，不断提高贫困群众的自我发展能力。现在群众对发展致富充满了信心，对我们的党充满了感激之情。

陈新胜

陈新胜，男，汉族，1972 年 12 月出生，中共党员，西华县大王庄乡陈庄村支部书记。任职以来，特别是开展精准扶贫工作后，带领全村齐心协力，克难攻坚，2018 年实现贫困村出列。

抓"两委"班子和党员队伍建设，不断提高班子执政水平和能力。他始终把党的建设放在首位，把建设高素质的党员干部队伍作为一项重要的政治任务来抓，重视政治生活，严格执行“三会一课”、村“两委”会学习、党员议事、民主生活会、党风廉政建设、党员一对一帮扶等制度，使支部班子整体合力不断增强；他重视理论学习，带领村“两委”班子和全体党员干部学习政治理论知识；他重视政策落实，尤其是惠民政策，通过村里大广播、走访等形式进行宣讲、解释，让每家每户都能共享发展成果；他重视凝聚人心，针对个别党员干部认识不清，方向不明的问题，有针对性地加以认真分析、个别谈话，帮助他们在认识上找差距，在行动上找原因，使支部全体党员在耐心细致的工作中受到教育；他重视党员发展，先后发展6名觉悟高、观念新、致富潜力强的党员，不断为党组织增添新鲜血液。

抓实脱贫攻坚，带领群众脱贫。依托国家政策，推广优质花生种植并开展技术培训，为带动群众调整种植结构，实现农业转型奠定了基础。为发展村集体经济，他克服用地困难，落实扶贫车间项目，引进毛巾加工厂，安置10名贫困人员务工；争取国家扶持资金，极大地提高了村集体经济收入，为全村扶贫事业发展提供有力保障。他确定了发展特色种植和小型加工业的工作思路，积极引进合作社发展草莓种植，融入了农家乐观光休闲，新上冷冻风干设备，拉长了草莓产业链条，为10名困难群众提供了就业岗位。引进木制板厂、活动房厂、隔热瓦厂等10多家小型加工企业，为全村增收致富提供了强有力的产业保障。

他情系乡亲，经常到群众家沟通，是群众身边的贴心人。为贫困户马天杰一家解决住房问题；为刘春兰生病的儿子陈二帅发起捐款、慰问，鼓励其振作精神努力生活。任职以来，这样的事情不胜枚举。

他廉洁自律，是党纪国法的明白人。注重加强党风廉政建设，严格落实有关规定，扎实开展“不忘初心、牢记使命”主题教育实践活动，以身作则，带头执纪，健全了村红白理事会、治安巡逻队等组织，不仅在扫黑除恶、安全生产、环境整治等方面增强了群众的守法意识，而且在精神文明建设上也起到促进作用。陈庄村也成为信访工作零访村、小康示范村。

陈新胜作为党的基层组织负责人，作为国家政策落实的最终执行者，深知责任重大、使命光荣，在带领全体村民致富奔小康的道路上“不漏一户、不落一人”。

陈国厂

陈国厂，男，汉族，1973 年生，河南省太康县高贤乡汪庄行政村人，优秀共产党员，太康县高贤乡汪庄村医生，太康县第十一届、十二届、十三届优秀政协委员。2003 年获周口市抗击“非典”先进工作者，太康县十大杰出青年，2009 年获周口慈善奖，同年 10 月获新中国成立 60 周年“河南省优秀三农人物特别奉献奖”，2010 年获太康县首届十行百星助人为乐明星，2013 年获太康县五一劳动模范称号，2014 年获周口市医德之星称号，2015 年获太康县组织部颁发的“太康县优秀共产党员”称号，2016 年获太康县组织部颁发“优秀拔尖人才奖”称号，2018 年获周口市“最美基层医生”称号，河南省优秀基层医生，2018 年 8 月荣登“助人为乐类”中国好人榜，2018 年 12 月获“感动周口人物”奖。

陈国厂同志自参加农村卫生工作以来，热爱祖国、热爱社会主义，拥护党的基本路线、方针和政策，热爱农村卫生事业，在政治思想上同党中央保持高度一致，积极参与各项慈善活动，工作上积极认真，任劳任怨，宽以待人，表里如一，医德医风端正。在立足本职工作的同时，陈国厂同志一直关心慈善公益事业，他勇于奉献，勇于承担社会责任，用实际行动践行了真诚回报社会的义举。

一、常思从善心、乐为施德人

河南省太康县“中国好人”陈国厂，十余年坚持做好事，不图名、不图利。为助力脱贫攻坚，让特困老人安享晚年，他投资 600 万元建起了医养院，无偿捐献给国家。2018 年 8 月，陈国厂荣登“助人为乐类”中国好人榜。陈国厂的事迹经媒体报道后，在社会各界引起了强烈反响。2019 年陈国厂的事迹被编成了郑州中学考题，被师生广为传颂。

陈国厂是太康县高贤乡汪庄村一名村医，平日里，除了为附近村民看病抓药，“热心公益、帮助邻里”更像是他的第二职业。凭借着“毫不利己，专门利人”的这份信念，陈国厂从身边的事做起，从力所能及的事做起，数十年的时间里，他的公益之行一直在路上……

多年来，陈国厂个人出资为村民修路、搭桥、修缮学校，为困难群众捐款、捐物。平日里，只要附近群众有困难找到他，他都会毫不犹豫地提供帮助。为了帮助弱势群体，陈国厂甚至腾出了自家的老宅成立了“弱势群体服务站”，义务照顾本村的留守儿童和孤寡老人。15 年来公益支出达 30 多万元。村医热衷做公益 15 年，做好事不间断。陈国厂的公益之路开始于 2003 年。当年，非典型肺炎席卷全国。当听说白萝卜有抗击“非典”作用后，他把自己种植的 18 亩白萝卜全部捐给了国家。“当时这些白萝卜如果在市场上销售的话，至少能卖 30 万余元。”陈国厂回忆说。

二、免费发放母猪帮助贫困户脱贫致富

2013 年，陈国厂筹资在汪庄村西头建了一座养猪场。2015 年，他依托猪场，与高贤乡刘寺岗村 160 家贫困户结成了帮扶对子。为让这些贫困户尽快脱贫致富，他给贫困户每家免费发放了两头母猪，并派技术人员上门跟踪指导。在陈国厂的帮扶下，当年，刘寺岗村 160 家贫困户全部实现脱贫。

今年 60 岁的侯发全是刘寺岗村村民，妻子常年身体不好，2014 年，大儿子又因病身亡，撇下 4 个年幼的孩子，家庭生活十分贫困。2015 年，在乡村扶贫干部的牵线下，他从陈国厂的猪场领到两头能繁母猪，经过精心饲养，两头母猪当年就产下了 40 多头猪崽儿，卖了 4 万多元。他当年实现脱贫致富。

接着，陈国厂又把帮扶脱贫范围进一步扩大，先后与太康县龙曲镇的牌坊杨、张山、龙西、可杨、冯洼、张山、李寨等 7 个村的 392 家贫困户结为帮扶对象。为贫困户每户发放 500—1200 元不等。“这真是天上掉馅饼啊！国厂老弟真是个大善人！”

三、支持脱贫攻坚愿把医养院捐给国家

汪庄村村头，一座高大挺拔漂亮的医养院映入眼帘。院内整洁，花草飘香。据陈国厂介绍，为更好地照顾本村及周边村庄的孤寡老人，2017 年陈国厂养猪盈利 600 多万元，建起了占地 20 亩、可容纳 200 名老人入住的医养院。2018 年 4 月下旬，医养院建成投入

使用。经过再三考虑，他决定把该医养院无偿捐给国家。“把医养院捐给国家，政府能更好地利用医养院帮助全县五保特困人员户脱贫。只要能有助于脱贫攻坚，捐再多我也高兴。”陈国厂笑着说。

据高贤乡党委书记郑宏说，医养院捐给国家后，可对太康县杨庙、王集、龙曲、高贤和转楼等5个乡镇的200名失能、半失能和无劳动能力的孤寡老人实现兜底脱贫。

陈国厂痴迷做公益，但对家人却很“抠门”。与漂亮的医养院相比，陈国厂的家却显得十分寒酸。几间平房因房顶漏雨，室内墙壁上出现多处发霉痕迹。为防止漏雨，他只在房顶上覆盖了一层塑料薄膜。家里最值钱的电器是冰箱，14英寸的黑白电视机他已看了几十年。

“今后，只要有能力，公益我会一直坚持做下去，继续为脱贫攻坚做贡献，让贫困群众过上好日子。”

邵奉公

2017年8月，时任正阳县委副书记的邵奉公因业务扎实，脱贫攻坚工作成绩突出，被市委任命为新组建的市扶贫办党组书记、主任。上任以后，面对市扶贫办人员力量缺乏、工作思路不清、工作成绩落后等不利形势，他迅速进入角色，采取有力措施，很快扭转了被动局面。一是当好参谋。协助市领导推动全市脱贫攻坚工作，夯实了各级、各部门责任，各项扶贫政策得到落实，全市减贫任务高质量完成，实现 7 个贫困县全部摘帽，928 个贫困村全部退出，84 万贫困人口全部脱贫。二是靠前作战。他几乎没有休过节假日，带领干部职工加班加点，奋战在脱贫攻坚一线，带出了一支能打胜仗、善打硬仗的扶贫队伍。驻马店市共有 19 人获得全国、全省脱贫攻坚奖，涌现了一批脱贫攻坚先进模范。三是善于创新。他带领全市扶贫系统干部立足本地实际，大胆创新，探索了“贫困家庭重度残疾人集中托养”和“互联网+分级诊疗+签约医生服务”健康扶贫模式，有效解决了特殊群体的脱贫难题，分别荣获 2018、2019 年度全国脱贫攻坚奖组织创新奖，并入选全球减贫案例。该市成为全国唯一获得两项全国脱贫攻坚奖组织创新奖的地级市。四是成绩显著。他担任扶贫办主任以来，驻马店市脱贫攻坚工作一直位居全省前列，分别获得两次第一、一次第二、一次第三的好成绩。市扶贫办各项工作也在全市政府部门目标考核中位居前列，先后两次被市政府嘉奖，2019 年，驻马店市扶贫办荣立集体二等功。

转移就业，是广大农民脱贫致富的重要途径，但由于缺乏组织，在就业过程中处于严重的弱势地位。譬如信息不灵就业成本高，工资被克扣却无力追回；从自给自足的小农生产者到旺季应聘上岗、淡季被辞岗，而辞岗后又不知道该到哪里上岗，等等。

原玉荣

2015 年 9 月，年近五旬、原在新蔡县交通运输系统工作的原玉荣，被新蔡组织部门选派到李桥回族镇狮子口村担任第一书记。入村后，原玉荣每天吃住在村委会，经常背着双肩包走村串户，很

快就摸清了村情，融入了狮子口村的群众中。驻村 4 年多来，她多方争取资金项目，为村里修通了道路，接通了安全饮水，新建了文化广场。她和该村党支部书记李新瑞一起上亳州、南阳参观考察后，成立绿地合作社，流转土地 1000 多亩，建成生态蔬菜种植示范基地；号召外出创业成功人员积极返乡创业，积极引导贫困户发展畜牧养殖业，建成鹌鹑养殖场，带动贫困户走上产业脱贫之路。在她的努力下，村里还建起了光伏发电站，新建了 3 栋标准化厂房，在村头办起了藤编厂、看远箱包、艾之叶文具加工厂。她带领群众整治村容村貌，在村里栽植樱花树、清理垃圾、整治坑塘、安装路灯，使狮子口村面貌发生了翻天覆地的变化，群众都称她为“贴心书记”。原玉荣的事迹得到中央、省、县多家媒体报道，成为河南省第一书记的榜样。

代红艳

代红艳，女，1974 年生，西平县二郎乡人，大学本科学历，现任西平县海蓝牧业有限责任公司总经理，驻马店市第四届人大代表。2015 年 3 月，代红艳返乡创业，在西平县五沟营镇成立了西平县海蓝牧业有限责任公司，建设集蛋鸡饲养销售、蔬菜种植销售、有机肥生产、大田托管于一体的综合性企业。

自 2015 年以来，公司积极响应党中央、国务院号召，投身扶贫事业，为当地解决贫困问题贡献了一个企业应尽的责任和义务。主要采取了以下措施：通过吸纳贫困户就业帮扶带动五沟营镇 11 户贫困户，共计 35 人。通过流转土地帮扶带动五沟营镇常湾村 21 户贫困户，共计 44 人。通过金融扶贫方式帮扶带动五沟营镇东街村等 15 个贫困村共计 347 户，728 人，带动嫘祖镇 43 户贫困户，共计 55 人。通过到户增收方式帮扶带动五沟营镇康庄村等 17 个行政村的 482 户贫困户共计 1085 人，带动师灵镇、人和乡等 8 个贫困村 226 户贫困户，共计 545 人。通过土地托管扶贫方式带动 244 户贫困户共计 441 人。

代红艳经过自身的不断努力获得河南省 2018 年新型职业农民创业创新大赛中成长组二等奖，"新希望杯"第二届全国农村创业创新项目创意大赛总决赛成长组优秀奖，2019 年 4 月获得"西平县劳动模范（先进工作者）"荣誉称号，2020 年 10 月获得"河南省脱贫攻坚奖奉献奖"等。

刘世杰

刘世杰，女，1976 年生，中共党员，硕士研究生学历，河南省遂平县和兴镇党委书记、遂平县委委员、驻马店市人大代表。先后被评为河南省"三八"红旗手、省环境治理先进个人、驻马店市优秀共产党员、驻马店市脱贫攻坚先进个人、2021 年全国脱贫攻坚先进

个人。

和兴镇人口约7.60万人，1.8万户，贫困人口有1226户3542人，是遂平县面积最大、人口最多的农业乡镇。

刘世杰自2017年调任以来，坚持以脱贫攻坚统揽全局工作，强化政策落实、壮大特色产业、完善基础设施、打造“四美乡村”，带领全镇实现了贫困群众高质量脱贫和贫困村高质量出列。

为打赢脱贫攻坚战，她牵头制定了党政班子成员包村联片、责任组长包村联组、党委班子成员分片督导制度。她率先分包8个村（2个贫困村）。她参与指导了所分包的贫困村中后楼村的基础设施建设，规划设计、引资修建。她帮助后楼村获得三个“红旗村”称号。2018年该村顺利摘掉贫困村的帽子。

她积极探索“龙头企业+合作社+家庭农场+贫困户”的产业带贫模式，打造豫南蔬菜名镇，同时发展药材、花木、优质粮等高效农业，带动贫困户年增收近万元。探索“亲情赡养、集中供养、重度托养、集中‘医养’”的模式，解决了近千名贫困群众的脱贫难题，实现了“小康路上一个都不能掉队”的目标。

关键时刻，她带领群众一手抓疫情防控，一手抓复工复产。发展产业、稳定就业、鼓励创业，帮助龙头企业带动贫困群众克服疫情影响，实现增产增收，杜绝了因疫情影响出现返贫现象。

她大力开展以政府主导、全民参与的“四美乡村”建设，打造了2个省级千万工程示范村、22个市级示范村。

在她的带领下，和兴镇先后获得全国无邪教乡镇、河南省疫情防控优秀基层党组织、河南省禁毒示范镇、河南省平安建设工作先进单位、河南省省级“健康乡镇”、河南省省级“卫生乡镇”。

王铁珍

王铁珍，男，汉族，中共党员。历任平舆县人民医院内科主任、工会主席、副院长，现任平舆县人民医院党委书记、院长、县卫建委副主任。2009 年被评为河南省劳动模范，享受国务院特殊津贴，被评为全国医药卫生系统先进个人。2019 年获平舆县健康扶贫个人三等功，驻马店市第二、第三次党代会代表、河南省第九次党代会代表、平舆县第九届人大常委会委员，曾获驻马店市两届科技拔尖人才称号，发表论文 46 篇，出版专著一部。

平舆县是人口大县，现有人口 101 万人。2016 年年底贫困人口还有 33686 人，其中 50% 以上都是因病致贫、因病返贫的。为此，王铁珍探索建立“互联网＋健康扶贫”模式，推动优质医疗资源下沉基层，探索出了一条破解因病致贫返贫难题的新路子。“互联网＋健康扶贫”案例入选了首届“全球减贫案例”。

他带领党员干部和志愿者深入村组开展人居环境整治、义诊慰问、入户巡诊、健康教育，并免费为贫困户捐赠衣物、送去药品。2018 年 4 月，平舆县人民医院作为全国“强直性脊柱炎健康扶贫工程”四个试点定点救治医院之一，依托“互联网＋健康扶贫”服务平台，目前，已免费筛查救治了 37 名贫困强直患者，病情均有不同程度好转，有 7 人已经再就业。

2016 年 10 月，按照县委、县政府要求，10 天内完成了以平舆县人民医院为龙头建立的“平舆县互联网+分级诊疗健康扶贫服务中心”平台建设，实现以4家县级医院和19家乡镇卫生院为支点、224个村级卫生室为网点的全县“互联网+健康扶贫”三级诊疗平台运行畅通。又建立了会诊、心电、影像等中心，实现远程会诊“到医师桌上”的目标，让贫困群众在家门口就可以享受到专家服务。

他大力倡导推进县域内医疗和健康管理“一卡通”、组织开发了巡诊手机APP软件，为每位贫困患者发放健康扶贫电子卡。并利用“互联网+健康扶贫”平台技术支持乡镇卫生院管理，真正实现“基层首诊、双向转诊、急慢分治、上下联动”的工作格局。

目前县医院的259名医师同该县26436名贫困户开展了家庭医师签约，每半年开展一次巡诊。对862名患者进行专项巡诊和电话随访。截至目前，平舆县人民医院通过“互联网+健康扶贫”平台会诊达3.33万例次，占全县会诊总数的80.70%。

平舆县“互联网+健康扶贫”模式，得到了国家卫健委、国务院扶贫办和省、市有关部门的充分肯定。

成富营

2015年8月至2018年6月，成富营同志担任大峪镇曾庄村第一书记。其间，他创新工作思路，成立红白理事会，规范红白事办理，使村里每场白事节省1.5万元左右，文明节俭办理红白事的做法被《人民日报》报道；他还组织开展“入党纪念日”活动，全面加强基层

组织建设；创新“公司＋村集体＋租用农户房顶”的光伏发展模式，每年可增加村集体收入20万元左右；创办的济源第一家村级微信公众号、第一家村级法律帮扶中心、第一家村级扶贫助学基金、第一家村级产业扶贫扶持基金、第一家村级光伏扶贫基金，全面激发贫困群众内生动力；文明节俭办理红白事、“三基金”扶贫法、抓党建促脱贫攻坚、光伏扶贫产业发展多项创新做法在全省、全市推广。

2017年，济源市抓党建促脱贫攻坚现场会在曾庄村召开；2018年，成富营先后获得“济源市优秀驻村第一书记”“河南省优秀驻村第一书记”“济源市五一劳动奖章”和河南省脱贫攻坚奖创新奖等荣誉称号。

2018年6月至今，成富营同志在济源市扶贫办工作。工作岗位虽然变了，但他的工作热情、奉献担当的精神没有变。在扶贫办，他承担着最为繁重、琐碎的工作，经常和同志们一起加班加点，拟订会议方案，起草领导讲话，策划宣传活动，挖掘扶贫故事，提炼典型经验……把星光、灯光、月光，当作扶贫人的诗和远方。与此同时，他还注重创新，突出实效，他负责的多项工作在全国、全省都产生了一定影响。他率先推出以“立下愚公移山志，打赢脱贫攻坚战”为主题的精准扶贫LOGO，创新LOGO授权使用公益捐赠模式，目前有36家企业获得授权，捐赠资金超百万元；创办全音频视频化的“脱贫攻坚”微信公众号，在全国同类型的公众号中率先全音频视频化，目前已经成为重要的扶贫宣传平台；率先开展“文学助力脱贫攻坚”采风活动并出版《济源文学扶贫》专刊，李洱、乔叶等著名作家寄语点赞；率先进行扶贫政策研究，北京师范大学中国扶贫研究院在济源设立全国第一个精准扶贫调研点，并两次在北京举行“立下愚公移山志，打赢脱贫攻坚战”济源实践研讨会；

“习习春风”扶贫政策宣传队成为愚公故里一道亮丽风景也成为济源扶贫文化品牌；注重统筹协调，2018年以来，《人民日报》、新华社、《河南日报》等省级以上主流媒体和重要网站，刊发济源扶贫报道6000余篇，济源示范区扶贫办被评为河南省扶贫宣传先进集体；注重学习总结，《学习习近平总书记扶贫工作重要论述的几点感悟》《第一书记要当好“三种人”》等多篇文章在《中国扶贫》《农民日报》等媒体发表，参与创作的现代扶贫豫剧《山路弯弯》在全省巡演，微视频《过年》获得全国脱贫攻坚精彩瞬间微视频大赛优秀作品奖。

李汝江

李汝江，河南省委办公厅驻平原示范区韩董庄镇杨厂村第一书记。50岁的李汝江，在新疆守防27年，多次立功受奖，曾获国防服役银质纪念章。戍边的风霜雪雨，练就了他不畏艰辛、勇于担当的热血豪情。2017年，李汝江向单位主动请缨，要求到杨厂村担任驻村第一书记。将美好青春奉献给高原边防的他，又一次义无反顾地走向了脱贫攻坚的新“战场”。

杨厂村位于黄河滩区，属于河南“三山一滩”重点贫困区，村子大，问题多，脱贫任务重。三年来，李汝江秉承着“忠诚、奉献、爱国”的戍边精神，视扶贫为使命，把村民当亲人，真扶贫，扶真贫；他坚持每天早上6点钟起床，以身作则，率先垂范，为村里打造了一支“谁也带不走”的党员干部队伍；他帮助发展壮大了十余个扶贫产业，为周边直接、间接提供了数千个就业岗位，确保贫困群众有活干、能致富；他一身正气，敢于碰硬，使村里各种难题迎刃而解，让千亩荒滩变成了花的海洋……

“些小吾曹州县吏，一枝一叶总关情。”在李汝江的带领下，如今的杨厂村产业兴旺，风清气正，村民收入连年增加，美丽乡村建设如火如荼，群众幸福感、获得感大幅提升。2020年，李汝江以优异的成绩和感人的事迹，荣获河南省脱贫攻坚贡献奖。2021年，李汝江被评为全国脱贫攻坚先进个人。

李佩阳

李佩阳，女，中共党员，河南省委宣传部农村精神文明建设处副处长，驻上蔡县高李村第一书记。曾获省直青年岗位能手、省直优秀共青团干部等荣誉。驻村两年多来，李佩阳坚持党建引领，积极发挥“领头雁”作用，以村为家，扎实工作。面对内生动力严重不足的国家级贫困村、艾滋病重点帮扶村，她着力聚民心转思想拔“穷根”。开展各类活动10余次，惠及群众4000余人，有效改善了群众的精神面貌。紧盯脱贫目标和发展实际，累计协调1000余万元用于村文化广场、奥斯卡影院、蔬菜大棚等村基础设施建设和产业发展，贫困发生率从5%下降到0.8%。她被群众亲切地称为“高李闺女”。

赵晓红

驻村三年来，赵晓红同志以村为家情系群众，统筹打好党建引领、“志智”双扶、产业振兴、美丽乡村组合拳，带领村庄迅速脱贫并走上了绿色可持续发展道路。党建成标杆。创建党员微信课堂、微信积分管理、“三委”成员周例会日碰头、“五承诺五带头”志愿服务、贫困户列席党员学习等制度，村党总支获评市级先进基层党组织、市级十大先锋党支部。深山变通途。争取 4000 多万元资金，凿路修坝、架线建塔，解决了困扰群众多年的路、水、电、通信、厕所等难题，村庄融入省会 1 小时黄金旅游圈。项目带脱贫。争取美丽乡村精品村项目，建成观景台、康养步道等旅游设施，南岭最美公路、海拔 800 米广场成网红打卡地，旅游旺季贫困户日营收达 3000 元，带动贫困户全部脱贫。村农产品申报成国家绿色食品并纳入国家和河南省扶贫产品名录。2020 年销售农产品 100 万元。产业助增收。引资 290 万元改造农副产品加工厂，创建“合作社 + 加工厂 + 农户（贫困户）”利益连接机制，发展中药材种植等绿色产业，户年均增收 1000 元。成功引进投资 10 亿元的博物馆集群、投资 5 亿元的“云上南岭”文旅综合体、投资 200 万元的现代农业示范园等项目，建成省委编办图书漂流分站、中原唯美书画创作基地，年游客量超 30 万人次。南岭新村成功创成全国生态文化村、全国森林康养基地试点建设单位、全国一村一品示范村、国家森林乡村。

王继锋

王继锋，男，汉族，1970 年生，河南省汤阴县人，1987 年 11 月参加工作，1990 年 8 月入党，法学硕士。2017 年 11 月—2021 年 2 月，驻周口市商水县城关乡瓦房庄行政村任党组织第一书记。

驻村以来，他扎根基层，苦干实干，使昔日的穷村乱村落后村变成了远近闻名的“明星村”。一是党员管理好。制订《党员分类管理积分考核办法》，对党员实行分类积分管理，月公示，季评比。党员积极性空前高涨，该做法被全县推广。二是扶贫产业强。先后引进香菇种植、服装加工、渔网编织、洗消用品生产等 6 项产业，户年均增收 2 万元以上，村集体年增收 30 余万元。筹措 2500 多万元资金项目，实施污水处理工程、“厕所革命”、路桥建设、新建幼儿园和文化活动广场等 27 个项目，提升村民获得感。三是村风民风淳。定期组织科技下乡、广场舞大赛、送法进农村、爱心助学等活动，每季度开展脱贫争先模范户、卫生文明户等 9 类模范评比，以点带面，引领乡风文明。

三年来，该村先后被评为“市级文明村”“省级文明村”“全国文明村”“市先进基层党组织”“全省先进基层党校”“省级环境综合治理示范村”“省级森林村”等。该同志先后获得河南省脱贫攻坚创新奖和“河南好人”“全国脱贫攻坚先进个人”等荣誉。

胡万欣

胡万欣主要负责省教育厅脱贫办日常工作。几年来，他认真履行职责，全身心投入教育脱贫攻坚工作，出主意、想办法、摸下情、解难题，积极搞好厅内外脱贫工作协调配合，保持厅脱贫工作高效运转，圆满完成了教育脱贫任务，为教育厅连续3年赢得脱贫工作先进单位作出了突出贡献。2017年被评为省脱贫攻坚工作先进个人；2020年10月，在河南省委宣传部等部门举行的“出彩河南人”第二届“河南省最美退役军人”评选中，因脱贫攻坚成绩突出，光荣当选为“河南省最美退役军人”。

一、认真研究，把握规律

该同志认真研究教育脱贫工作，将教育脱贫任务概括为“保障学业、支持事业、促进就业、助推产业”，抓住了教育脱贫的核心任务，突出了教育脱贫在整个脱贫攻坚战中的支撑作用，把握了教育脱贫的工作规律，并将一整套成熟的工作办法在全省推广，有力地促进了教育脱贫工作任务落实，确保了“义务教育有保障”任务的完成。河南教育脱贫工作几次受到国家考核组的好评。2019年6月，中央教育工作领导小组第59期《教育工作情况》以《河南省聚焦“四业”，精准推进教育扶贫》为题，向全国推广了河南的经验。

二、勇于创新，解决难题

资助工作是“义务教育有保障”的重要依托，是教育脱贫任务中最重要的任务。为解决资助政策和落实情况学生不知、家长不明的难题，该同志深入调研，提出了发放“温馨提示卡”的办法，即由省级统一组织，各学校具体实施，将彩色“温馨提示卡”送到家中、粘在墙上、解释清楚、交好回执、每年进行更换，起到了非常好的效果，有效解决了基层工作中的难题。

三、搞好宣传，凝聚合力

抓好政策宣传是做好脱贫工作的关键。为宣传好教育脱贫政策，该同志积极参加河南省《脱贫大决战》电视对话专栏，为省脱贫巡视人员、驻村第一书记、市（县）教育脱贫培训班多次进行政策讲解，深入贫困家庭、学校师生了解政策宣传情况，对抓好教育政策宣传，让人民群众掌握资助政策，推动脱贫工作落实起到了极大作用。

四、克服伤痛，坚守使命

该同志是七级伤残军人，腰椎因公曾做过两次手术，繁重的工作使伤痛屡屡复发，过度劳累，致使双眼视网膜撕裂，几次累倒在办公室，但他视任务为生命，一心扑在工作上，几年来，他没休过年假、无完整休息日，只要工作需要，他都坚守岗位，很好地履行了自己的使命，圆满完成了厅党组交给他的任务，用行动诠释了“出彩河南人”之“河南省最美退役军人”。

王萌利

王萌利，男，汉族，现任河南省公安厅维稳协调指导总队副总队长，1980 年生，河南鹿邑人，2000 年 10 月参加工作，2004 年 5 月入党，硕士研究生学历。2015 年 9 月至 2021 年 2 月，派驻沈丘县白集镇尹庄村任村党支部第一书记。驻村以来，他先后协调实施帮扶项目 24 个，总投资 2534.10 万元。新建了小学教学楼；修建了11.86公里的水泥路；修建2000平方米的文化广场；建村委会办公楼，改建全村水网管道，安装有线电视等公益性事业项目；新建成了养牛场、蔬菜大棚、莲藕泥鳅种养基地、秸秆制肥厂、扶贫车间、育苗房、果园种植基地等，全村人均纯收入由 2015 年的 2700 元增加到 11000 元，村集体经济实现从 0 到目前年纯收入 12 万余元的飞跃。2018 年，尹庄行政村被定为河南省乡村振兴示范村；2018 年、2019 年，在河南省脱贫攻坚考核中均被评为“好”等次；2020 年 1 月，尹庄村代表沈丘县迎接国家第三方评估验收，取得零问题、零反馈的好成绩；2020 年 1 月，尹庄行政村被评为河南省森林乡村、周口市“六村共建”先进村。

2020 年 1 月 19 日，他被评为“河南省科技助力精准扶贫工作优秀个人”。

2020 年 3 月 21 日，河南省委组织部通报表扬了“第四批 37 名在疫情防控工作中表现突出人员”。

2020 年 11 月，他被评为“河南省社会扶贫先进个人”。

2021 年 2 月，他被评为“全国脱贫攻坚先进个人”。

佘婧菁

负责河南省民政行业脱贫攻坚工作以来，她积极践行“民政为民、民政爱民”的工作理念，聚焦脱贫攻坚、聚焦特殊群体、聚焦群众关切，加强政策创制，推动出台了社会救助兜底保障、巩固脱贫成果有效防止返贫等十余项创新政策措施，会同省直部门完善了多项专项救助制度，用足用活贫困户“单人户”施保、就业成本扣减、低保渐退等特殊扶贫政策，较好实现了农村低保制度与扶贫开发政策的全面衔接。推动出台《中共河南省委办公厅 河南省人民政府办公厅关于改革完善社会救助制度的实施意见》，构建分层分类的救助体系，推动以生活保障为主向生活保障和服务保障并重转变，以兜底保障为主向兜底保障和急难救助并重转变，以家庭保障为主向家庭保障和个人保障并重转变，加强与乡村振兴战略衔接，编密织牢基本民生保障网。2016 年以来，积极争取困难群众救助补助资金 502 亿元，农村低保标准从 2015 年年底的年人均 2600 元提高到 4260 元，补助水平从月人均 115 元提高到 178 元，分别增长 63.80% 和 54.80%，连续 5 年 7 次提标，确保低保标准超过扶贫标准，稳定实现“两线合一”，农村特困人员基本生活标准不低于低保标准的 1.30 倍，2020 年保障了 380 万低保对象、50 万特困人员的基本生活。2019 年年底，河南省 35.30 万建档立卡未脱贫人口中，32.40 万人纳入低保、特困兜底保障，未脱贫建档立卡人口兜底保障率达 92%；会同扶贫部门建立监测预警机制，密切关注未脱贫和返贫致贫风险高的人口、低收入困难人群、潜在救助对象的基本生活，11.98 万脱贫不稳定贫困人口中，8.79 万人纳入民政兜底保障，占比 73.40%；21.50 万贫困边缘人口中，3.50 万人纳入民政兜底保障，为河南省困难群众稳定实现“两不愁三保障”发挥积极作用。推动河南省新冠肺炎疫情防控指挥部印发《关于进一步做好疫情防控期间困难群众兜底保障工作的通知》，坚持疫情防控与脱贫攻坚“双线作战”，对符合条件因疫情导致生活困难的个人和家庭开通“绿色通道”，全部及时纳入救助范围；密切关注因疫情发展可能产生的物价上涨情况，将孤儿和事实无人抚养儿童纳入价格补贴阶段性保障范围，发放临时价格补贴 14 亿元，惠及困难群众 5079 万人次，有效缓解疫情和物价上涨带来的不利影响。省民政厅连续 3 年在全省脱贫攻坚考核中被评为“好”等次，社会救助处先后荣获“全国巾帼建功先进集体”“河南省直机关工人先锋号”等荣誉称号。

史秉锐

脱贫攻坚战以来，史秉锐同志坚持以习近平新时代中国特色社会主义思想为指导，坚决落实中央和省委关于打赢脱贫攻坚战的决策部署，扛牢政治责任、下足绣花功夫，带领全省扶贫系统攻坚克难、苦干实干，有力推动了全省脱贫攻坚事业的发展。

砥砺奉献、勇于担当，彰显了一心为民的公仆情怀。河南是全国脱贫攻坚任务较重的省份之一，建档立卡之初有698万贫困人口，居全国第3位。针对河南省贫困人口基数大、分布范围广、贫困地区生产生活条件落后等特点，他始终以真挚的为民情怀和强烈的责任担当做好各项工作，从到任的第一天就开启了“全身心投入、全天候工作、全方位发力”的工作模式，日历上“只有工作日，没有休息日”，时常带领机关干部加班至深夜，多次累倒在工作岗位上，长期积劳成疾落下了严重的腰伤，但仍然每天打着护板坚持工作，以自己工作辛苦指数换取工作质量指数和群众幸福指数。坚持从群众中来到群众中去的工作方法，利用工作和假日时间深入贫困地区，采取“四不、一直”的方法深入基层一线察民情、排民忧、解民难，与人民群众以心换心、心心相印。

坚持从严、细致认真，诠释了精益求精的敬业精神。脱贫攻坚工作面宽、线长、点多。他在工作中始终高标准、严要求、重实效，出台政策认真研究分析、多方征求意见；批阅文件逐字逐句、反复推敲；抓工作落实踏石有印、雷厉风行；关心教育同志语重心长、殷殷切切；联系群众亲切耐心、动之以情，他以自己极端负责、严谨细致的工作作风，率领全省扶贫系统攻坚克难、追求卓越。他时刻高度自觉地带着党和政府重托、全省贫困群众期待去做工作、干事业，“吃苦不叫苦、受累不喊累、作难不怕难”，在任务和困难面前做到“不说不、多找路”，化解难题、推动工作。在考核评估、项目建设、资金拨付等具体工作中始终坚持秉公办事、不徇私情，树立了廉洁自律、公正无私的良好形象。

锐意改革、破解难题，展现了开拓进取的创新理念。精准扶贫是扶贫工作方式由大水漫灌到精准滴灌的重大转变，许多工作没有以往经验可以借鉴和遵循。他坚持用改革的思维、创新的方法推动工作，主动深入调查研究、多方听取意见建议、认真分析研判形势，持续指导基层发挥首创精神，解决了一个又一个难题、突破了一个又一个瓶颈。为解决扶贫小额信贷落地难问题，积极推动金融扶贫“卢氏模式”，全省累计发放扶贫小额贷款 591.60 亿元，惠及 140.20 万户贫困户，为贫困户发展产业提供了有力支撑；为解决易地扶贫搬迁资金难题，创新建立了“宅基地复垦券”制度，累计交易复垦券 19.86 万亩，成交金额 372.20 亿元，为搬迁工作提供了真金白银支持；为解决重度残疾人、精神障碍患者、重病患者等特困群体生活困难，探索建立“四集中”“五养”兜底扶贫模式，全省建立各类集中供养机构 6558 所，入驻贫困人口 4.83 万人，实现“托养一人、解脱一家，脱贫一户、温暖一方”的目标。大力推进光伏扶贫工程建设，建立了光伏扶贫“五统一”机制，全省建成光伏扶贫电站 20005 座，总规模容量 267.60 万千瓦，扶贫电站规模容量、村级光伏扶贫电站规模容量、参照执行项目规模容量均居全国第一位；为解决贫困家庭劳动力就业和照顾家庭两难问题，创新建立了扶贫车间带贫模式，全省建设了 3820 个扶贫车间参与带贫，收到了“群众增收、企业增效、脱贫增速、两委增力”的“四增”效果，实现了脱贫质量成效的稳步提高、群众获得感满意度的持续提升。

完善政策、狠抓落实，推动了脱贫攻坚工作全面提升。他始终紧盯“两不愁三保障”目标，坚持把“五个一批”“六个精准”要求贯穿脱贫攻坚全过程，科学谋划、狠抓落实、持续提升，积极为省委、省政府做参谋、提建议、搞协调，助推河南省搭建起了四梁八柱的政策体系，推动全省着力打好“四场硬仗”、开展“六大行动”，实施“四项工程”，实行最严格的考核评估和以暗访为主的常态化督查巡查。通过带领全省扶贫系统艰苦努力、接续奋斗，一举扭转了河南省脱贫攻坚工作被动局面，易地扶贫搬迁、金融扶贫、光伏扶贫、构树扶贫、扶贫车间等多项工作在全国推广，整体工作质量稳步提升，实现 718.60 万建档立卡贫困人口脱贫，9536 个贫困村全部退出贫困序列，53 个贫困县全部脱贫摘帽，为夺取脱贫攻坚全面胜利、如期建成小康社会打下了坚实基础。

施保清

施保清同志坚决贯彻落实习近平总书记关于扶贫工作的重要论述和视察河南重要讲话精神，在脱贫攻坚的主战场履职尽责，奋力拼搏，不怕吃苦受累，敢于担当负责，为河南省打赢脱贫攻坚战作出了突出贡献。

一是强力推进产业扶贫。作为省产业扶贫硬仗指挥部的联络员，积极沟通协调相关部门立足河南实际，出台支持政策，完善推进机制，培育带贫载体，指导各地探索带贫模式。探索出的扶贫车间等带贫模式被纳入全国“十大精准扶贫专题案例”，淅川县“短中长”模式被评为全国第二届“大国攻坚、聚力扶贫”十佳优秀扶贫案例，兰考县“龙头企业做两端，贫困群众干中间，金融扶贫惠全链”、潢川县稻虾共作等带贫模式被纳入国扶办产业扶贫案例，在全国推广。督促各地抢抓光伏扶贫政策机遇，全省建设扶贫电站总规模容量 267.6 万千瓦，光伏扶贫电站规模容量、村级光伏扶贫电站规模容量、参照执行项目规模容量均居全国第一，1 万多个村集体有了持续 20 年的稳定收益。通过发展产业，带动贫困群众 474.50 万人。2019 年贫困地区农村居民年人均可支配收入达 13252.50 元，年均增长 10.80%；2016 年至 2019 年间 53 个贫困县生产总值年均增长 8.80%，高于全省 1.20 个百分点；一般公共预算收入年均增长 10.50%，高于全省 3.10 个百分点。全国扶贫车间现场会、全国构树扶贫现场会在河南省召开。2020 年，全国产业扶贫推进会上，河南省作典型发言。

二是创新推动金融扶贫。施保清同志深度参与了《金融助推卢氏县脱贫攻坚试验区工作方案》的制定，探索形成了以金融服务、信用评价、产业支撑、风险防控“四大体系”为核心内容的金融扶贫“卢氏模式”，找到了扶贫小额信贷落地的有效途径；创新推出了“精准扶贫企业贷款”，调动了企业带贫的积极性和主动性，实现了金融扶贫“双轮驱动”。截至目前，累计发放扶贫小额信贷 594.20 亿元，精准扶贫企业贷款 147.80 亿元，惠及贫困群众 141.50 万户、带贫企业 1940 个。河南省金融扶贫工作得到了国务院扶贫办的充分肯定。2017 年，全国金融扶贫现场会在河南省召开，“卢氏模式”在全国推广；2018 年，国务院第五次大督查对河南省扶贫小额信贷工作给予了充分肯定；2019 年度全国扶贫开发工作会议上河南省作金融扶贫典型发言。

三是稳步推进就业扶贫。施保清同志认真分析研判新冠肺炎疫情下贫困群众的就业形势和渠道，调整工作思路，明确工作重点，完善推进措施。在此基础上，指导各地积极应对新冠肺炎疫情影响，狠抓带贫企业复工复产达产促进就业，积极开辟公益性岗位增加就业，加强技能培训支撑就业，有效降低了新冠肺炎疫情对贫困群众就业的影响。截至目前，全省已实现 203.90 万贫困群众外出务工就业，在新冠肺炎疫情影响的情况下，仍较 2019 年外出人数增加 15.30 万人。

宋 瑞

宋瑞同志是 2012 年被河南调查总队派往息县弯柳树村驻村扶贫的，三年多和村民同吃同住同干的生活使宋瑞与弯柳树村结下了难以割舍的情谊。2015 年 8 月第一轮扶贫到期时，为巩固壮大弯柳树村初步形成的“德孝文化培训”、乡村游产业和生态有机农业，该同志主动要求坚守扶贫攻坚第一线，继续留驻该村扶贫。

一、给钱都不要，这贫该咋扶？

2012 年 10 月宋瑞初到弯柳树村时，全村没有一条水泥路，雨雪天泥泞难行，村民无法出村。村子到处被垃圾包围，打麻将成风，不赡养老人、纠纷斗殴等现象不断，村民麻木冷漠、懒惰散乱，村“两委”班子瘫痪。

当为村里争取到的第一笔扶贫项目资金批下来时，村民的反应更是让宋瑞始料不及。40 万元的科技扶贫资金是用于村民经营种植或养殖项目的，可村支书杨林告诉宋瑞：“村民嫌麻烦，不愿意干项目，没人去领这笔钱。他们拿到钱就会去喝酒、打牌输掉。”给钱都不要，这贫该咋扶？

宋瑞深刻地意识到：比物质贫困更可怕的是心灵的贫瘠和麻木，村民思想观念不改变，再好的扶贫政策也扶不了根子上的贫。

二、迎难而上探新路　扶贫先扶心

如何解决贫困村长期形成的“等、靠、要、懒、怨”难题？如何找出一条有效解决现阶段农村“基层组织薄弱涣散”“群众自私、冷漠”“孝道缺失”“赌博严重”“垃圾围村”和“水土全面污染”的方法？如何带领村民实现物质富裕同时净化人心、改善民风，在基层群众中培育和践行社会主义核心价值观，实现乡风文明和谐？

宋瑞决定探索出一条扶贫新路子，引进中华优秀传统文化学习，培育村民核心价值观，从改变人心入手，扶贫先扶心和志。

三、道德讲堂开地头　培育核心价值观

2013 年 11 月，她在村里开启“道德讲堂”，在村小学简陋的教室里，宋瑞为村民上了第一课“学习《弟子规》，共享幸福人生”。从“孝悌忠信礼义廉耻”做人的 8 个德行讲起，讲弯柳树村未来的发展规划，讲每一个村民要想彻底脱贫、致富、奔小康，都需要做一个“勤劳、孝顺、爱国、敬业、诚信、友善”的人。

2014 年年初宋瑞通过给企业讲课动员社会力量参与扶贫，其中有 3 个企业家捐资共计 30 万元，在弯柳树村头建起了一个可容纳 200 人听课的“中华道德大讲堂”。每周开课，邀请全国道德模范、中原十大孝子等到该村授课，讲解“婆媳道”“夫妻道”“生财道”“幸福人生”等。村民从开始的观望、不愿听课，到后来的抢座位听课。

很多人通过学习明白了做人的道理。村民们为人处世和价值观都发生了根本改变。

村民赵忠真、段平、管凤兰都是因家中有重病的家人致贫的，生活压力太大，导致他们曾经喝过农药、上吊自杀过。通过学习他们心胸开阔了，重新点燃了生活的希望。赵忠真说："传统文化学习救了我全家，让我对致富有信心！我知道该怎样做人了，就是不能自私自利，要多帮助别人。"

四、人心一变　奇迹出现

弯柳树村坚持"文化引领，道德育人，产业跟进，精准扶贫，共同致富"的发展思路，通过开讲堂、讲孝道、树孝风、定孝制、评孝子，评出村里的"好媳妇""好婆婆""卫生家庭""好村民"等活动，创建"中华孝心示范村"，讲正气树新风。使村民由过去被动的"要我富"，转变为主动的"我要富"。

宋瑞组织村民成立了村义工团，人人学雷锋，每天义务打扫、维护村内卫生，运送垃圾，解决了"垃圾围村"问题。弯柳树村从一个不孝顺父母、邻里纠纷不断、打麻将成风、垃圾围村的贫困村，华丽转身变为一个村容村貌干净整洁、村民彬彬有礼、生机勃勃的美丽乡村。

2014 年年底，弯柳树村被评为河南省第一个"中华孝心示范村"，被民政部老龄事业发展基金会授予"弘扬中华孝道示范基地"。2015 年该村被评为"河南省弘扬中华优秀传统文化示范新村"，被信阳市委、市政府评为"信阳市美丽乡村"并受到表彰。

五、打造农家客房 培育乡村旅游产业

弯柳树村的变化迅速引起媒体和社会各界广泛关注，《人民日报》、中国网、新华社、河南电视台等10多家媒体持续对此进行报道。广东仁化县、吉林东丰县等全国40多个县（市、区）的县委、县政府的领导同志带队来该村参观学习。

随着来村参观的人数增加，宋瑞开始培育弯柳树村德孝文化培训产业和乡村游产业，成立了息县弯柳树村孝爱文化传播公司，组织村民把家中的空闲房间，按照统一要求打造成“孝爱客房”。连续3年在村里举办“中华青少年德孝感恩乡村夏令营”，接待来自全国各地的客人到村里吃、住、学习。截至目前贫困户骆同军家庭餐馆已增加收入近3万元，20多个入股的核心股东家庭已增加收入共计约15万元。

六、成立村民歌舞团 唱响爱党爱国正能量

宋瑞又组织成立了村老年歌舞团、留守妇女歌舞团、秧歌队、锣鼓队，排练了《五星红旗》《没有共产党 就没有新中国》《婆婆也是妈》《丈夫你辛苦了》等节目，《从赌博队长到义工团长》等演讲，每周在村中进行演出，带动全村父老乡亲参与。村民陈文明说：“弯柳树村人现在是早上唱着过，晚上跳着过。”

村民由过去的抱怨到现在的发自内心地感谢党、感谢政府。这些不识字的农民哼哼唱唱创作了很多歌曲，如村民邓学芳创作的《手拿锄头心向党》广为传唱：

“东方出了个红太阳，手拿锄头心向党。

要问我为啥干劲大？习近平总书记领我们圆梦想。

东方出了红太阳，中国有了共产党。

要问我国家有多好？咱农民种地补贴不交粮。”

弯柳树村民“传德孝　感党恩　奔小康　圆梦想——核心价值观　百姓好活法”宣讲团已应邀到北京、重庆、郑州、新乡、焦作、驻马店等地演出，好评如潮。

七、有德此有财　项目到村来

儒家经典《大学》说：“有德此有财。德者本也，财者末也。”弯柳树村人心净化，回归道德，吸引了大量企业家来村参与精准扶贫。

来自全国各地的企业家与贫困户结对子手拉手帮扶，累计捐资捐物达 100 多万元，用于改善美化内环境。每月农历初一、十五举办敬老饺子宴，全村 65 岁以上老人共计 200 多人一起聚餐，其乐融融。

争取各类政策性扶贫资金 1200 多万元，为弯柳村树修了水泥路，为村小学盖了教学楼，村内坑塘、沟渠改造已开工。

息县远古生态农业科技公司在弯柳树村成立，投资 1500 万元，建小龙虾、肉鸡养殖、沼气池和有机蔬菜种植基地，安排贫困户就业。第一期流转土地 260 亩，前期养龙虾改良土壤，已投放虾苗两万斤。

扶贫先扶心。弯柳树村文化扶贫带动产业形成，精神扶贫带动物质脱贫实践，得到息县县委、县政府的高度肯定，写入《2015 年息县政府工作报告》向全县推广：“学习推广路口乡弯柳树村经验，引入社会主义核心价值观和传统文化教育，建设一批民富村美、崇德向善、生态宜居的美丽乡村。”

王新奇

王新奇，男，汉族，中共党员，1968 年生，国网河南省电力公司商水县供电公司派驻商水县平店乡刘大庄第一书记。

驻村期间，他遍访贫困户，分析致贫原因、探寻致富之路。一是通过开展建强基层党组织活动，增强凝聚力和战斗力，村党支部被评为商水县优秀党支部。二是制订“造血式”精准扶贫帮扶计划，一事一策、一户一法，提升扶贫精准性。三是结合区位优势，引导村民调整农业种植结构，通过土地流转发展花卉、水果、蔬菜大棚等经济农业。依托扶贫车间发展渔网、服装加工等“巧媳妇工程”，让村民在家门口就业致富。邀请专家到村里举办技能培训，多方奔波为村民寻找务工渠道，全村有效劳动力外出务工比例高达 67%，帮助刘大庄村在全乡率先脱贫。

他时刻惦记着教育事业，争取专项资金 120 万元，用于完成村小学危房改造，给孩子们带来崭新坚固的教学楼。疫情防控期间，面对农产品滞销卖难问题，一向低调的王新奇化身主播，在直播平台帮助村民推销农产品。2020 年 10 月 14 日凌晨，忙完村里贫困户资料动态调整的王新奇同志突发心脏病，猝死在他奋斗了 5 年的帮扶村。12 月 3 日，商水县委追授王新奇同志为“商水县优秀共产党员”。

徐林刚

自脱贫攻坚以来，国开行河南分行累计向全省贫困地区发放脱贫攻坚贷款850亿元，贷款余额521亿元。其中用于易地扶贫搬迁达33亿元，贫困地区重大基础设施发放86亿元，贫困地区农村基础设施发放174亿元，贫困地区产业扶贫发放293亿元，贫困生助学贷款发放265亿元，受益贫困人口222万人，产业扶贫直接受益18万人。

徐林刚同志自2016年担任南阳市金融扶贫专员以来，扎根基层、心为群众，推动实施5+产业扶贫、储备林产业扶贫、光伏扶贫、教育扶贫、基础设施扶贫等具有全国影响和示范效应的扶贫项目及模式，覆盖面广，推广性强，群众认可，成效显著。

1. 探索建立了5+产业精准扶贫模式，得到广泛认可并推广复制到全国。在内乡县实施的牧原5+产业扶贫模式，让全县5万多个贫困户长期每年每户稳定增收3200元。截至目前已为贫困户实现分红1.86亿元，同时还带动了3600多人次的贫困户就业。该模式已经在全国13个省、53个县进行了推广，惠及贫困户14万户，贫困人口36.70万人，扶贫增收显著，得到了联合国开发计划署、国务院扶贫办及贫困群众等的高度认可。

2. 创新实施了国家储备林扶贫的“南阳模式”，得到国家林业局认可并予以推广。在南阳创新实施了PPP模式下全省最大的林业生态扶贫项目，落实扶贫贷款资金115亿元，已实现投放18亿元，覆盖南阳全市。项目通过土地流转、项目建设、运营用工等促进贫困群众就业增收，同时建成后将新增 1600 名贫困户护林员岗位，项目的实施将累计惠约 20 万南阳贫困人口。该模式因具生态效益、经济效益和扶贫效益等多种效果，故得到了国家林草局的高度认可，现已在全国推广。

3. 大力推动基础设施扶贫，改善贫困地区基础设施短板，增强发展能力。在南召县实施的全省首个以 PPP 模式的贫困村基础设施整村推进项目，落实资金 6.90 亿元，覆盖全县所有贫困村和 4 万多贫困人口。该模式得到了省 PPP 中心的高度认可，在全省其他贫困县得以推广实施，共计落地贷款资金 60 多亿元，增加了模式的覆盖区域和贫困群众受益面，同时推动落地内乡等县的光伏扶贫、风电扶贫等一批基础设施产业扶贫项目，直接受益贫困群众 3 万多人。

4. 积极推动教育扶贫，阻断贫困代际传递。积极推动助学贷款在南阳的覆盖面，实现贫困学子应贷尽贷，在南阳累计发放助学贷款 16 亿元，帮助近 18 万贫困学生圆了大学梦。落实贷款 2.65 亿元帮助桐柏县修建职业教育中心，全部建成后每年可为农村学生提供 5000 个职业教育学位。为镇平县落实资金 7.8 亿元支持其工艺美术学校及义务教育提升，提高贫困学生通过教育实现脱贫的能力。

最美奋斗者

王　智

王智，男，汉族，现任洛阳市新安县委副书记、县长，1979年6月生，山东郓城人，2001年7月参加工作，1999年3月入党，研究生学历、文学硕士。2015年8月—2018年2月，任洛阳市汝阳县刘店镇红里村驻村第一书记。

红里村地处丘陵，15个村民组2600余人。长期以来，红里村山多地少，水源严重短缺，经常出现人畜饮水困难和粮食减产绝收情况，种植业产量低、成本高，养殖业技术弱、效益差。2015年8月，王智赴洛阳市汝阳县红里村担任省派驻村第一书记。在脱贫攻坚第一线，王智始终情系红里发展，情牵贫困群众，结合红里实际，大力开展"领航""暖心""奋进""丰翼""强基"五项工程，为红里村脱贫摘帽作出了巨大努力。

针对红里村干部队伍涣散、党组织弱化等问题，在乡镇党委的大力支持下，王智团结凝聚红里村党员干部，大力开展"领航工程"，使党员干部逐步成为脱贫攻坚的核心力量。

针对红里村贫困户普遍缺乏脱贫致富勇气的情况，王智依托帮扶单位广泛动员引导群众，大力开展"奋进工程"，帮助贫困户树立靠努力奋斗摆脱贫困的信心。

针对红里村贫困群众生活条件差和村基础设施薄弱的情况，王智带领村干部广泛协调资源，大力开展“暖心工程”，帮助解决贫困群众生产生活中的实际困难。

针对红里村农业生产落后和工商业近乎空白的局面，王智充分利用河南科技大学技术优势，积极招商引资，大力开展“丰翼工程”，让贫困村民拥有适合自己的脱贫致富的方法、能力和创业就业环境，从根本上拔除穷根。

针对红里村曾经在村务管理中出现的优亲厚友、暗箱操作、损害群众利益等实际问题，王智从指导、监督村干部全面落实“四议两公开”着手，大力开展“强基工程”，全面完善务实为民的村民自治机制。

驻村期间，王智荣获“河南省脱贫攻坚工作先进个人”“河南省扶贫青春榜样”“2016 最美洛阳人十佳”“洛阳市优秀党务工作者”“汝阳县优秀共产党员”等多项荣誉，并在洛阳市和汝阳县 2016 年庆祝中国共产党成立 95 周年大会上作为受表彰代表发言。他在 2015 年度、2016 年度省派第一书记工作考核中均获得“优秀”。2017 年 7 月，他参加了河南调研座谈会，并作了汇报发言。

在王智的努力下，红里村基层组织凝心聚力，基础设施逐步完善，村容村貌持续提升，农业产业渐成规模，乡亲们的日子越过越红火。通过洛阳市组织的第三方脱贫成效验收，红里村贫困发生率由 2015 年年初的 9% 降至 2016 年年底的 0.9%，贫困户人均年收入增加 1500 元以上，成功实现贫困村脱贫摘帽，获得“汝阳县先进基层党组织”“汝阳县农业农村先进村”称号。

秦　倩

秦倩，女，汉族，现任团省委学校部部长，1986 年 5 月生，河南泌阳人，2010 年 5 月入党。海归，法学硕士。2016 年 11 月派驻周口市西华县迟营乡孙庄村任党支部第一书记，被称为“闺女书记”。个人获得“全国先进工作者”“全国三八红旗手”“全国巾帼建功标兵”“最美奋斗者”等多项荣誉。

针对孙庄村资源匮乏的现状，秦倩开阔思路、大胆创新，利用西华县是河南特色小吃胡辣汤的发源地这一特点，以孙庄村的一个自然村邵蛮楼村命名创办村集体产业“邵蛮楼胡辣汤”，自创品牌，注册商标并邀请邓亚萍为代言人。现在邵蛮楼胡辣汤远近闻名，不但为孙庄村留下了巨大的品牌商业价值，还开启了西华县胡辣汤电商产业链的大门。

她还引导农民发展百农园合作社，聘请农科专家运用科技创新的“有机盆栽”活体菜，深受城市居民喜爱。她帮助合作社建立微信公众号、网站，用“互联网 + 合作社 + 农产品”的模式销往全国各地，促产增收，带动 100 户、352 人入股，每年增收 2000 元。百农园连续两年参加全国农产品展示大会，受到农业农村部领导的肯定。她建立扶贫车间诚信鞋厂，为老弱病残的贫困户提供就业；建成光伏发电产业，贫困户每年增收 1100 元；引进 160 万元建立村集体经济产业入股加油站，年收益 18 万元，全面开发产业造血功能。

为阻断贫困代际传递，秦倩引进科大讯飞“智慧课堂”，争取

80 万元的智能化小机器人教学设备，让孩子们通过“互联网 + 教育”模式认识世界，有效拉近了乡村和城市距离。她组建小学足球队和“追风少年”乒乓球队，先后请来王励勤、邓亚萍、李雪英等奥运冠军来到学校，37 次协调社会爱心人士为村里捐赠现金、衣服、营养餐等。为助力大学生圆梦，她大力整合资金，为西华县累计捐赠 280 万元资助大学生 350 余名。

秦倩想尽一切办法、克服一切困难、动用一切资源，千方百计协调，发动社会各界力量及人脉资源，争取资金和项目，先后硬化道路 26 公里。她共整合 580 万元建设小学餐厅、办公楼、足球场等配套设施，引进 105 万元整治坑塘，建成孙庄村文化广场、产业扶贫车间、新村委、公共厕所等公共设施，并投资村民文化大院和第一书记电商服务站 250 万元；同时，绿化植树 2255 棵，安装路灯 130 盏，添置垃圾桶 152 个等。

为打赢脱贫攻坚战，秦倩把青春、热血、精力奉献给了她深爱的孙庄。作为青年干部的楷模，她扎根农村做一名实干家，用奉献燃烧青春、感动村民。她成了河南百姓的亲闺女，无愧于共产党员的庄严承诺。

全国道德模范

范海涛

范海涛，男，汉族，1964年7月生，中共党员，河南省辉县市孟庄镇南李庄村党支部书记、河南孟电集团总经理。

范海涛承诺还给家乡群众碧水蓝天，承诺让南李庄的村民过上和城里人一样的生活。为履行承诺，多年来他一直在坚守、在投入、在创造，诚信与责任是他成就事业的强大动力。

2007年10月26日，一声巨响，八个高耸的烟囱和巍然挺立的凉水塔轰然倒地。范海涛眼睛含满热泪，为支持政府生态建设计划和群众对清洁环境的期盼，孟电人20年心血、巨额的资产一瞬间化为乌有。此前，范海涛在2003年已经关停了三条污染严重的立窑水泥生产线，为此企业损失6000万元。8台机组爆破后，1000多名电厂职工顿失生活来源。范海涛向所有职工做出承诺，对所有职工进行内部分流安置，停产期间一切工资、福利照发。孟电集团开发孟电花园小区时，曾向住户承诺双气入户。可是当年冬天，由于2号机组设备不到位，无法为小区供暖。为了兑现承诺，范海涛决定从水泥公司供热锅炉往小区架设临时供热管道，准时向居民供暖，设备到位后，再拆除临时管道，为此企业额外增加损失400万元，但他兑现了承诺。

2008年2月，范海涛当选南李庄村党支部书记。他向村民承诺，用三年时间，让村民过上和城里人一样的生活。2010年，他从企业挤出1.60亿元，不让村民出一分钱，为全村351户村民每户建造一套270—290平方米的新式别墅。2011年再次筹集3000万元，在建新社区节约下来的土地上，建设家居建材城和服务中心，为村民提供500个就业岗位，每年为村集体增收300多万元。2013年3月，他又挤出160多万元建设1100多平方米的老年中心。

每年，范海涛都拿出30万元帮助全市的困难党员解决燃眉之急，拿出50万元为全市的贫困职工贴补生活。他设立200万元的教育专项基金，资助数百名寒门学子圆了大学梦；出资100多万元，为南村镇南东村修建蓄水池，解决了2000多人的饮水问题；捐赠一部价值10万元的汽车，注入10万元启动资金，在新乡市社会福利院建立“海涛爱心屋”，让特殊群体感受社会的关爱。

范海涛荣获“全国劳动模范”“全国五一劳动奖章”“河南省优秀共产党员”等荣誉称号，入选“中国好人榜”。

李江福

李江福，男，汉族，1963年5月生，中共党员，河南新城建设有限公司项目经理。

从事建筑业30载，坚持用良心做事、靠诚信盖楼，建造1000多栋楼房，没有出过一次质量问题、没有一次延误工期、没有拖欠过工人一分钱，获得国家优质工程等各种奖励160多项，构筑起一座座“诚信大厦”。

李江福始终把工程质量作为建楼红线。他对工程每一个部位、每一道工序都要亲自查验把关，还在工地专门建有标准样板展示区，接受业主监督。2009年年底，李江福承接了国家重点项目南水北调丹江口库区第一批移民新村建设工程。开工后的材料价格和签订合同时升幅很大，有人提出找甲方追加预算。但李江福坚持不向甲方提任何条件，并按时保质地完成工程，确保移民如期喜迁新居。

“再难也不能亏了农民工兄弟。”1998年，李江福的项目部在三门峡，腊月二十六下午才凑齐林州劳务基地所需的工资款。当时路上的积雪有10厘米厚，李江福带着财务人员一路走走停停，终于在腊月二十八下午赶到林州，并连夜将钱分发给所有民工。2007年年底，因业主拖欠工程款，工资缺口达100多万元，他变卖、贷款家里两处房产，赶在春节前发放了工资。

“我们不仅要盖诚信大厦，还要当诚信‘种子’。”他在工地设立了道德讲堂、诚信课堂，与每位民工签订《诚信责任书》，约定“我不欠你一分钱，你要垒好每块砖”。他先后带领过14万多人次农民工，其中300多人成为建筑骨干，人人成为诚信的实践者和传播者。

李江福荣获“全国劳动模范”“全国五一劳动奖章”、第二届及第三届全国道德模范提名奖等荣誉称号，荣登“中国好人榜”。

许 光

许光，男，汉族，1929 年 4 月生，中共党员，生前系河南省新县人大常委会退休干部。

作为开国上将许世友长子，他 1965 年回河南新县投身家乡建设，始终与人民群众血脉相连，淡泊名利两袖清风，继承和传扬了共产党人的红色基因。

许光出生不到三岁，许世友将军便随红四方面军离开大别山。他是《闪闪的红星》主人公潘冬子的主要原型。青年时期在北海舰队服役，是我军首批具有本科学历的舰艇长。1965 年投身家乡建设，曾任县武装部副部长、县人大副主任，奉献 48 个春秋。他身为将门之后，甘为布衣，甘愿无名，为改变家乡面貌殚精竭虑，与人民群众血脉相连。任县人武部副部长 20 年间，他走村串户，密切联系群众，立下了下乡不喝酒、不抽烟、不吃肉的“三不”规定。转业后担任县领导职务，依然保持本色。在一次特大洪水抢险救灾中，他身负重伤，昏迷三天三夜，苏醒后又立即到抗洪一线，赢得广大人民群众高度赞誉。

许光继承了老一辈革命家的优良传统和作风，多次放弃回部队提拔或调到城市工作的机会，坚决扎根新县。他为人光明磊落，淡泊名利，从不以将军后代自居，从不为子女亲属托人情。许光的两个儿子、许世友将军在世时仅有的两个孙子当兵均复员回到县城，如今都是普通职员。许光一生艰苦朴素，永葆红色传统，直到去世还用着70年代的大立柜、80年代的沙发、90年代的老式电视。身患癌症后，为不浪费公费医疗，坚决拒绝治疗。1992年，许光从领导岗位退下来。因早在1948年就参加革命，应当享受离休待遇，办手续时有人提醒他补个证明，他却不补。他说："相比那些牺牲的红军，我们的离休和退休还重要吗？"一生清贫的他，却资助了老红军10多万元，临终前还将20万元积蓄全部捐赠给家乡的慈善事业。

许光荣获河南省"道德模范"荣誉称号。

赵小参

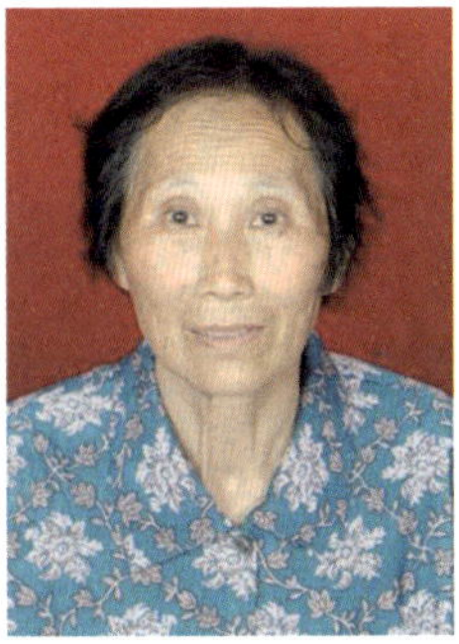

赵小参，女，汉族，1953年3月生，河南省驻马店市平舆县万金店镇王寨村村民。

公婆早年离世，她含辛茹苦30多年，把婆家未成年的三个弟弟两个妹妹抚养成人；自己身患癌症，却又毅然抚养两个侄子，被弟弟妹妹们尊称为"嫂娘"。

1979年，青春正好的赵小参嫁给了王寨村的李雪太，并育有两子。然而，天有不测风云。1983年夏秋，短短54天内，公公婆婆相继去世，撇下两个妹妹和三个弟弟，大的不足17岁，小的才6岁。赵小参挨家借钱，让公婆入土为安。几天之后，老屋突然坍塌，她咬牙又借了1100元钱为五姐弟置办了新家。此后，赵小参辞去了自己心爱的民办教师工作，节衣缩食，没日没夜地为一大家子人的生计操劳。7年之后，她让两个妹妹风光出嫁，帮二弟三弟盖了新房办了喜事。接下来，她独自南下广州，一边拾荒挣钱，一边求情借款，为四弟凑足 1.50 万元的建房钱。没有宅基地，她把自己儿子的宅基地让出来。1999 年的冬天，终于为四弟娶了媳妇。

2002 年秋，赵小参被查出患了食道癌。其间，二弟的妻子突然暴病身亡，二弟在外打工失去联系。当时，两个侄子一个读高中，一个读初中没人照顾。赵小参不顾自己疾病缠身，又毅然担负起抚养他们的重任。她自己少花钱，拖延治疗，省下钱供养孩子上学。直到大侄子接到北京化工大学的录取通知书，在外打工误入黑砖窑厂 4 年没有音讯的二弟才回到家，他扑通跪在赵小参面前，声泪俱下："嫂子，我这辈子最尊敬的人就是您，您就是俺的嫂娘啊！"

赵小参荣登"中国好人榜"。

张全收

张全收，男，汉族，1969 年 8 月生，中共党员，河南省驻马店市上蔡县朱里镇拐子杨村党支部书记、村委会主任。

近 20 年来，张全收用自己的善心，捐资助学、敬老孝老、扶贫济困、建桥修路，累计捐出善款 2000 多万元，帮助农民工就业 200 多万人次，为农民工带来 100 多亿元劳务收入。

张全收自幼家境贫寒，12 岁因贫辍学，15 岁外出打工。每当生活陷入困境，总有乡亲拉他一把。这在他心里播下了善良仁爱的种子。滴水之恩报以涌泉。从那时起，张全收就许下誓言：将来要百倍回报父老乡亲。他三次南下深圳打拼，逐渐站稳脚跟，于 2002 年成立一家人力资源公司，帮助河南等地的农民工就业。2008 年金融危机，3500 名农民工两个月没有工作，张全收遵守“守望相助，有难必帮”的承诺，免费包吃包住，按月支付工资，两个月花费了 800 多万元。张全收为众多农民工建造了一个温暖的“家”，当地农民工中流传着这样一句话：“有困难，找全收。”为更好地服务家乡经济建设，2014 年，他将公司总部迁至郑州，成立 200 余人的扶贫志愿团队，先后培训并帮助 5 万多名农民工就业。从 2002 年起，累计为农民工带来 100 多亿元劳务收入。

张全收始终惦记着家乡的父老乡亲。2004 年，在事业起步阶段，他得知村里孩子在危房上课，立即把公司仅有的 8 万元现金交给老支书，紧接着筹款 72 万元建起了教学楼。从 2006 年起，他成了村里 200 多位孤寡老人的“儿子”，每年为村里孤寡老人发红包，还把孤寡老人杨大爷接到自己家，尽心尽力赡养了 13 年，为其养老送终。2008 年，张全收高票当选为拐子杨村村支部书记。上任后，他自掏腰包为村里建桥修路，建村室、文化大院，安装路灯、健身器材，并为全村人购买医保。他还出资 10 万元，选送 50 名村民代表到深圳参观学习。

张全收荣获“全国劳动模范”、第五届全国道德模范提名奖等称号，荣登“中国好人榜”。

郭建华

郭建华，女，汉族，1953年7月生，中共党员，河南省开封市祥符区电影公司党支部书记、经理。

郭建华43年初心不改，矢志不渝地坚守一个信念“为农民放电影”，把为群众放一部好电影、让群众看一场好电影，作为自己人生奋斗的目标。

从20世纪70年代当上农村放映员至今，郭建华已从业43年。她从拉板车、抬机器、走村串乡做起，与乡亲们结下不解之缘。她说：“只要乡亲们喜欢看，俺情愿当一辈子乡村放映员！”在当一线放映员的19年里，她为农民放电影1.30万多场。在当站长和公司负责人的24年里，她带领工作人员放映14万多场。

郭建华将服务领域扩展至脱贫攻坚。她带领放映人员深入71个建档立卡贫困村和29个贫困户较多的非贫困村，三年建立100个农村扶贫电影放映点，放映电影近万场。她创新性推出的“菜单式”放映模式被中央文化体制改革领导小组作为优秀案例向全国推广。

郭建华放映过无数影片，让她刻骨铭心的还是《焦裕禄》。她说自己坚持为群众放电影的原因，源于电影《焦裕禄》里“焦书记拉着板车在风雪中给老百姓送救命粮”的镜头，正是焦裕禄精神激励着她一直坚守。她说：“今后我要组织放映更多更好的优秀电影，为群众送去更丰富的精神食粮，让焦裕禄精神发扬光大、代代传颂。”

郭建华荣获“全国文化系统先进工作者”“河南省优秀共产党员”等称号，荣登“中国好人榜”。

余善伟

余善伟，男，汉族，1974 年 5 月生，中共党员，河南省信阳市商城县志愿服务联合会会长。

他是许多孤困老人心里的“儿子”、贫困孩子眼里的“爸爸”、商城县为人称道的好人。他为公益事业默默奉献十余载，用一人之善行，带众人之善为，助万家之幸福。在他的引领下，全县注册志愿者近 7 万人，累计服务群众 40 万人次。余善伟用实际行动诠释了与人为善、扶贫济困、尊老爱幼的德善精神。

余善伟是一名农家子弟，父亲早逝，家境贫困，18 岁就放弃学业，凭着不服输的精神和乐于助人的品质，在商海闯出一片天地。重返家乡后，他饮水思源，竭尽全力回报社会。他先后拿出 100 多万元，为老人们建养老院，为贫困家庭建“幸福居”。在脱贫攻坚号角吹响后，他先后拿出 120 万元，在 30 多个贫困村开展扶贫活动。

2019 年 5 月，余善伟当选商城县志愿服务联合会会长。一上任，他就开展了“五个一百”志愿服务项目，即每年“慰问 100 名贫困老党员、100 名贫困下岗工人、100 名孤寡老人、100 名留守儿童和打扫100条背街小巷”。他向商城县红十字会捐款逾440万元，成立“社会扶贫专项救助金”，帮助困难群体。抗击新冠肺炎疫情期间，他不仅自己捐助抗疫资金，还积极组织爱心企业和人士捐款。

一路走来，余善伟最牵挂的还是贫困学生。2015年，他启动志愿服务项目，为60名孤贫少儿每月提供400元生活费直到他们18岁，他成了这60个孩子最亲的“余爸爸”。2018年，他举办爱心助学活动，拿出500万元设立“菁英励志奖”，鼓励那些考入高等学府的学子们。

余善伟荣获“河南省道德模范”“河南省社会扶贫先进个人”等称号，被授予中国青年志愿者优秀个人奖、中国红十字博爱奖章，荣登“中国好人榜”。

肖思远

肖思远，男，汉族，新乡市延津县人，1996年10月出生，2016年9月入伍，2019年6月入党，生前系陆军某边防团班长。2020年6月15日在加勒万河谷斗争中，面对有关外军疯狂挑衅和暴力攻击，毅然顶到一线、敢打猛冲，突围后义无反顾返回营救战友，遭敌围攻壮烈牺牲。2020年7月17日，习主席签署命令、通令，给肖思远烈士追记一等功。2021年2月7日，中央军委下发《关于向新时代卫国戍边英雄群体学习的决定》，在全军广泛开展向肖思远等新时代卫国戍边英雄群体学习活动。

一、赤胆忠心、舍身卫国，危难关头冲在前

2020 年 4 月 1 日，在家休假的肖思远经过多次申请，终于获得部队批准归队。连队考虑肖思远刚休假归队，打算让他参加士官参谋培训，他却坚决要求去前线。当得知温泉方向形势紧张，他主动请缨带路。任务完成后，连队领导让他留在后方学通信保障，肖思远跑到指导员那里请战，连队最终同意让他去前沿观察哨，安排他负责摄录像取证任务。6 月 15 日，有关外军违反双方共识，擅自越过实控线搭设两顶帐篷。我方人员前出交涉，肖思远在取证过程中发现，大批有关外军全副武装、手持盾牌棍棒向交涉点逼近，对交涉人员进行围攻。在此险境之时，肖思远将取证的照相机交给战友，自己冲上前去，与战友携手并肩，组成人墙。面对有关外军的棍棒石头，肖思远毫无惧色掩护战友将受伤的团长祁发宝救出来，身上多处负伤，成功突围。此时，肖思远发现仍然有战友被围，为了营救战友，他再次冲进人群。面对疯狂的有关外军，他拼尽全力营救战友，誓死不让寸步。在有关外军猛烈进攻下，终因寡不敌众，不幸壮烈牺牲。

二、爱岗尽责、模范带头，呕心沥血为人梯

肖思远所带的班是全连的“尖刀班”，而他正是尖刀班里的“刀尖”。他综合素质在全连拔尖，曾参加过军分区组织的预提指挥士官集训，被评为“优秀学员”。连队缺乏教练员，他主动请缨，仅用两周时间就编写了 22 份教案，完成了边防巡逻、班进攻等课目的示范准备。在他的严格带领下，参训人员人人熟练掌握了组织班

排战术、实施边防勤务等指挥技能。他不仅对班里的同志严格，对自己也是出了名的“狠”。连队担负加勒万方向守防任务，他背负40多斤物资装备跑遍每个点位，换防下山休整，他风雨无阻坚持训练。对于体能弱的士兵，他专门制定强训计划同自己一起训练。肖思远要求战士做到的，自己首先做到，他带着班里的人共同进步、共同成长。在肖思远的带领下，全班事事争第一、人人当标兵。2018年年底，肖思远所带班荣立集体三等功；2020年，连队推荐3人参加预提士官集训，1班去了2人，还有2人提了干。

三、铁骨侠肠、矢志不渝，青春热血献祖国

连队临时部署时，条件非常简陋，连升国旗的地方都没有。肖思远带人找来3根钢管焊接在一起，做了个简易的旗杆，又从四处搬来石块，垒起升旗台。此后，每天早晨，连队都要举行升国旗仪式。肖思远说：“有一面国旗飘扬在营区，咱们就有了精气神！”面对鲜艳的国旗，官兵们心气更足了，斗志更高了。有的战士高原反应强烈，常常吃不下东西。肖思远自己买高压锅、电磁炉等炊具，又跟着炊事班长“偷学”手艺，给大家做豆腐串、烩面、腊肉炒饭等家乡菜。连里许多战友都吃过肖思远做的菜、喝过他煮的胡辣汤。很多战友一说起肖思远就会想起他做的菜，都说那是他们最喜欢的味。

英雄已逝，精神长存，面对极其恶劣的自然环境，肖思远扎根高原、奉献青春，在雪域边关以生命捍卫领土完整，以誓死捍卫祖国领土的赤胆忠诚和一不怕苦、二不怕死的战斗精神，践行了“大好河山、寸土不让”的铿锵誓言，谱写了一曲撼天动地的英雄壮歌。

王焯冉

王焯冉，男，河南漯河人，1996年10月出生，2016年9月入伍，陆军某部班长，下士军衔。2020年6月15日奉命前出支援加勒万河谷斗争，作为渡河先锋，率先跳入冰冷刺骨的河中，拼力救助4名战友脱险后英勇牺牲。2020年6月，他被追认为中国共产党党员。

一、当好先遣传人

所在单位，前身是“进藏先遣英雄连”。入伍后，王焯冉在这种红色文化熏陶下，时刻激励自己要赓续英雄血脉，向英雄学习。他从身边的一点一滴做起，逐渐成长为一名优秀班长。“让我来负责，交给我们班。”这是战友们常听到王焯冉说的一句话。王焯冉牺牲前，在家书中写下这样一段话：“作为英雄连的战士，我应该把老革命的精神传承下去。我是先锋队的队员，我应该冲在第一线。”从这段话中，我们可以找到王焯冉为什么总有那么一股子劲、总是把集体荣誉看得那么重、总是冲在最前头的原因。

二、5份入党申请书

2018年年初，还是上等兵的王焯冉就递交了第1份入党申请书。说起来，他入党最初还是受母亲杨素香这个老党员的影响。他说：“鲜艳的党旗如熊熊燃烧的烈火暖着我的心窝，我常常梦想着有一天也能站在党旗下宣誓，成为一名光荣的共产党员。”

2019年1月，王焯冉因表现突出，被任命为副班长。在他看来，虽然已是副班长，但还不是党员，一些任务就没他的份。为此，他递交了第2份入党申请书。同年7月1日，全团官兵在李狄三铜像前宣誓，看着鲜红的党旗，他入党的愿望更加迫切了，回来后就写下了第3份入党申请书。

2020年1月，王焯冉在同年兵中第一个当上班长。当时，连队9名班长中有5名是党员，一些重要任务连队往往优先考虑党员班长带的班，组建突击队也先选是党员的骨干。

王焯冉牺牲前向组织递交了第5份入党申请书。当时，中印边境已多次发生冲突，连队随时可能奔赴一线执行任务，王焯冉再次递交了入党申请书。他写道：“作为一名军人在这个时候正应当挺身而出，我申请上一线，我要和党员并肩作战”，“这个时候递交入党申请书，就是希望组织能在任务中考察自己，就是希望能够以一名共产党员的身份走向战场”。

三、冰河中的永恒雕像

加勒万河谷发生冲突后，远在50公里外的团队奉命紧急前出。经过约3小时的机动行军，又徒步穿越3道冰河后，凌晨1点多，他们来到距冲突发生地100多米的最后一道冰河前。

为保障部队安全过河，需先拉一条绳子到河对岸，王焯冉、马命、孔祥强3名士官和2名义务兵组成“渡河先锋队”执行这一任务。刚走到河中央，由于水势太急，5人一下子被冲到下游5米多远处，还好被一块大石头挡住。险情不断发生，汹涌的河水把他们一次又一次冲散。在岸边战友的帮助下，3名士官先把2名义务兵推上了岸，尔后王焯冉、马命又合力把孔祥强也推上了岸。

这时，王焯冉、马命已在河里泡了近半个小时，突然马命脚一滑，河水立马没过了他的鼻子。王焯冉一把抓住他，两人一起被河水向下游冲了 10 多米，直到王焯冉的一只脚卡在了水下巨石缝中才停下。此时两人已近虚脱，王焯冉被紧紧卡住难以动弹。生死一刻，王焯冉大声喊道:“前方任务重要！你先上，如果我死了，照顾好我老娘！”尔后竭尽全力，猛地一下将马命推向岸边。

把生的希望留给战友，把死的危险留给自己。王焯冉 23 岁的生命,永远留在了祖国西部边陲的冰河中。他在冰河中的奋力一推，定格为喀喇昆仑山脉中一座永恒的雕像。

中国好人榜

孙炳良	唐风花	王建国	赵六红	王跃忠
刘全新	吴建河	陈增喜	柴爱荣	刘　峰
贺新义	周遂德	余善伟	张文亚	郭建华
王曰申	姚爱云	方志欣	牛丙午	田云超
孙梅丽	马　刚	姬建有	付小粉	彭秀英

后　记

为全景纪录和展现全面建成小康社会的伟大历程，发挥“存史资政、教化育人”重要作用，按照中共中央宣传部统一部署，中共河南省委宣传部组织编写了反映河南全面建成小康社会奋斗历程的“纪录小康工程”地方丛书。

丛书编写工作在河南省委常委、宣传部部长王战营主持下进行，曾德亚、谭福森、尹书博具体负责，刘汉征、董林、王承哲、郭跃丽、方国根、李文平分别就各册图书编写工作给出了宝贵意见。丛书编写工作得到了中共河南省委办公厅、中共河南省委组织部、中共河南省委党史和地方史志研究室、河南省总工会、河南日报社、河南省社会科学院、河南省乡村振兴局、中原出版传媒集团等单位的大力支持，河南“纪录小康工程”工作专班审订了书稿。在此向所有参与丛书编纂工作的同志表示感谢。

《全面建成小康社会河南奋斗者》作为丛书之一，主要介绍河南全面建成小康社会历史进程中涌现出的先进典型人物，包括国家勋章和国家荣誉称号获得者、“七一勋章”获得者、全国劳模、全国先进工作者、脱贫攻坚先进个人等。刘颖主持本书编写工作。参加编写的有杨小强、梁莉、路雪莉、史海桥、吕庆、申雪霞、李梓领、黄山峰、田珂、罗霄、赵若昊、任安民、孟连召、刘杨、刘宁、王旭、张坤、杨岗喻等。

由于编者水平有限，难免有所疏漏，恳请广大读者批评指正。

本书编写组

2022 年 6 月